U0125686

大师经典

战略的智慧

·珍藏版·

[美] 约翰·R.韦尔斯（John R.Wells） 著

王洋 译

John R.Wells

Strategic IQ

Creating Smarter Corporations

机械工业出版社
CHINA MACHINE PRESS

在当今快速变化的商业世界里，公司要想保持领先地位，就必须不断调整战略定位并有所创新，很多公司在这方面做得并不好。适应变化的能力是衡量一家公司智商的重要标准。为什么有些公司的战略智商被证明非常低？是什么原因导致了公司的惰性及其致命危机？领导者怎样做才能帮助自己的公司变得更聪明？本书明辨了导致公司惰性的几个关键因素——战略、组织结构和人力资源，并就如何打造更聪明的公司这一目标给出了切实可行的建议。

Copyright © 2012 by John Wiley & Sons, Ltd.

All Rights Reserved.

This translation published under license. Authorized translation from the English language edition, entitled *Strategic IQ: Creating Smarter Corporations*, ISBN 9780470978283, by John R. Wells, Published by John Wiley & Sons. No part of this publication may be reproduced in any form without the written permission of the original copyrights holder. This edition is authorized for sale in the Chinese mainland (excluding Hong Kong SAR, Macao SAR and Taiwan).

本书中文简体字版由 Wiley 授权机械工业出版社出版，未经出版者书面允许，本书的任何部分不得以任何方式复制或抄袭。此版本仅限在中国大陆地区（不包括香港、澳门特别行政区及台湾地区）销售。

北京市版权局著作权合同登记号　图字：01-2012-7778 号。

图书在版编目（CIP）数据

战略的智慧：珍藏版 / （美）约翰·R. 韦尔斯（John R. Wells）著；王洋译. —北京：机械工业出版社，2022.9

（大师经典）

书名原文：Strategic IQ: Creating Smarter Corporations

ISBN 978-7-111-71307-4

Ⅰ.①战… Ⅱ.①约… ②王… Ⅲ.①企业管理-战略管理 Ⅳ.①F272

中国版本图书馆 CIP 数据核字（2022）第 152905 号

机械工业出版社（北京市百万庄大街22号　邮政编码100037）
策划编辑：李新妞　　　　　　　责任编辑：李新妞　李　浩
责任校对：张亚楠　刘雅娜　　　责任印制：张　博
保定市中画美凯印刷有限公司印刷
2022 年 9 月第 1 版第 1 次印刷
169mm×239mm · 21 印张 · 1 插页 · 282 千字
标准书号：ISBN 978-7-111-71307-4
定价：89.00 元

电话服务　　　　　　　　　　　网络服务
客服电话：010-88361066　　　机　工　官　网：www.cmpbook.com
　　　　　010-88379833　　　机　工　官　博：weibo.com/cmp1952
　　　　　010-68326294　　　金　书　网：www.golden-book.com
封底无防伪标均为盗版　　　机工教育服务网：www.cmpedu.com

对本书的赞誉

让人看着害怕,但却字字真切！韦尔斯用他高超的智商，精准地指出了企业在竞争中改变太慢所付出的沉重代价。

——比尔·罗迪（Bill Roedy） 美国 MTV 国际电视网络（MTV Networks International） 前总裁兼首席执行官

韦尔斯巧妙地阐释了大变革的力量，引人入胜。该书给企业的掌舵人提出的建议，能帮他们跳出传统思维模式的局限，摆脱限制创新的行为模式。

——罗恩·萨金特（Ron Sargent） 美国史泰博办公用品公司（Staples Inc.）总裁兼首席执行官

对于想引领卓越的公司领导者来说，此书不失为一本全面的指导手册。约翰·R.韦尔斯用大师级的头脑，把成功战略的必要性、智能结构和商业模式巧妙融合，并提出完美的执行方案。还阐述了在变革的艰辛道路上，如何将人力资本和文化因素结合，以实现长久的成功。公司若想实现跳跃式的转型，此书为首席执行官的必读参考。

——迈克尔·怀特（Michael White） 美国 DirecTV 总裁兼首席执行官

员工、战略和文化是让我们脱颖而出的根本。韦尔斯对这些因素如何影响到战略能力进行了深度调研，为企业如何提升战略智商提供了实用建议。

——格伦·伦威克（Glenn Renwick） 美国 Progressive Insurance 保险公司首席执行官

丹纳赫公司的业务系统是关于"做好正确的事"的。韦尔斯这本引人入胜的书，把公司的战略、运营和组织愿景紧紧编织成一个整体，之后再考虑正确的意义。注意，碎片化的、功能性的努力有时候会让最成功的公司放松警惕。

——拉里·卡尔普（Larry Culp） 美国丹纳赫（Danaher）公司首席执行官

这是一本适用于所有公司的深刻、客观的思想之作，能帮助公司实现长期成功。韦尔斯严格审视了结构和人在打造成功企业文化方面的作用，以实现长期生存。

——马塞洛·欧德布莱克特（Marcelo Odebrecht） 巴西 Odebrecht 公司首席执行官

在这个动荡的年代，该书是所有组织机构领导者的必备读本。

——查尔斯·格罗萨（Charles Gurassa） 英国易捷航空公司（easyJet plc，UK）副总裁

切中核心，发人深省！韦尔斯的书传达了一个强有力的信息，值得全球的商业领袖坐下来仔细思考。从狼群社会学出发，到 Circuit City 的消亡，该书既是一本有趣的消遣读本，又是所有公司残酷的警醒之钟。

——阿奇·诺曼（Archie Norman） 英国独立电视台（ITV）总裁

约翰·R.韦尔斯是全球顶尖的战略思想家。尤其是在当今这个纷扰的年代，每家公司的领导者都应该阅读《战略的智慧》这本书。

——大卫·索斯金（David Soskin） 英国 mySupermarket 网上超市总裁

一如既往，韦尔斯切中核心地指出了卓越业绩的重点。单纯的领导实践或理论分析都不够，只有两者结合才足够有效。这是一本所有处在领导层的人士都不能错过的好书。

——杰拉德·科比特（Gerald Corbett） 英国 Supermarketmoney.com 总裁，

英国著名博彩公司 Betfair 总裁，英国碧域饮料公司（Britivic plc）总裁

韦尔斯在这本新书中再一次把他敏锐的思想和坚定的方法华丽呈现……你将享受你的阅读，却会畏惧于它所表达的含义。

——丹·科布里（Dan Cobley）　谷歌（英国）总裁

永远激励人心！约翰·R. 韦尔斯将挑战你的思维，扩展你的雄心壮志。《战略的智慧》是组织自满的一剂有效解药。

——卢克·梅休（Luke Mayhew）　英国零售商协会（British Retail Consortium）主席

战略大师的精华之作——韦尔斯将其全部职业生涯都致力于探索公司成功和经理人成功的原因。该书将理论和实践充分结合，非常具有可读性，可供首席执行官和公司高管直接运用到公司治理之中。如果你今年只能读一本商业图书的话，《战略的智慧》就是你的不二之选。韦尔斯为忙碌的高管提供了深刻的见解和实际行动指南，能让他们在当今瞬息万变的高挑战性商业环境中取得竞争优势。

——里克·米尔斯（Rick Mills）　英国联合博姿（Alliance Boots）公司战略创新部总监

约翰·R. 韦尔斯的丰富经验令人赞赏。他瞄准了所有商业领袖在当今变革无限的世界中所面临的众多挑战。

——邓肯·韦斯顿（Duncan Weston）　英国卡梅隆麦凯纳（Cameron McKenna）法律咨询公司执行合伙人

读这本书的最佳时机就是在你意识到有读它的必要之前！约翰·R. 韦尔斯将最基本的元素和尖锐的观点融合，给我们带来了这本手册，能引发每一位经理人对自己企业战略方向的深度思考。在审查公司战略之时，约翰·R. 韦尔斯

是一位严师，但在当前经济情势之下，这正是大部分公司所需要的。

——鲁伯特·莫利（Rupert Morley） 英国 Sterling 搬家公司首席执行官

约翰神奇地将战略和心理学这两个领域结合起来——带来了新鲜的观点，让我们立刻开始重新思考自己运营公司的方式。要是我们一开始就有这本书那该多好。

——查尔斯·明登霍尔（Charles Mindenhall），曼诺杰·巴德尔（Manoj Badale） 英国 Agilisys 公司联合创始人

内容充满闪光点和智慧，发人深省。该书是关于战略的多角度思考，是商业领袖的必读书，不读是你的损失。

——纳德·塔赫（Nahed Taher）博士 沙特阿拉伯海湾第一银行（Gulf One Bank）首席执行官

我们周围充斥着大量现成的战略指南，但约翰·R.韦尔斯的这本书才是真正的解渴之作，他回归到最基本面，广受好评。韦尔斯仔细分析、分步讨论了常见的战略误区以及在公司中错误的使用方法，并传递出一个明确的信息：好的战略没有捷径可走，聪明的战略一定会获得回报。该书是一本绝佳的指南。

——冯国经博士 香港利丰集团总裁

约翰·R.韦尔斯在书中阐明了一个大型组织中商业战略、人力资本和适应变化过程的关系。

——丹尼尔·瓦塞拉（Daniel Vasella）博士 瑞士诺华公司（Novartis AG）总裁

约翰·R.韦尔斯教会我们：一个人必须永远追求领先、独特和与众不同，但是一旦你实现了这个状态，由于竞争对手的不断挑战，你应该时刻努力保持这三点。在商业世界里，没有停歇、没有周末、没有假日。

——让-克劳德·比伟（Jean-Claude Biver） 瑞士宇舶表（Hublot）总裁

该书非常具有可读性，它给所有公司提出了一个正确的、基本的问题，带来深刻的商业实践思考，读起来令人愉悦。

——阿兰·卡帕罗斯（Alain Caparros） 德国 REWE 集团首席执行官

公司总裁们，你们希望自己的公司总能吸引并留住聪明的人才吗？如果想，就好好读读这本书。小心！它能让你转变。

——马库斯·诺德伯格（Markus Nordberg） 瑞士欧洲核子研究组织寻找"上帝粒子"（God Particle）核子研究小组首席执行官

在信息横流的世界里，实践智商的想法能够引起共鸣。这不仅仅指一个人的学习能力，能够致力于终身学习更为重要。

——让–弗朗索瓦·范·博克斯米尔（Jean-Francois van Boxmeer） 荷兰喜力啤酒集团（Heineken） 总裁兼首席执行官

韦尔斯对战略智商的探索，不仅引发我们在思考自己是怎样让公司最终走在倒闭之路上有了新的突破；在我看来，他还用非常引人入胜的手法，阐释了智商和多样性在扩展战略能力上的作用，以此让公司能认清未来的方向并且掌控未来。最后，他非常明确地指出了不负责任的领导者是如何造成当前的局面的，同时也给我们提供了战略工具来克服惰性。对处于危机当中急需强大领导力的世界来说，该书就是一场及时雨，帮助我们打造可持续发展的未来。

——温迪·陆埃博（Wendy Luhabe） 南非约翰内斯堡大学（University of Johannesburg）校长，社会企业家

在公司实现成功的时候，经理不知不觉中设立的流程以及做出的聘用决定都不可避免地为自我毁灭埋下了种子。约翰·R.韦尔斯对此现象做出了深入的、引人入胜的描写，也给出了保留战略、流程和员工的路线图，把公司的成功放在首要地位。管理惰性无处不在，该书是所有希望避免陷入其中的

人的必读教材。

——比尔·萨赫曼（Bill Sahlman） 美国哈佛商学院迪米特里·V.达布勒夫（Dimitri V. D'Arbeloff）企业管理教授

韦尔斯的这本著作探讨了公司可持续高速发展的一个强大的公式，其中智能战略、智能结构和智能思维三者缺一不可。他及时地给我们敲响了警钟，所有的成功公司都应该适应当前形势，通过惰性改革来避免将来的失败。该书为企业的长期成功提供了一个实用、快速的模式，是所有人的必读书。它将启发你的大脑以全新的方式思考战略和执行。

——乔治·科尔瑞瑟（George Kohlreiser） 瑞士洛桑国际管理学院（IMD）领导力和公司行为教授，畅销书《谈判桌上的艺术》（*Hostage at the Table*）作者

一本绝无仅有的佳作……它涉及所有的关键问题，案例丰富，易读易懂！所有读者的必读书……韦尔斯讲述的是最容易实现、最实际、最综合的战略，指导我们构建并执行战略。

——布鲁斯·哈洛德（Bruce Harreld） 美国哈佛商学院高级讲师，美国IBM公司前战略官

在变化的系统里，可持续的竞争优势并不存在；只有永无止境的比赛，看谁能创造出具有暂时优势的新资源。

埃里克·D. 拜因霍克（Eric D. Beinhocker）

《财富的起源》（*The Origin of Wealth*）

中文版推荐序 1

王璞　北大纵横管理咨询集团创始人，中国青年企业家协会副会长

我们生活在一个极具挑战的时代。瞬息万变的商业环境对所有人提出了比以往更高的要求。在这样的变革浪潮中，只有那些头脑清醒、反应敏捷且善于不断调整战略的企业才有生存的可能。

当然，这绝非易事。北大纵横自 1996 年成立至今，为千余家企业提供过咨询服务。在这个过程中，我们目睹了许多因战略失误酿成的苦果，也见证了许多经过战略革新然后进入高速发展轨道的成功范例。托尔斯泰说过：“幸福的家庭都是相似的，不幸的家庭各不相同。”把这句话移植到公司战略层面，却发现幸福和不幸的公司存在惊人的相似：借用约翰·R.韦尔斯先生的说法，前者皆拥有高战略智商，后者则往往徘徊在战略盲目、战略否认或战略无能的窘境里却不自知。

企业的掌舵人无不希望基业长青。但是，在通往百年老店的道路上，实实在在横亘着各种障碍，其中最关键也最致命的一项就是——惰性，满足现状，惧怕未知。这种惰性深植于人类的本能，就像很多不治之症一样，在不知不觉之间缓慢积累，一步一步把公司逼向悬崖，甚至于许多盈利状况良好的公司也难逃噩运。杰克·韦尔奇曾经说过：“我深信，如果公司内部变革的速度赶不上公司外部变革的速度，失败就是不可避免的，唯一的问题是关门大吉的时间。”适应变化的能力可以充分说明一家公司的智商高低。但是，很多已取得不俗业绩的公司往往都在踌躇不前、盲目地坚守老旧战略，眼睁睁地看着自己一步一步陷入危机。一旦触及临界点，局面通常就难以扭转。而此时，它们命数已尽，最终的消亡也将是一个缓慢而痛苦的过程。

哈佛商学院管理实践课程教授、瑞士洛桑国际管理学院（IMD）前院长

约翰·R.韦尔斯提出了"战略智商"的概念，并将战略智商分为不同的层次。战略智商位于最底层的公司处于战略盲目状态，对改变的价值毫无认识，或者认识到了却无力实施；具有中等战略智商的公司，可能在过去的多年间形成了一套明确的战略，但面对改变的需要，却不愿意放弃那些老旧战略，是为战略否认；而那些聪明的公司会比外部环境变得更快，它们从不满足于现状，总是在追求进步，不断改进当前的战略，因此，当外部环境变化不定时，它们更有可能经受住暴风骤雨，适应环境，并最终生存下来。好的战略需要好的组织结构去实现，而实施这一切改变的主体是人。因此，约翰·R.韦尔斯从战略惰性、结构惰性、人的惰性三个方面入手，搭建起了公司攀登战略智商的阶梯。领导者只有将这三者有机结合，才能提高公司的战略智商。

战略定天下。这已成为当今企业的共识。环顾我们四周，也存在大量现成的战略指南，其中不乏众所周知的经典大作，如迈克尔·波特的《竞争战略》。凑巧的是，约翰·R.韦尔斯正是迈克尔·波特在哈佛商学院的学生，同时也是《竞争优势》一书的合著者。更值得一提的是，在约翰·R.韦尔斯的职业生涯中，有15年投身学术研究，10年做战略咨询顾问，10年担任管理者。因此，呈现在我们面前的这本《战略的智慧》，是一本绝无仅有的佳作，值得所有商业领袖深刻思考。

乐为此序。

中文版推荐序 2

杨思卓　北京大学汇丰商学院领导力专家，中商国际管理研究院院长

纵观 30 年来的中国企业，赚钱的不少，活得明白的不多。我接触到的上千家企业中，大多数都是随经济大潮起起落落，结果呢？不明不白赚来的钱，又糊里糊涂地输掉了。

什么样的公司才是更聪明的公司？在《战略的智慧》一书中，哈佛商学院的约翰·R. 韦尔斯教授给出了他的标准：具备高战略智商的公司，才是更聪明的公司。读来有四点启示。

战略上的改变，是领导者的不"二"之选。有许多领导者都知道要发展必须改变，但是为什么变来变去效果不大？他们往往针对战术层面，改变产品，改变服务，改变管理……甚至形成了一套"执行决定成败"的哲学。在韦尔斯教授看来，这些领导有点"二"，因为他们压根儿就不知道什么是战略，不在意战略的重要性，这就不太可能做出根本性的改变。提升战略智商，强化顶层设计的能力，才是一个高明领导者的不"二"之选。

战略上的创新，起源于战略反思。许多公司在过去多年间已形成了战略套路，即使遇到越来越多的问题，它们仍然"坚定不移"。而诸多看似"小"问题的堆积，最终必然导致无可挽回的巨大危机。要改变这样的宿命，首先就要有一种特定能力——战略智商。否定旧有的生产技术不够，否定旧有的业务流程也不够，只有否定旧有的战略，否定旧有的商业模式，企业才能转型升级。

战略上的活力，来自持续的改善。在一次战略创新之后，公司开始焕发出生命的活力，业绩提升，人心所向，就会自然产生一种松懈状态，战略智商开始降低。这对具有高战略智商的公司而言不是什么问题，因为它们永远

都被崇高的目标所激励鞭策，所以永远都处在改变之中。

战略成功需要"开天眼"，更需要"接地气"。 能够把事情看明白，那是大道理；能够把事情做明白，才是硬道理。战略的成功，既包含大道理，也包含硬道理。这本书与一般战略书的不同，就是理论性与实用性兼具。韦尔斯教授从揭秘人类与生俱来的惰性开始，揭示了如何同时思考和行动；如何把战略决策分解到公司上下不同层级——实现"分散智商"；如何能更快更好地完成任务，特别是满足人性的基本需求，缓解改变带来的痛苦，那种操作的分寸感，没做过管理咨询的学者，绝不会阐述得如此深刻到位。这套理论体系，既可以看成"科学馆"，也可以当作"武器库"，值得理论工作者、企业家和经理人共同分享。

前　言

在对战略 35 年孜孜不倦地研究之后，我写下本书，总结其间思考所得。在这个过程中，每当站在选择的十字路口，我总会选择最感兴趣的那条路走下去，因此我的方向也经常转换，多种多样。

总体而言，投身学术界的 15 年中，我一直在不断调查研究各种案例，并致力于教学。在做案例时，我通常把注意力放在成功的公司上，因为很少有失败的公司愿意把它们的惨痛经验拿出来公之于众……因此，在这个过程中，我一直在向成功学习。

然而，在我做战略咨询顾问的 10 年中，却是另一种局面。因为少有公司会在情势一片大好之时聘请战略顾问——它们觉得战略顾问就是用来解决问题的……于是，我又转而向失败学习。

之后我又投身于管理事业，在 10 年之中经营过许多大大小小的公司，执行着各种战略。在这个过程中，自己又在创造着些许成功和失败。

一路走来，我给自己定下目标，总有一天要安静地坐下来仔细反思，把这么多年来的经验与各位实践家进行全面的交流与分享。我写本书的初衷，并不是想要提出什么令人咋舌的新理论，也不是想提出什么最新的学术论点，更不是想提供什么能迅速解决问题的良方。其实，在过去几十年间，我们已经看到了很多不错的商业实践方法和原则。所以，我更想做的就是整理自己的想法，并通过一种有用的方法把它们逐一梳理，希望可以帮助到各位商业领袖，让他们借助这些经验比我学得更快，能比当时的我节省更多的成本。

在本书的写作过程中，我需要感谢太多的人，只有我自己因为修养不足，需要批评。我要感谢我在波士顿咨询集团的同事，他们大约在 35 年前就跟我说过怎样借助严格的经济分析做出战略决定；我在摩立特集团的同事向我展示过如何将选择变成行动；我在联合利华、百事可乐、汤姆逊旅行集团、

Energis 集团和瑞士洛桑国际管理学院（IMD）商学院的同事帮我在现实世界中改变执行战略；哈佛商学院的同事耐心地为我的工作提出反馈意见。我在哈佛商学院三年的兼职教学中，上千名 MBA 的学生和经验丰富的企业高管也就我的工作提出了诸多宝贵意见和反馈，能与他们共事是我的荣幸。想真正了解一门学问，最有效的方法就是教授它。我和近百家公司的管理层一起工作过，解决了他们的经营问题，自己也在这个过程中学到很多。我要感谢他们给我如此难得的机会。我必须也要感谢那些激发我创作灵感的众多文献资料；我在书后"参考文献"中列出了直接影响到我的一部分文献。对于那些无意中漏提的文献，我表示深深的歉意。

我向个别人士致以谢意，但并不是在忽略其他人的作用。感谢我的论文指导老师迈克尔·波特（Michael Porter），是他首先邀请我回到哈佛商学院教书，并和他共同编写《竞争优势》（*Competitive Advantage*）一书。感谢克里斯·阿吉里斯（Chris Argyris），他在个人生活和职业生涯上都给了我最大的影响，帮我打开了新的世界，认识到阻止个人和公司学习的障碍以及相应的解决方法。感谢约翰·克里平格（John Clippinger），是他告诉我什么是社会机制。最后还要感谢曼诺杰·巴德尔（Manoj Badale）和查尔斯·明登霍尔（Charles Mindenhall），他们在英国创立的 Agilisys 公司已成为增长最快的 IT 服务及外包公司。从公司名称就能看出，他们一直坚持了我在本书中所提倡的原则。他们启发我把这些都写出来，并为我的前期研究提供资金支持。

我也要感谢我的调研和编辑团队。特拉维斯·海格洛克（Travis Haglock）、伊丽莎白·瑞比（Elizabeth Raabe）和卡罗尔·温克勒（Carole Winkler）与我一起研究了很多案例；罗布·怀斯曼（Rob Wiseman）是一位知识渊博的专家级编辑；卡罗尔·温克勒全程为我提供调研和编辑的支持。他们的共同工作为本书及我的思维都带来了无以估量的价值；他们确实帮我重新感受到了写作的乐趣，这是在当今这个信息满天飞的世界中难能可贵的。最后，还要特别感谢 Wiley 数据库的罗丝玛丽·尼克松（Rosemary Nixon）和她的团队。一年前，她看了我的前 500 页初稿，并坦诚告诉我应该修改掉一半。我希望最新的这一版更易于被接受，以此表达我对所有帮助过我的人的谢意。若本书还有什么不足之处，都应只是我的责任。

没有哈佛商学院和洛桑国际管理学院的资金支持，本书所涉及的研究也将无从谈起。也在此表达我深深的谢意。

坐在书桌前写下这些文字时，我知道我的求知旅程尚不完整。我学得越多，就越是觉得自己无知。倘若我能在多年前就意识到这一点，或许就不会有足够勇气继续下去，但是现在美好的未来在不断激励着我。我的事业轨迹一直多变，因为我总是跟着最令人激动的职业道路走下去，今后我仍会继续，虽然我知道这条路永远也走不到尽头。

但是我亦反思，我必须也要清楚走上这条道路的成本。我总是围着工作转，这对我的家人来说非常不公平；我并不能总陪在他们身旁。我的长子节前大病一场，险些丧命，还好现在已经在逐渐恢复中。我需要提醒自己：我并不需要这么快的前进节奏，因为前进的道路上永无终点；而应该确保我有时间能在沿途欣赏珍贵的美景，其中最美的风景就是我的三个儿子。谨以此书，献给他们。

致查尔斯（Charles）、詹姆斯（James）和马修（Matthew）！

于瑞士沃勒劳

2012 年 1 月

目　录

引 言

成功的公司为何又会失败？

没有任何一家盈利状况良好的公司愿意相信失败可能距离它们只有百步之遥。但是成功的公司却一直在上演着成败起伏的故事，有些公司的业绩甚至还会一落千丈。在多年的高额利润增长之后瞬间崩溃的公司其实并不少见。[1]这并不是某个行业或者某个地区独有的现象，而是会发生在高科技企业、非技术型企业、制造型企业、服务型企业，会发生在市场经济下的任何行业和全世界的任何地方，它好像是成功必须付出的代价之一。

公司一旦衰败就很难再恢复。带动一家大型公司转型需要极强的领导力、巨量的资源和持续不断的运气。只有极少数公司可以从悬崖边缘及时掉头，重新回到行业主导的地位，科技巨匠 IBM[2]和惠普就是少有的成功案例。大部分公司很快会从市场上消失、宣布破产或被其他成功企业吞并，比如风靡一时的文字处理软件公司王安电脑公司（Wang Laboratories）、即时成像相机之王宝丽来，以及微机先锋 Digital Equipment Company。有些公司试图转变，却以失败告终：Circuit City 和 Kmart 都是其所在行业内的零售神话，却在首次出现重大盈利下降的七年之后宣布破产。还有凑合将就几十年的公司，胶片大亨柯达公司[3]和时尚巨头 Gap[4]都在 2000—2002 年的经济衰退中经历了重大盈利损失。柯达最终在 10 年困境之后，于 2012 年年初宣布破产，而 Gap 如今还在继续挣扎。

为什么会出现这种局面呢？人们往往会把原因归结为类似 2008 年次贷危机那样的某个重大外部因素。有时候确实是这样。英国的北石银行（Northern Rock）在进入资本市场之前的运营状况极好，却在这一步栽了跟头。但是对很多公司来说，外部金融市场的不稳定只是激化了它们已有的问题，让早就存在的问题加快凸显出来。通用汽车在 2009 年宣布破产，但其问题早在几十年前就已经出现。英国连锁超市集团 Woolworths 多年来一直是在毫无战略可言的状态下盲目运营，直到 2008 年才强制把战略开发放进公司的发展规划。Circuit City 在折扣家用电器零售行业的第一把交椅被百思买（Best Buy）夺取之后，也经历过长期痛苦的转型。虽然这些公司都是在经济不景气时破产的，但经济危机仅仅是加快了它们消亡的步伐而已。

惰性——致命之痛

仔细研究这些失败案例之后，就发现它们都是咎由自取。这些失败的公司并没有积极去适应瞬息万变的外部竞争环境，它们都是惰性的受害者。[5]通用电气前总裁杰克·韦尔奇曾说："我深信，如果公司内部变革的速度赶不上公司外部变革的速度，失败就是不可避免的，唯一的问题是关门大吉的时间。"[6]

就像很多不治之症一样，惰性之痛也是一点点积累形成的。在最初感染之后，销售业绩和盈利可能仍会在接下来的几年之中持续增长，让公司误以为仍然安全，但其实它已经慢慢把公司逼近悬崖。当公司走到悬崖边上，能看到深崖之下的石头时，就为时已晚——公司的命数已尽。多年盈利状况良好的公司在这种绝境之下也许会问："我们真的完了吗？"

在本书中，我们把惰性分为三类（见图 0 - 1）。惰性带来的问题需要及时解决，不然长此以往，后果将不堪设想。**战略惰性**指的是公司未能及时改变战略。**结构惰性**是指公司已经意识到需要整改，但却囿于结构问题而无法实施。**人的惰性**则是指公司的员工和集体都不愿意改变。

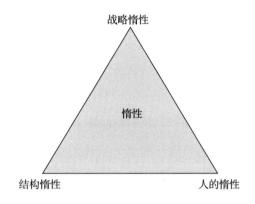

图 0-1 惰性类型

寻找战略智商

若想实现可持续增长的卓越业绩，公司必须把自己置于竞争环境中，选择具有吸引力的竞争点，培养自己的竞争优势，从而保证获得最终的胜利。这就是公司的战略目标。但是，世界总是在不断变化，所以期望长期成功的公司必须要时刻做好调整战略的准备。至少也要具有灵活性——改变的能力——但是不加思考的鲁莽举动也不会带来任何好处。公司必须有目的地朝着成功的方向调整，这就需要战略智商的帮助。

战略智商分不同的层次。战略智商位于最底层的公司尚无法意识到改变的需要，或即使意识到了也无法实施。聪明的公司会对外部变化采取对应措施，尽量跟上脚步；但智商更胜一筹的公司会比外部环境变得更快，能把外部环境向有利于自己竞争优势的方向上引导。当外部环境变化不大时，聪明的公司在竞争中所获得的利润自然高于那些战略智商不及它们的公司。当外部环境变化不定时，它们也更有可能经受住暴风骤雨，适应环境，并最终生存下来。

大多数公司在初次面临市场盈利压力时，其实都没有意识到这是个战略问题；财务分析师也是夫唱妇随，全无意识。出于本能，它们的第一反应就是更加努力。但是具有讽刺意味的是，虽然它们完全是走在错误的方向上，但往往还会在短期内取得不错的效果。而这种结果具有强大的迷惑性，会让公司误以为自己当前的业务模式没有问题，会蒙蔽它们的双眼，让它们看不到改变的必要性。

这让我想起了喂鸽子实验。[7]我们把鸽子放在一个两边都有喂食槽的笼子里。刚一开始鸽子会到处觅食，但是之后我们只把食物放在其中一个喂食槽里，鸽子就会慢慢发现在这边可以轻松吃到食物。如果我们此时再把食物放到另一个喂食槽中，鸽子还是会在之前那个喂食槽边等待，直到饿死。这只鸽子的问题就在于，一旦确定了一件事之后，就无法改变自己的观点。那么，公司里一群高智商的管理人士为什么要把自己和鸽子放在同样的位置呢？

当继续努力不再能解决问题时，一些公司就会从日常开支上下手，开始缩减经费。这其实依然是走在错误的方向上，只不过是提高了一点办事效率而已。这在刚开始一段时间内确实有用，但日常开支很快就会回到原来的水平；而在这段时间里，根本问题又在不断恶化。还有一些公司会选择进行重组——这是在提高做错事的效率。在数字摄影时代到来之时，柯达公司就是这么处理问题的——在十年内一共进行了七次重组。[8]

缩减日常开支和重组这两种方法可能会在短时间内发挥作用，但也只是着眼于公司内部，而问题的真正源头往往是外部因素。这样做只会更加蒙蔽它们的双眼，使它们看不到战略转型的需要。

随着压力日益增大，一些公司就开始在账目上做文章。它们会想尽办法让财务报表看起来好像仍然在赢利。这些自欺欺人的做法，其实都是在最终崩溃之前给自己制造虚假的安全感。而在这期间，公司已经越来越偏离成功战略的道路，直到最终，必须有个能够力挽狂澜的人出现才可以扭转局面。

当公司内部的问题终于暴露出来时，股东会感到当头一棒，很多高管也会丢掉饭碗，还会连累一大批无辜员工失业。新管理团队上任之后，通常都会大手笔做出财务核销，为今后的损益管理腾出空间。这就会带来一个假象，看起来好像是出现了戏剧性的复苏，但这其实只是预示着下一次必然失败的到来。当然，肯定会有一套运营公司的方法可以更好地应对问题。作为公司领导，我们的工作不仅仅是在任职期间为公司创造良好业绩，而不管继任者是谁，也不管他能做成什么样子。我们的责任是要打造出一家可以长期赢利的公司。那么，到底怎样才能避免自讨苦吃，并且实现长久的成功呢？

以此为主题，本书深入探讨了公司智能化运营的方法。在**第一部分 聪明的战略**中，我们会谈到公司将如何克服战略惰性，实现成功战略。在**第二部分 智能的结构**中，我们将着重讨论结构惰性，并会谈到公司应该如何进行构架才能支持并带动快速的战略调整。在**第三部分 敏锐的头脑**中，我们要解决的是人的惰性的问题，研究公司该如何利用人类无穷的欲望来促进员工的成长。在此过程中，随着公司不断实现更高级的战略智商，我们会介绍不同层次的战略方法（见图 0 - 2）。

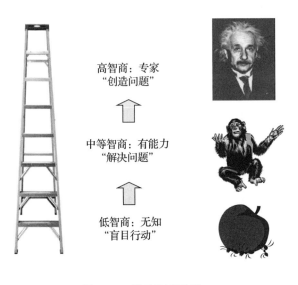

图 0 - 2 战略智商阶梯

聪明的战略

在**第一部分 聪明的战略**中，我们主要研究那些饱受战略惰性之苦的公司。它们只具有低战略智商，仅仅是以提高智商本身为目标。但是，如果公司连自己在干什么都弄不明白，想改变是很困难的。**第一章 何谓战略**中给出了战略的定义，并阐述了我们需要战略的原因。

得出一套战略并付诸实施绝非易事，也难怪已经取得成功的公司都不愿意改变。但在**第二章 初级战略智慧**中我们会看到其实这并不是最根本的问题。**战略盲目**的公司的表现形式往往是多种多样的。**有些公司不仅无知，还沾沾自喜**，因此它们永远都无法掌握战略，不知道什么是战略，更不会在意战略的重要性。**有些公司假装很懂**，天天把专业术语挂在嘴边，但却完全不知道它们到底是什么意思。**有些公司患上了战略失忆症**，虽然曾经有过好战略，但总是不长记性，任由公司自生自灭。上述这些公司都不了解什么是战略，因此它们也不太可能做出改变。但是，**第二章 初级战略智慧**将帮它们打开一个新世界。

战略智商阶梯再上一层，代表着一种特定行为——**战略否认**。这些公司在过去多年间已形成了一套明确的战略，但即使它们已经能看到改变的需要，却仍不愿意放弃那些老旧战略。这种盲目固执必将导致它们的战略最终出现问题，除了改变别无出路。要在这种情况下实现改变，就必须要实施竞争战略中的基本原则。这就是**第三章 竞争战略**的内容。

公司认识到战略的必要性之后，就必须掌握开发战略、实施战略的方法。很多公司多年间一直都在挣扎着，试图提高自己的业绩。虽然付出不少，却始终被困在战术问题上，实际上它们更应该解决的是战略问题。这就是**战略无能**。此时，公司很容易会想到向咨询顾问求助，但是这无法解决长期问题。在这个变化莫测的世界中，我们之间的相互依存度也日益增加。公司只有不断实现及时开发战略和高效执行战略的能力，才能在战略智商阶梯上从低级升至中级。这是个复杂艰难的过程，对首次进行战略改变的公司来说更是难上加难，必须要在这一过程中掌握丰富的知识和技能才能实现。**第四章 中级战略智慧**中提出了具体的指导原则，帮助公司在战略智商的阶梯上越爬越高。

实现中等战略智商之后，公司就已经具备了继续攀爬阶梯的实力，能够逐步开发实现高战略智商。但往往在这时就会自然产生一种松懈状态，认为它们新发现的成功战略已经足够有用，坚持下去就是胜利。不能就此满足——不然你将会沿着阶梯一路下滑！随着时间的流逝，竞争环境会发生改变，你的战略也会随时过时，你辛辛苦苦掌握的知识和技能也会逐渐被淡忘。这一循环周期通常以五年为限，到时候一切都要从头开始。

具有中等战略智商的公司在意识到需要改变之前会一直执行它们的战略。对它们来说，关键问题就在于做出改变的时机——这对具有高战略智商的公司而言就不是什么问题，因为它们永远都处在改变之中。

第五章 高级战略智慧着眼于具备高战略智商的公司，深刻分析了它们从不满足于现状的精神。它们总是在追求进步；它们永远都被崇高的目标所激励鞭策，努力争取更优业绩；它们永远在改进当前的战略，也愿意付出时间和资源来测试激进的新战略方法，并且开发高效的决策流程，以便在诸多可选战略中做出选择。它们走在时代的前沿，把战略变成艺术，时刻准备进行改变，并随时总结经验教训。[9]它们能依照自己的优势，引导环境向着有利于自己的方向发展，并迫使其他公司效仿。

可是，它们何来资源能做出这么多改变？公司的领导者又是从哪里挤出来的时间呢？改变战略的过程非常复杂且成本巨大，但就像所有复杂的事物一样，都能让我们从中获益匪浅。[10]若是能有规律地进行新战略开发和实施，那么公司在学习曲线上的下降速度就会更快，能有效减少成本和时间，并带来更好的结果。到最后，战略开发和战略实施之间的界线就会变得越来越模糊——因为公司学会了同时思考和行动。另外，那些能把战略决策分解到公司上下不同层级——实现分散智商的公司，还能更进一步提高战略改变的能力，并且能更快更好地完成任务。

智能的结构

公司需要正确的结构，才能更有效地实施战略；在战略发生变化时，公司结构中至少会有一部分也必须做出改变。大多数情况下，公司其实都能意识到应该做什么，但却由于内部结构的限制，往往力不从心。这些公司就是结构惰性的受害者。它们必须要打破这个障碍，构建更智能的结构，积极适应战略变化，甚至去推动改变。**第二部分 智能的结构**审视了结构惰性的病理，并且提出了公司走出这一困境的方法。

搞清楚什么是结构对认清结构惰性产生的原因至关重要。公司结构不仅仅是一张简单的组织结构图，大公司的结构一般都是极其复杂的。[11]这一点我们会在**第六章 为什么需要智能的结构**中讨论。公司进行改变的能力受到其**投资资产**规模的限制。投资一旦做出，公司就很难放弃这些资产重新来过。[12]因此，当前的资产状况不但会直接影响战略选择，还会阻碍改变。**第七章 智能的资产管理**中分析了增加资产灵活度的途径。

正式架构明确了公司整合资产及创造价值的方法，它是多个元素相互作用的结果。组织结构图明确了谁负责什么工作；业务流程描述了某项工作应该具体怎样完成；员工招募和培训系统能对人员和资产进行正确配置；考核奖励系统负责维持工作的一致性；信息通信系统将公司内一切事物联系起来。单独来看，每个元素都是很难改变的；放在一起，惰性更是可怕。**第八章 正式架构**阐述了灵活设计正式架构的方法，并指出如何通过正式架构推动战略改变。

虽然正式架构已经非常复杂，够我们头疼一阵子了，但还有**非正式架构**也需要考虑，也就是社交网络和非正式流程，它们往往是战略改变的重点。

由于非正式架构既无法记录又是无形的，因此更难琢磨。然而，它却是快速改变的关键。人类天生具有自我组织能力[13]——社会机制，怎样才能利用这一天性服务于战略变革呢？我们将在**第九章 非正式架构**探讨这些令人激动的方法。

在具有**低战略智商**的公司中，各个组成部分之间的吻合度极低，所以结构本身就充满了矛盾。还有一些低战略智商的公司虽然内部各个部分实现了统一，但整体架构却与公司战略格格不入。照这样发展下去，就会把公司导向背离初衷的方向，有时甚至还会引向自我毁灭的道路。

要实现**中等战略智商**，正式架构、现有资产和公司战略就必须保持一致，并在制定公司条例时要赋予其充分的灵活度，便于做出改变。

具有**高战略智商**的公司会采用最具智慧的架构，它可以把正式架构和非正式架构整合一致，共同推动公司的战略转型。

本书从第六章到第九章以大篇幅讨论了会影响有效战略和改变的结构因素，研究它们为什么会引发惰性，并寻找相应的应对方法。我们在**第十章 走向智能型结构**中将这些因素全部整合，提出了一套统一的方法来提高战略智商。

智能思维

从根本上来讲，公司进行战略改变的能力是由员工的改变能力和意愿决定的。作为个体，我们会尽力避免一切让自己不舒服的事情，自然就产生了惰性，会一拖再拖；而在群体中这个效果更是会被放大。为什么在一个具有高等智慧的物种中会如此频繁地出现这些行为模式呢？我们在**第三部分 敏锐的头脑**中分析了人类惰性产生的原因，探讨了克服惰性的具体方法。

就人类而言，不论是作为个体还是群体，最大的惰性究竟是什么？对此我们在**第十一章 公司为什么需要敏锐的头脑**中进行了探讨，同时也试图探究什么才是更加智能的思维模式。通过**第十二章 探秘充满矛盾的思维本质**，我们首先能了解到人类大脑的进化是所有问题的本源。在百万年间的进化历程中，人类继承了大量的个体行为和社会行为，这些都逐步演化成了我们基因的一部分，使人类完全无法下意识地做出控制。这些行为满足了人类的部分需要，其中有一些行为在人类以及人类的远古祖先——爬行动物身上都很常见。通常来说，人类较原始的本能使我们惧怕改变，但是较复杂的本能又会让我们把改变当成满足好奇心的契机，促使我们学习新事物。因此，从这个角度上来说，它们之间存在着矛盾；只有在人类较原始的需要得以满足之后，我们才有可能在一个更高的层面上思考。

那些智商较低的公司总是在与具有强烈个人主义色彩的爬行动物思维方式做激烈斗争，挣扎着想要满足自己最基本的需求。具有中等智商的公司一直都在试图满足来自比哺乳动物略低等的大脑部分的需求，希望可以通过某些能够降低改变阻力的方法来实现社会满足感和自我尊重的满足感。具有高智商的公司已经能满足这些需求，并且还在试图探索人类永无止境的欲望，寻找共同目标，不断学习和创造，并同时帮助他人实现同样的人生。

但并不是我们的所有行为之间都有实实在在的联系，这些行为也并不都是受基因控制的。我们大多数行为都不是与生俱来的，而是通过后天习得，逐渐培养而形成的；人类大脑的学习潜力是无限的。[14]这是个好消息，因为改变的过程总是需要学习新知识和技能。然而，我们学习的方式却是由基因所决定的，它通常会蒙蔽我们的双眼，让我们满足于已有的知识，不思进取，不寻求改变。

那么，公司怎样才能消灭人的惰性呢？方法之一就是找到正确的人。**第十三章 有人，才有可能**指出了如何为公司招募到合适的人才，帮助公司取得可持续增长的卓越业绩。那么公司究竟应该创造出怎样的内部环境才能促使每一个员工都愿意为了公司的战略改变而更加努力进行自我改变呢？**第十四章 满足人性的基本需求**就给出了一些方法，可以有效缓解改变带来的痛苦，而**第十五章 利用人们永不满足的需求**指出了公司应该怎样利用人类难以完全满足的需求来促进个人成长。

全局总览

惰性虽然复杂，但具有目标性的智能改变更加复杂，从来都不是一件简单的事情。本书把公司智商分成了战略智商、结构智商和人力智商三个方面，它们之间既相互独立，又密不可分。好的战略需要好的结构来实施，而只有在人的行为支持下才能实现这两方面的成功，因此分开对待这三点并不科学。但对它们逐一单独讨论也确实能分解问题，有助于我们更好地解决问题。针对同一问题，我们以不同的角度在本书的每一部分都进行了单独剖析；最具战略智商的人寻求智能战略，组织机构设计者寻求智能结构，社会心理学者寻求智能思维。但是，公司领导者必须要把这三者有机结合，才能提高公司的战略智商（见图0－3）。没有智能结构，智能战略就无从谈起；而这需要的正是智能思维。

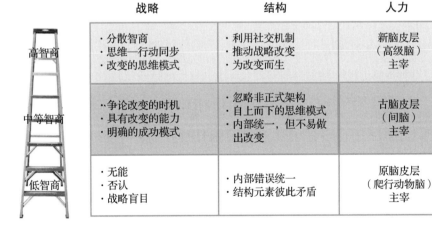

	战略	结构	人力
高智商	·分散智商 ·思维—行动同步 ·改变的思维模式	·利用社交机制 ·推动战略改变 ·为改变而生	新脑皮层 （高级脑） 主宰
中等智商	·争论改变的时机 ·具有改变的能力 ·明确的成功模式	·忽略非正式架构 ·自上而下的思维模式 ·内部统一，但不易做出改变	古脑皮层 （间脑） 主宰
低智商	·无能 ·否认 ·战略盲目	·内部错误统一 ·结构元素彼此矛盾	原脑皮层 （爬行动物脑） 主宰

图0－3 攀登战略智商阶梯

注释

[1] Sull（2003）。

[2] Austin 和 Nolan（2000）。

[3] Gavetti、Henderson 和 Giorgi（2004）提出了柯达公司面临的挑战。Tripsas
和 Gavetti（2000）对其进行了深入的分析。

[4] Wells 和 Raabe（2006）。

[5] 众多文献资料中均对惰性进行了多形式的广泛探讨。参见 Kuhn（1962）；
Rumelt（1995）；Burns 和 Stalker（1966）；Christensen（1997）；Teece、
Pisano 和 Shuen（1997）；Gavetti（2003）；Henderson 和 Kaplan（2005）；
Henderson（2006）；Seth（2007）。

[6] Chester Barnard 和 Philip Selznick 首次将公司描述成适者生存的技术、政
治和社交的复杂系统。参见 Barnard（1938）及 Selznick（1948）。

[7] 为了鸽子的利益，我希望这则故事并不是真的，也不鼓励大家重复同样
的实验。

[8] Gavetti，Henderson and Giorgi（2004）。

[9] Garvin（2000）。

[10] Wright（1936）。

[11] Hall（1972）；Mintzberg（1979）。

[12] Ghemawat（1991）。

[13] Clippinger（1999；2007）。

[14] Gladwell（2008）。

Strategic IQ:

Creating Smarter Corporations

第一部分

聪明的战略

第一章

何谓战略

公司永续经营之道

我们为什么需要战略

没有目标的生活通常收获甚少；没有思想的人纵使终日寻觅，却也少有成就。这就好像路易斯·卡罗尔（Lewis Carroll）的《爱丽丝梦游仙境》中那只柴郡猫（Cheshire Cat）所说的那样："如果你不知道该朝哪里走，任何一条路都能带你去终点。"[1]

任何公司运营的目标都是创造**可持续增长的卓越业绩**。"业绩"就意味着投资回报；公司通过商业运作实现盈利。"可持续"则是指长期盈利，而不仅仅满足于实现下一个季度的收入目标。短期内的盈利飞涨比较容易实现，因为即使公司在近期投资上失利，却还是能从长期的未来投资上追回。然而，若想实现可持续的稳定收入就比较困难了。"卓越"意味着优于竞争对手；总是在竞争对手防不胜防时能攻其不备，才会获得更大的生存概率，才能繁荣发展。获胜者也往往能因此得到更多资源（如人力资源、资金等），从而提高自己的可持续性。

公司需要好的战略来实现可持续增长的卓越业绩，因此需要好的战略开发：选择合适的竞争点和竞争方式，做出有效整合。这要依靠好的战略实施：合理组织资源和行为，把战略付诸实施。同时，必须要有好的领导力才能确保做出正确的决定，正确分配资产，采取正确的行动，否则以上两点都会变成空谈。

为什么需要聪明的战略

世界上没有独立存在的战略；战略必须和竞争环境保持一致。因为环境总在不停地变化，所以战略也需要做出相应的改变。公司必须一步步朝着成功的方向迈进，这就是战略智商的意义。具有中等战略智商的公司懂得迎头赶上，但是最具智慧的公司不仅仅局限于对变化做出回应，而是会主动向对自己有利的方向打造竞争环境。要想实现这一点，公司就需要聪明战略的帮助。

公司若无法及时改变自身战略，就已经陷入了极度危险的境地。拖得越久，战略问题就会变得越大，解决起来就会愈加困难。公司越是把战术精力放在那些无法消除潜在战略问题的方面，就越是在浪费资源，因为这些资源和精力本可用在处理亟待解决的战略转型上。这样一来，也就离它们本应解决的战略问题越来越远。

公司很容易就会落入这个陷阱。在战略弱点浮现之前，公司的销售业绩和盈利状况可以保持多年的良好上涨势头。这会导致自满情绪，把问题一拖再拖，迟迟不肯做出改变，总觉得改变成本又高又费力不讨好。可是一旦财务出现问题，股东就会失去耐心，不愿再继续做出长期投资，更不愿意坐等公司解决问题——股东想要的是药到病除般速战速决的效果。然而改变并非易事。一些公司不得不继续挣扎，一方面应付着逐渐失去耐心的投资人，另一方面在日趋激烈的市场竞争环境下寻找立足之地，最后把自己逼到走投无路的地步。如果能及早诊断出疾病，并且在病情恶化之前就求医治疗，或者能完全避免感染，就是最好不过的了。本书的**第一部分 聪明的战略**就旨在帮助公司达到这样的运营效果。

低战略智商

战略的开发和实施不是小事，所以即使认识到了它的重要性，公司不愿意付诸行动也不足为奇。但是有些公司的麻烦远不止于此：它们从来都没有过任何战略的指导，也不知战略为何物；它们即使能够赢利、能够实现增长，也完全不知道原因何在。这种就是**战略盲目**的公司，它们**不仅无知，还沾沾自喜**，处在战略智商阶梯的最底端。

可能有些人觉得没有战略的公司也能赢利是一件匪夷所思的事情。这种公司通常是在宽松的竞争环境下更容易取得销售和盈利的增长，但这仅仅是水涨船高而已。随着竞争压力的增加，战略的必要性就会显现。可是这时那些沾沾自喜的公司仍然无知，并不知道应该如何应对这种状况。当盈利出现问题时，它们的第一想法通常就是多投入些时间和金钱，但是想通过这种方式找到出路是非常困难的。因此，**开发战略的最佳时机其实是在意识到需要战略之前**。

战略盲目的形式还有很多。有些公司**假装很懂**，总是在自欺欺人，它们假装自己有一套战略，专业术语不离嘴，但自己的所作所为却对形成并维持竞争优势毫无意义。还有一些公司患有**战略失忆症**，它们虽然曾经有过好战略，但总是不长记性，任由公司自生自灭。所有这些公司都处在战略盲目的状态——它们不清楚自己的战略到底是什么，因此很难意识到什么时候需要改变，也不知道应该如何改变。它们最大的挑战就是要打开眼界，认识到战略的迫切性，并且下定决心开发一套适合自己的战略。

具有低战略智商的公司在战略智商阶梯再上一层，代表着一种特定行为，叫作**战略否认**。这些公司故意选择战略盲目的道路。它们在过去都已经顺利实施过明确的战略，然而，即使目前认识到了改变的需要，也不愿意付诸行动。有些公司尝试着不去理会数据等切实证据，这就好像那只出名的鸵鸟，一头扎进沙堆里，只是在逃避现实。有些公司虽然会认同这些数据，却干坐着守株待兔，等待命运的安排。还有些公司则是在无关紧要的战术问题上把自己搞得筋疲力尽，总是在缩减日常开支、进行机构重组上做文章，想要提高短期盈利，完全没有把重点放在解决长期问题上。我们必须要帮助战略否认的公司认清现实，承认自己的确存在战略问题，承认自己必须要立刻采取行动才能得以生存。这些公司必须要建立相应的机制来防止再次出现类似的行为。

采取战略否认的公司在战略智商阶梯再上一层，则是**战略不合格**的公司。它们承认自己有战略问题，但却无力解决。有些公司**在黑暗中迷惘不前**，每个人都能"感觉"到问题的存在，但却说不出问题具体是什么。有些公司则是在内部**争执不休**，因为存在太多不同意见，各方各执一词，根本无法就下一步的行动达成一致。有些公司是无法形成对问题的统一认识，有些公司则是无法找到统一的解决方案。不论是哪种情况，效果都是一样的，因为战略无能必然导致对问题认识不到位，所以解决方法也不奏效。不论是无法认清问题，还是无法统一解决方案，所有这些公司要么是在依照之前的战略行事，要么就是在战术上投入了大量的精力来缓解一时之痛。还有一种公司，虽然统一了对问题的认识，也统一了解决方案，但却不知道自己到底在干什么，它们的处境才是最危险的。因为这些公司虽然已经走在了错误的道路上，但却还满怀希望地迎接胜利。

战略无能的公司总是寄希望于咨询顾问，仰仗他们为自己开发一套战略。但在这个瞬息万变的世界中，这种方法并不能解决长期问题。任何战略终究都是很快就需要再次做出改变和调整的。它们只是不断在增加自己对咨询顾问的依赖，把关键决定外包出去，让外人决定自己公司的竞争策略。战略无能的公司必须要着手创建属于自己的业务流程并掌握所需技能，这样才能形成一套自己专属的战略，并付诸施行。下定决心是实现中等战略智商的第一步。

具有低战略智商的公司面临的问题在于，怎样才能朝着中等战略智商的方向前进。我们会在**第二章 初级战略智慧**中进行详细讨论。

什么是战略

在专注开发自己的战略智商之前，公司必须首先要认识到战略的重要性，并且要搞清楚战略到底包括哪些内容。

战略的目标是帮助公司实现可持续增长的卓越业绩。若公司能实现这一目标，就一定能够吸引更多优良资源（如人力、投资等），从而能让公司进一步持久发展——这就是良性循环。而那些无法实现这一目标的公司，通常就会慢慢消亡或者走上绝路。因此，任何一家希望能长久发展的公司都不应该忽略这一点。

一家公司实现可持续增长的卓越业绩的指导原则，能从它的战略业务模型（见图1-1）中反映出来。[2]图1-1说明了公司必须要做出的决定有哪些，竞争点在哪里，要实现的竞争优势是什么，为了实现这个优势，在公司内部应该投入的资源和执行方案有哪些，以及公司应该通过怎样的方式进行资产整合才能实现目标。

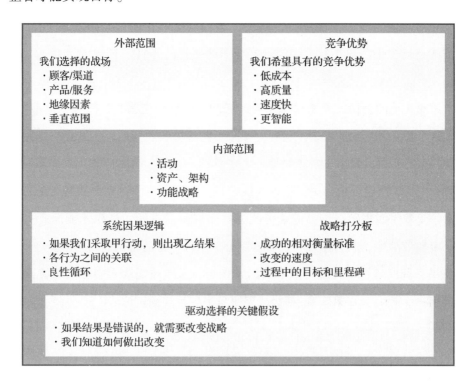

图1-1　战略业务模型

由于公司里的每个业务单元各有所长，因此选择合适的竞争点就变得至关重要。公司必须找到正确的业务领域。[3]

但是，不管选择什么样的竞争点，总会遇到竞争对手，所以公司必须要确保自己的竞争优势能给自己带来成功，创造可观的利润。最重要的两个静态竞争优势就是低成本和差异化。[4]低成本的公司显然能轻松赚到钱。差异化则相对不那么直接：它取决于顾客认为哪个更好。为了获得更多利润，它所带来的价格溢价就必须要超过任何为了实现这个差异化而可能产生的额外费用。

更快速和更智能是两个重要的动态优势。能更快速地调整定位来寻找更有价值的商业领域的公司，以及能更快速地提高自身静态优势的公司，都更容易脱颖而出。[5]它们可以在竞争对手赶上来之前赚取高额利润。更加聪明的公司还会研究竞争对手公司的惰性，然后采取一些它们难以复制的行为。[6]这些公司会为自己的未来找到更多的出路。[7]

一家公司打造竞争优势的能力取决于所持有的可支配资产以及资产的组织方式。[8]公司可能会有选择性地对一部分业务进行投资，而把其他业务交给第三方来处理。这样做的目标就是进行合理配置，得到最大的回报。

战略业务模型就是战略的一般逻辑，体现了带动竞争优势的因素和竞争优势期待值之间的联系。比如，可能工厂扩容100%会带来15%的成本节省。其中的逻辑也能指明各项措施之间重要的相互依存性，从而充分说明每项措施对公司整体的竞争优势会产生什么影响。举例来说，多年以前，沃尔玛就总是比竞争对手投入更多的资金开发IT系统，结果反而降低了整体成本，这是因为高效的IT系统能大幅降低很多其他经营活动的成本。

除了逻辑之外，公司需要一套战略衡量标准[9]，借此量化自己的竞争优势，并在大家都在改变的时候看出谁的改变速度更快，同时还能帮助公司在整个过程中为自己设置合理的目标和里程碑。衡量标准能测试业务模型的准确性，确保一切活动都不会偏离正轨。

在理想状态下，战略业务模型逻辑的结果应该是正向反馈闭环或"良性循环"，能为公司创造更多的竞争优势。[10]比如说，某家公司可能会通过降价的手段实现销售额增长，额外的销售额又能降低单位成本。成本降低会令产品进一步降价，进而又一次提高销售额，之后再降价。这个良性循环就是沃尔玛成功运营 50 年的战略所在，它是沃尔玛业务模型中至关重要的一点。一家公司系统中的良性循环越多，它的战略就越有效。相反，公司应该避免负向反馈循环或"恶性循环"，比如通过降低质量提高利润。这确实会带来短期利益，但如果销售额下降、单位成本提高，利润就会立刻消失。

最后，战略业务模型还能指出公司战略的出发点。战略选择大多是基于各种理论的，也会在理论的指导下对不恰当的战略及时做出调整。因此，如果公司明白自己最重要的指导理论，并严密进行自我审视，那么就能在必要的情况下随时做好改变的准备。

第三章 竞争战略中详细解释了战略业务模型背后的原则。**第四章 中级战略智慧**中展示了开发并执行战略的具体步骤。

中等战略智商

要达到中等战略智商，公司首先要下定决心培养开发并实施战略的技能，并将其视为自己的核心资产，精进公司的各种能力。公司求助于咨询顾问开发战略是远远不够的。这虽然是个快速解决问题的良方，但却治标不治本，也无法让公司随时做好迎接下一次改变的准备，这就意味着公司仍未走上高战略智商的道路。而高战略智商正是所有公司不断努力的目标，以求实现更好的战略。

形成高战略智商对任何一家公司来说都是长期而且充满挑战的旅程。虽然每个旅程都各有特点，但公司都是要在增加战略知识和技能的过程中经历各种各样的战略启蒙阶段。早期阶段通常把重点放在建立战略开发的专业技能上，而后期大多是更加注重战略执行。但是下定决心绝对是旅程的第一步。

那么，怎样才能拥有高战略智商呢？我们可以在脑海中绘出一个战略智商阶梯，从中等战略智商到高战略智商分为多级。那么在每一级上的公司都处在什么状态？它们又需要怎样的技能才能攀向上一级？处在最底层的公司都能够认识到自己对战略的需求，虽然有决心开发自己的战略，却不知从何下手——它们属于"**无能力却有决心**"的公司。这些公司最初的重点应该放在战略开发上。它们必须学习如何进行严格的**外部战略审查**，发现竞争环境中的诸多机遇，并且通过**内部战略审查**来衡量公司抓住这些机遇的能力。这能在公司建立起战略意识，但是由于战略的细节众多，常常导致无经验的公司"**迷惘不前**"，不知道应该从何下手。要想再往上攀一级，公司就必须学会如何综合分析所有信息，并运用到可行的**战略方法**之中去。有多种方法固然是好事，但这就意味着公司必须要在它们之间做出明确的选择。很多公司都在选择面前"**摇摆不定**"，不确定该走哪条路，所以它们必须要培养自己**做出战略决定**的能力。

做出选择之后，准备工作就已经基本就绪，下一步就是战略的实施。但有些公司往往会忘记还要将这一决定告知公司员工——就是犯了"**战略保密综合征**"。实施战略首先需要**分享战略**和**公开战略**，要跟大家充分沟通，解释战略的逻辑。这能坚定每个人采取行动的决心，并且让大家随时做好进行改变的准备。然后公司需要**战略改变项目**重新对资产进行配置、重新调整组织机构，否则公司就是在"**等待改变**"。本书的第二部分将全面分析战略改变项目中的挑战，在这里我们仅需注意其中几个重要步骤即可。首先，公司需要**战略打分板**随时警示新的考核标准和里程碑，才能避免"**盲目行事**"。其次，公司也必须要当心"**意外后果**"，这往往是由于公司的奖励机制未能与新战略保持统一而造成的。一旦一切运转良好，有些公司就开始自满，不愿意再做出改变，变得"**满足又开心**"。另外一些公司也开始"**相信自己做得正确**"，拒绝再度改变。因此，公司必须要坚决实行**严格的审查周期**，不断重复战略开发和战略执行的全过程，以保证战略的新鲜度以及公司的技能知识可以得到有效锻炼。

随着在战略智商阶梯上越攀越高，公司的战略智商也越来越高（见图1-2），从中能得到的利益就能够以几何级的速度增加。好的战略必须要有好的执行才能相得益彰。公司的战略只能通过实践不断成长，正如其他所有技能一样；审查得越多，公司的运营就能越高质高效，成本—回报比也就越高。但即使攀到最顶层也不能就此止步；放之任之的话，水平自然会再次下降。此时的公司容易变得沾沾自喜，再次跌到战略无能、战略否认甚至战略盲目的状态。**第四章 中级战略智慧**就具体阐述了攀向顶层的具体过程以及停留在顶层所面临的挑战。

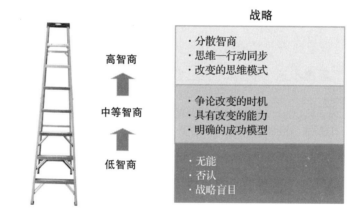

图1-2 攀登战略智商阶梯

高战略智商

有许多达到中等战略智商最高水平的公司仍然把战略看作一锤子买卖。它们所谓的战略开发，也就是花很短的时间集中思考一下自己应该做什么，尽可能快速地做出改变，然后立刻关闭战略思维，将全力放在执行上。如果事情不按计划发展，它们就会再花一点时间进行调整，然后又回到日常工作上去。对它们来说，战略是一个特殊部分，任何干扰日常工作的行为都会转移它们的注意力，这也正是它们无法开发出好战略的首要原因。正因为这样，这些公司只是在真正有需要的时候才会改变战略。

但在一个不断变化的环境中，做出的决策如果无法变通，将是非常鲁莽的决定。公司处在瞬息万变的环境中，需要不断变化以适应各种趋势。具有中等战略智商的公司只在万不得已的情况下才会改变战略。对它们来说，关键的问题就是改变的时机。但是战略智商突出的公司就不会遇到这样的问题——因为它们总是在改变自己。

具有**改变的思维模式**的公司总是将战略视为动态的过程，而不是一锤子买卖。它们已经不再区分战略开发和战略执行，所有事情都以战略的方式解决。它们永远都致力于提高自己的竞争优势，思考和行动同步进行。[11]不断改善并开发战略的过程已经成为这些公司宝贵的资产，并且深深融入了它们的架构之中。它们的战略改变会逐渐变得快速高效，力度也会逐渐提升。它们把资源配置融入改变的过程中，同时严格控制财务成本，总是希望付出能有所回报。它们也会衡量改变的效果、奖励改变的行为，并庆祝改变带来的收获以及关键战略衡量标准的变化速度。

具有高战略智商的公司永远都不会满足于当前的战略模型，每一个员工都努力改善公司战略。他们都心怀崇高目标，希望能做出更好的业绩。他们总是不断对现有战略模型做出调整，同时也会匀出时间和资源来测试更激进的新方法。具有高战略智商的公司会拿出多套战略方案和决策流程，比较之后才做出选择，希望在公司内部实现统一，把重点放在与战略成功相关的衡量标准上，并奖励做出贡献的员工。因此，这些公司总是会引领变革、走在时代的前沿，它们总是时刻准备做出改变，并且积极总结经验教训。

对始终坚持自上而下进行战略改变的高管团队来说，不断改进战略是一个非常艰巨的任务。即使仅是隔几年才做一次战略审查，也会花去高管层大量的时间；如果审查的频率过高，高管层更是无法承受。但这种能力局限性也有解决之道，只要对全体员工进行战略整合，在全公司内部**分散战略智商**

就能做到。这能大幅增加对战略持观望态度的人所面临的威胁和机遇，调动每一个人共同寻找方法、做出选择、制定衡量标准，并执行改变策略。如果组织得当，分散的方式还能提升公司能力，从而做出更加及时、高效、有力的改变。但是这需要一个可以分散战略决策权、战略培训及奖励机制的业务模型来确保公司决策的出发点是公司的长期最大利益；还需要一个可以支持这种分散决策的信息系统，能让高管层跟踪事态的发展，让股东宽心，向他们保证所有事情都在控制之下进行。

第五章 高级战略智慧中具体说明了已经具备战略智商的公司应该如何做出突破才能向更高的战略智商前进。

注释

［1］Carroll（1865）。

［2］Magretta（2002）强调了业务模型对公司成功的重要性；一旦参与到了竞争之中，它就变成了战略业务模型。

［3］Porter（1980）给出了寻找高吸引力的业务领域的方法框架。

［4］Porter（2004）指出低成本和差异化是竞争优势的关键因素，并提供了形成这些优势的建议。

［5］Stalk 和 Hout（1990）。

［6］Yoffie 和 Kwak（2001）。

［7］Luehrman（1998）。

［8］以资源为出发点的战略特别强调了公司资产以及这些资产能如何形成竞争优势（Hamel 和 Prahalad，1989；Montgomery 和 Collis，1998）。

［9］Kaplan 和 Norton（2000）。

［10］Casadesus-Masanell 和 Ricart（2007）。

［11］Paparone 和 Crupi（2002）。

第二章

初级战略智慧

低战略智商，战略盲目，战略失忆症

低战略智商意味着什么？本章就来为大家讲述其主要特点（见图 2-1），并指导公司应该如何在战略智商阶梯上攀升，达到中等战略智商的水平。

图 2-1 低战略智商的主要特点

第一层：战略盲目

公司之所以常常无法应对战略挑战，是因为它们看不到挑战本身——它们是战略盲人。曾有一个著名的认知实验表明，当要求被试把注意力集中在一小段视频中的某些特定内容时，他们都没有注意到身边有一个穿着大猩猩道具服的人走过。他们的世界里没有大猩猩，他们都只是在关注另一个问题，所以没有留意到大猩猩。

当然，集中注意力有它的好处。当注意力集中在重要的事情上时，我们就能出色地完成任务。但是一旦外部环境发生变化，即使我们之前认为不重要的事情已经变得至关重要，我们也还是很可能无法意识到它的存在。这往往就是公司失败的根源所在。

不仅无知，还沾沾自喜

造成公司战略盲目的原因有很多，但是处于战略智商阶梯最底层的公司几乎都对战略全无概念。它们不仅无知，还沾沾自喜。可是具有讽刺意味的是，即使没有战略的指导，这些公司还是能在一段时间内有很好的财务表现——这是因为在市场快速增长却无重大竞争时，大家皆大欢喜。但是一旦出现竞争对手，问题就会逐渐显现。很多创业型企业都见证过这种现象。创业初期，由于它们创造了一个新市场或为新兴市场提供了服务，都有不俗的业绩表现；但是当竞争对手大规模出现、更多创新或更低成本出现的时候，它们的日子就开始不好过了。如果找不到一个应对战略挑战的合适方案，这些公司都会失败。

本杰瑞冰激凌（Ben & Jerry）就是个很好的例子。本和杰瑞两个人花 5 美元参加了一个冰激凌制作培训课程，然后开始在美国佛蒙特州的一家加油站卖冰激凌。[1]他们在冰激凌中加入大块的水果和果仁，并加重水果口味。其实这完全是因为本患有鼻窦炎——如果味道不浓郁的话，他是尝不出来的——但是顾客真的很喜欢这种浓郁的味道，于是冰激凌的销售额和利润疯狂上涨，由此便诞生了高溢价的冰激凌行业。然而，飞涨的利润掩盖了一个基本的经济逻辑问题——在佛蒙特州生产冰激凌然后运输到全美。对于公司来说，这是对佛蒙特州的农民和当地社区的一种承诺，公司也认为这是一个重要的差异化因素。起初，由于消费者很喜欢这种新出现的美味冰激凌，愿意支付这部分高溢价，所以它们的高成本并不是什么大问题。但是随着竞争对手的出现，加州的消费者就觉得没必要再支付这部分超额溢价来供养佛蒙特州的奶牛，于是公司的利润就出现了缩水。

当盈利出现问题的时候，本杰瑞冰激凌茫然不知所措。公司希望通过聘请职业经理人来扭转局势，但却仍然无法解决战略问题。于是，它们把大量的时间花在战术问题上——加强市场推广、改善产品线等，但却丝毫没有去着手解决公司的根本问题——战略业务模型中的不统一。不过本杰瑞冰激凌比较走运，在公司的长期生存受到威胁之时，被其主要竞争对手联合利华（Unilever）收购，这才得以生存下来。

不仅无知还沾沾自喜的公司很容易把最天马行空的东西当作自己成功的因素——比如佛蒙特州的牛奶——而且很难改变自己的思维。它们不但要认识到战略的必要性，还必须要意识到开发战略的最佳时机就是在危机到来之前，否则便为时太晚。

本书希望能唤醒各位读者，认识到自己的公司虽然运转良好却毫无战略。在你们公司里，是不是每一位员工都能够在两分钟之内把公司的战略模型明明白白地讲给一个陌生人？[2]模型中的逻辑是否易于理解？考核标准是否足够清晰？关键理论是否清晰明了？如果做不到这些，那么你们公司已经危在旦夕了。

假装很懂

有些公司虽然能够意识到战略的必要性，但是却选择走**假装很懂**的路线。值得肯定的是，这些公司承认战略的重要性，但它们却不知道战略为何物，只是想当然地把自己正在做的事情称为"战略"，希望能蒙混过关。

战略的目的是实现可持续增长的卓越业绩，只有通过不懈地创造竞争优势才能实现。然而，这些公司总是在自欺欺人，误以为自己的工作就等同于创造竞争优势。它们天天都把一大堆专业术语挂在嘴边，可是事实上并不知道自己到底在说些什么。比如在第一章中，我们提到了波特的三个通用战略：差异化、低成本和关注点。[3]这些公司经常就守着这几个词来粉饰自己的所作所为。它们声称自己与众不同，拥有独一无二的产品。可是如果这个独特之处不是顾客所需要的，那么它其实并不是公司的竞争优势。能衡量由差异化带来的竞争优势的真正标准就是客户愿意支付的溢价部分是不是能超过所发生的全部额外成本。差异化需要经济效益上的严格约束。

公司经常会用低成本战略来迷惑自己。市场上存在太多低质量的公司，都表现出成本不高不低而利润薄弱。而我们的目标则是要用比竞争对手更低的成本赢得市场。如果一家公司因为产品质量的问题而不得不给产品打折，折扣额度就必须低于实现高额利润的成本优势。

现在再来看看，你们公司是否能认清自己的相对成本？又知不知道你们的产品能支撑的溢价有多少？

于是就会有公司认为只要把关注点放在市场中的一个领域，自己的道路就很安全；可是到头来却发现公司采取了专注战略反而惨遭失败，因为竞争对手已经在更广阔的战场上赢得了规模效益。航空运输公司 Airborne 就深受其害。因为大宗取件和大宗派件的成本较低，所以它把公司经营重点放在大客户对大客户的业务上，以为这样就能为它的定价带来更大的空间。[4]与此同时，Fedex（联邦速递）和 UPS（联合包裹快递公司）在"市场均价"上犯了错误。尽管散客的服务成本更高，但它们的散客服务却和大客户的收费相同。然而，一旦 Fedex 和 UPS 取消客户补贴，将它们的定价按照基本成本进行调整，Airborne 原本在大客户业务上的明显优势就会立刻消失。因此，Airborne 便不再具有和更大规模对手竞争的能力，最终也退出了市场。

战略盲目的公司往往深信自己拥有"一流的能力"——这个概念是由普拉哈拉德（Prahalad）教授和哈梅尔（Hamel）教授提出的。[5]可是一旦被细问，它们又经常是支支吾吾什么都解释不出来，也不知道该如何衡量自己的能力、自己具有何种竞争优势，更不知道已有的竞争优势怎样才能转变成可持续增长的卓越业绩。毫无疑问，有些公司确实能力一流，能为自己带来真正持久的竞争优势；但如果仅仅借用这个名目则是无法产生任何利益的。

有些公司寄希望于"蓝海"战略——找出完全没有竞争的新兴市场。[6]但这依然受经济规则的约束，也就是说，只有顾客愿意支付的价格超过服务成本时，一项新业务才有可能兴起——这是很多网络创业型公司都忽略的一点。另外，倘若发现了可行的新商机，公司就必须要认真思考该如何阻止竞争对手进入这个市场分一杯羹。就这一点而言，Friendster 和 MySpace 都做得不够好。

对"假装很懂"的最新解释似乎把矛头指向了网络效应。[7]如果能恰当运用，网络效应能极大地推动形成竞争优势，甚至有可能引发垄断。所以公司想要实现网络效应也不足为奇。在过去 15 年间，各种各样的网络公司如雨后春笋般出现，于是网络效应也常被用来当作一个托词，用来解释那些公司如何希望用一个无法获得利润的商业模型来取得市场份额优势，期待着在公司实现垄断之后收入模型能自发形成。但并不是所有业务都能在自己的领域内实现网络效应，这不是一个万灵丹。广撒网无法解决问题，必须要把关注点放在理解竞争优势的源头上，抓住优势、打造优势、巩固优势。

所以，你的公司战略是基于良好的经济秩序之上吗？或者说符合当下时代的口味吗？

战略失忆症

有些公司饱受**战略失忆症**之苦。它们之前有成功实施战略的经验，但早已将实施战略的理由和战略逻辑抛在脑后，如今仅仅是人人都在机械地重复着过去的行为，不去思考个中原因。选择和结果之间的因果关系已经缺失，模型也变得模糊。它们认为"这就是我们成功的原因，这就是我们在这里的做事方式"。如果结果与期望不符，原因也无人知晓。在这样的情况下想要改变是非常困难的，公司再努力也只是出力不讨好。

这个行为类似经验之谈，我们都深受其害。随着某一件事重复的次数越来越多，我们就会越做越顺手，渐渐就不会去思考如此做事的原因，只是自动地执行。其实这里的控制功能是受我们大脑的另一部分协调，从而腾出我们的意识空间去解决新的挑战。[8]强迫自己重新学习已知事物的难度非常大，我想任何一个人只要尝试过提高自己的高尔夫挥杆技术就都能发现这一点！我们必须要重新学习怎样打球。因为得分在提高之前往往会先下降，所以这会让人感觉很奇怪，甚至有些尴尬。

在较长一段时间之后，随着越来越多的人都参与进来，我们就更难想起其中的逻辑了。经理和员工会调动职位；大部分新来的员工会模仿前辈的工作方式，所以他们都不知道自己的所作所为究竟是为了什么。逻辑就此丢失，人们仅仅是习惯了一种做事方式而已。因为大家都有这种盲目感，所以"这就是我们在这里的做事方式"就会变得像宗教教义一样神圣，任何不按"规矩"办事的人都会被看作是损害公司利益的人。当公司里出现怀疑论者和无政府主义者时，我们谨记这一点就很明智。如果他们能适当地表达自己的观点，将对公司的健康发展非常有利。具有建设性意义的反对声音能带来批评性的信息，这对寻求长期盈利的公司来说是至关重要的。内部过分和谐的公司其实都已经走到了悬崖边上，随时有掉下去的危险。有些公司认为雷曼兄弟公司（Lehman Brothers）的破产原因就在于此。[9]

有些公司在内外部条件发生改变之时，还执迷不悟地坚持原有业务模型。它们一旦忘记了某一项战略，就很容易偏离方向，又去寻找其他新增长点。全美一度首屈一指的折扣零售商 Kmart 走的就是这条路。[10] Kmart 原本的战略很合理——打折出售高质量的品牌商品："只卖最好的。"因为顾客能实实在在地看见自己得到的优惠，所以 Kmart 的销售额节节攀升，这就大大增加了 Kmart 的购买力，能以更低的价格进货，再返还消费者更多的折扣——良性循环。这个模式运作得很顺利，但是公司总裁罗伯特·德威（Robert Dewer）却改变路线，开始销售低质量、无品牌的衣服。顾客不好对比价格，因此搞不清楚自己到底得到了多大的折扣，而且质量低下的商品也把 Kmart 变成了"涤纶之家"，名声一落千丈。就这样，Kmart 的品牌形象逐渐下降，公司的管理也偏离了原来的轨道。

若是忘记自己的战略趋势，公司往往会得到深刻的教训；必须要正确记录公司的战略业务模型，搞清楚其中的逻辑和假设条件，这样就能定期检测这个业务模型是否仍然适用。定期拿出一部分时间来回顾并思考自己的行为和做事方式，能让公司保持与时俱进，并能意识到战略何在。

你上一次搞明白自己公司的战略并进行自我审查是在什么时候？

那些已经掉进这个陷阱的公司和已经忘记自己战略的公司都需要尝试返回到初次定好战略的原始时期，回顾一下当时为什么要做出这样的决定，再把其间有可能会引发战略改变的外部竞争环境变化一项一项列出来。这么做的目的就是让公司里人人都能重新意识到战略逻辑，让大家回忆过去的成功原因，愿意在未来做出改变。

另一个能够有效唤醒大家意识的方法，是根据公司行为把现有的战略整理出来，借此找寻其中隐藏的逻辑。公司往往会宣称自己有一套战略模型——"支持战略"，但其真实的所作所为却是另一套战略——"使用战略"。对比两者的异同有助于公司认清现状，从而明确战略，而不是故意隐藏战略；这个战略要让所有人都能明白，不能仅停留在公司的潜意识里。

第二层：战略否认

面临战略问题的公司通常都有充足的数据证明自己身陷窘境，但却不采取任何应对措施。它们是自甘盲目。自甘盲目是所有盲目公司里最高级的了！[11]它们要么忽略事实，不采取应对措施回应那些战略调整的信号；要么忙于其他事情，完全没有把注意力放在主要问题上。但是从长期效果来看，战略否认只会让事情变得更糟。

鸵鸟和兔子

当柯达公司的数据第一次显示它们正在丧失美国胶片市场份额时，公司高管认为数据有误，并未立刻采取行动挽回局面。[12]他们就像把头埋在沙堆里的鸵鸟一样，逃避现实，希望问题可以自己消失。当现实真的变得惨不忍睹时，后果便不堪设想，有些公司索性停止思考。

还有一些公司虽然看到了问题，但却不采取任何行动。在 20 世纪 90 年代初，当时全美最大的电子零售商 Circuit City 每年都在自己的年报中表示，如果像百思买这样的公司不断给出更大的折扣，自己就会慢慢失去市场份额。[13]虽然 Circuit City 已经在百思买的公开财报中看出了它的运营标准，发现百思买可以在诸如每平方英尺销售额和人均销售额等方面实现出色的业绩，但却还在坚持自己的原有业务模型，只是不断在地区间扩张，以期提高销售额和利润，直到 2001 年公司突然"撞墙"，问题爆发。经过了七年的痛苦挣扎，Circuit City 终于在 2008 年金融危机袭来时宣告破产。一旦公司"撞墙"，通常就为时已晚，到了无法扭转的地步。

战术陷阱——笼子里不断奔跑的小仓鼠

还有一些公司总会纠结于提升战术水平，而不去切实解决战略问题。因此，它们只会在失去竞争优势的同时发现提高自己的业绩也变得越来越困难了。公司会觉得跑不动了，付出很多却仍在原地踏步，好像笼子里不断向前奔跑的小仓鼠一样。

我在本书的引言部分曾提到了一系列战术上的回应，现在就来具体看看。

通常来说，面对业绩下滑，很多公司的第一个战术回应就是让每个人都"更努力地工作"。这样做的成本很低，而且颇具讽刺意味的是，通常这也是有一定效果的。短期来看，公司利润的确会增长，这也就让大家都相信原来的业务模型没什么问题。但是由于公司已经开始偏离原始的战略定位，因此这种利润增长是不可持续的。

这时，有些公司会削减日常开支——"更有效地做错事"。因为做这种决定很艰难，所以这比单纯更加努力工作还要痛苦，而且会让管理层在公司里变得不受欢迎。但是与大规模的公司重组相比，这是相对来说成本较低的方法，但也是非常愚钝的方法。高管层通常会打着"公平"的旗号从每个人身上削减开支。这种想法很是天真，而且仅仅是个权宜之计——因为能够省下来的成本一般会根据项目的不同而有所不同。手头预算较紧的经理都非常厌恶这个主意，因为这就逼着他们降低成本，但收效往往较差。从长远来看，这会导致他们在下一轮削减时留一点空间。这种跨界削减成本也往往是由公司的办公室政治所决定的。公司里政治影响力较强的一方通常比较弱的一方削减的幅度低。因此，削减日常开支所能带来的结果也是相对不可持续的，在大多数情况下，日常开支也会在几年之内重新回到原来的水平。

想通过削减开支实现在短期内提高利润的目标是很容易理解的。不加控制的话，日常开支总是会不断增加，所以这一措施对短期效益的影响非常显著。但是削减开支容易导致某些部门无法继续正常运营。在这里，关键在于出色的成本管理，但这个"出色"必须是一个具有战略意义的概念。日常开支的架构不但应该能支持当前的战略，还要保证能不断更新这一架构，而不是为了短期的财务目标单纯削减成本。削减日常开支引发的另一个问题就是把员工的注意力导向公司内部的问题而不是外部的竞争环境，这会削弱他们做出改变的能力，同时加快公司业绩下滑的速度。

愿意做出更大努力的公司则会尝试着进行重组，希望能提高利润水平。这正是在"更高效地做错事"。在诸多解决利润下降问题的方法中，这其实是一个又复杂、又昂贵、又耗时、又消耗内力的做法，因此公司总是倾向于先削减日常开支。随着日常开支的降低，员工会更加关注公司内部问题。良好的组织机构和高效的流程能起到关键作用，但这也仅是一个支持性的战略。然而，很多公司的重组和业务流程改造都没有明确的战略目标，它们仅仅把此当作了短期内实现财务目标的权宜之计。更可怕的是，这会让公司慢慢习惯用重组的方法来一劳永逸地解决"财务不达标"的问题，而这会逐渐模糊它们的双眼，使它们在长期的竞争中失去优势。

一次性重组是在财务上做文章的一种典型手段，还有一种手段是平滑收益。公司需要通过隐藏一些资产负债表里的数据，抹去在不好年景里的一些数据来刺激运营结果。这能让一个波动幅度较大的收益流看起来较平稳（并且让公司的股票看起来风险较低）。但是如果把利润从资产负债表中抽出来看，想要把长期的利润下降做成利润增长态势的话，每年要从资产负债表中抹去的数据量就会很快地逐年上升。用不了多久，公司的资产负债表中就剩不下多少内容了，之后就会猛然间看到利润跳水的结果。

管理层的精力还会被其他财务手段所分散，无法把注意力放在刺激潜在的利润增长之上。可口可乐曾经购买灌装机，再将其卖给自己旗下的装瓶公司赚取差价。[14] IBM 的主机业务从租赁业务模型转型为规模业务模型时，在过时客户端主机和完全折旧主机的出售业务上，销售额和利润都获得了大幅增长。[15]虽然当时的大环境中主机业务的竞争异常激烈，但这样的手段却给 IBM 的主机业务带来了明显的业绩提升。类似的财务手段虽然看起来聪明，也许能在股东方面蒙混过关，但也同时蒙蔽了管理层的双眼。可以肯定的是，当 IBM 濒临倒闭的时候，他们才追悔莫及。IBM 之所以能成功地存活下来，唯一的原因就是在公司前主席兼首席执行官路易斯·郭士纳（Lou Gerstner）的领导下进行了大刀阔斧的改革，最终带来了神话般的效果。[16]

对问题采取战术上的回应时，每次战略上的拖延都会让这个问题更难解决，更会增加解决成本。一句老话说得好："小洞不补，大洞吃苦。"如果公司能经常调整战略，那么每次需要做出的改动就会小一点，改变的过程也不会产生太高的成本。另外，等待时间太久也是非常危险的。一旦公司在财务上出现问题，想要重返往日辉煌就非常困难了。这时的战略挑战会大到超乎想象，公司的储备会被掏空，股东继续投资新业务模型的兴趣也会大幅下降。公司只能不停挣扎，试图寻找一个快速的解决方法，直到最终撑不下去。Kmart 就是在首次出现大规模利润缩水的七年之后，最终于2002 年宣告破产。Circuit City 的情况也是如出一辙。像 IBM 这样幸运的公司确实不多见。

战略否认的原因

战略否认并不罕见，这些公司最终也难免破产。正如麦克斯·贝泽曼（Max Bazerman）和迈克尔·怀特金斯（Michael Watkins）在他们的著作《可预见的意外》（*Predictable Surprises*）中所指出的那样，很多悲剧都是"可预见的意外"。[17]这种情景大家其实并不陌生。公司领导层能看到不断恶化的问题——麻烦显然不会自己消失。不幸的是，此时如果采取解决方法就会立刻带来痛苦，其效果究竟有多大、究竟什么时候会出现效果却无人知晓。而且这种痛苦的分布也不均等——有些利益集团有强大的支持能够维持现状，它们会执迷不悟地继续走老路。而且人类生性懒惰，很容易把痛苦的事情留到明天再做，在这种情况下，我们设计出的业务模型几乎毫无疑问会把公司引向危机。

很多因素都在不断加强着这种行为。曾经实施成功战略的公司总觉得找不出理由说服自己必须进行改变。它们的战略业务模型在公司里就好像宗教信仰一般不可动摇，逐渐变成了一个信仰机制，容不得任何人"怀疑"。

另一个会蒙蔽公司双眼的原因就是一些小错误在刚开始出现时并没有得到足够的重视，尽管理性的分析显示它最终会发展为一个大问题，仍然没人觉得它会构成重大威胁。这一类的危险很容易被忽略。这就是克莱顿·克里斯坦森（Clayton Christenson）在《创新者的窘境》（*The Innovator's Dilemma*）中指出的常见模式，在书中他指出了具有破坏性的新技术会带来的影响。[18]一开始的时候，这项新技术的成本会比较高，质量也有可能下降，但是随着成本的逐渐降低和质量的逐渐改善，到达某一个平衡点之后市场就会被它所占领。同样的方法下，也可以产生具有破坏性的新业务模型。

最后，还有一个高管层必须解决的棘手问题。如果某个威胁10年后才有可能发作，现任的高管层即使意识到了问题也会置之不理。因为等到威胁发作之时，他们早已离职了。那么应该怎样设计公司的激励政策才能让现任的管理人员为接班人着想，减少他们的痛苦呢？我曾经问过一个大部门领导为什么他手下的业务做得这么好，他开玩笑地说自己也不知道，但是干吗要操这个心呢？反正估计原因还没找到自己就已经升职了。玩笑见真知，这句话真是不假！

百思买大战 Circuit City

让我们再回到 Circuit City 的悲剧收场上来分析这一经典的惰性案例。帮助 Circuit City 成为电子零售消费市场上领头羊的战略毫无疑问是个好战略。[19]知名品牌的折扣能带来快速的库存周转，这样获得的投资回报远高于高产出下低边际成本所能带来的利润。高销售额意味着更大的购买力，并且能让公司从供货商处拿到更大的折扣。Circuit City 再把这些低成本让利给消费者，就能产生一个良性循环。它成功的关键就在于比竞争对手拥有更大的规模，并由此给出更大的折扣。

但是 Circuit City 的战略并不仅仅是为了提高自己的采购经济效益。它的经营理念是在 20 世纪 80 年代由公司创始人之子、时任总裁阿兰·伍兹勒（Alan Wurtzle）定下的，并且"充分体现在公司五大管理原则——5S 原则之中：打折省钱（Savings）、种类齐全（Selection）、服务保证（Service）、速度取胜（Speed）以及顾客满意（Satisfaction）"。[20]这五大原则明明白白地写在了 Circuit City 的年报当中。

打折省钱是整个战略的核心——通过品牌消费电子产品的折扣吸引顾客进店。商品虽然打折，但仍支持 30 天退货。如果顾客发现同款产品在其他地方的售价更低，他们不但能得到全额退款，并且还有 10% 的奖金！

产品**种类齐全**确保顾客总能在店里找到他们想买的商品。为了达到这个效果，并且确保所有产品总是有货，Circuit City 有一半的店面都设成仓库模式以便于存放货品。

服务保证是 Circuit City 的理念中非常重要的一部分，也覆盖了其运营的方方面面。销售人员对产品信息了如指掌，不但能够向顾客介绍新产品，还能帮助挑选出最适合他们的产品。服务保证和维修中心为顾客提供了双重保障，确保产品在出现问题时能得到及时维修。因为在 20 世纪 80 年代早期，产品质量还不像现在这样可靠，所以这在当时是非常重要的保证。点对点销售系统让库存状况即时更新成为可能，商品也能被发往相应的提货点，方便顾客自取。

Circuit City 认为**速度取胜**是其服务的关键之处。点对点销售系统能快速更新库存数据、通知仓库及时补货，还能加快货物在仓库和卸货区之间的周转速度。

前四个 S 都是为了第五个 S——**顾客满意**——服务的。

这个模型充分体现了顾客的行为模式。在购买昂贵的耐用品时，顾客总喜欢货比三家，再三琢磨不同的价位和品牌。销售商的问题就在于如何让顾客明白自己到底需要什么，并且在店里就能决定购买。Circuit City 用了三个方法巧妙地实现了这一切：每个门店都有销售人员全天候服务，他们的工作量以销售业绩考核，要随时帮助顾客找到他们想要的商品，加快他们的决定速度；以充足的货源保证顾客的需要总是能得到满足；以及 30 天的退货保证。如此一来，顾客为什么还要再犹豫？为什么还要去别的地方买？

从 1980 年开始的十多年间，受这个模型的驱动，Circuit City 的年销售额增长了 35%，利润增长超过 40%。这足够把任何运营理念转变成公司的信仰。

在 20 世纪 80 年代，百思买复制了 Circuit City 的业务模型，但是因为它的规模太小，所以无法从供货商处拿到同样的进货折扣。这就是最糟糕的战略——尽管竞争对手有明显优势，你还是不顾一切地照搬。和 Circuit City 相比，百思买的毛利低了 5%，营业毛利低了 2%。到了 20 世纪 80 年代后期，百思买增长停滞，而 Circuit City 每年的增长率超过 30%，两者之间的差距越拉越大。这样下去是无法成功的：百思买必须要改变。

此时百思买意识到了 Circuit City 的业务模式虽好，但也有它不足的地方——所有好战略都有。销售人员太过热情的推销，不但是 Circuit City 的一项成本支出，而且据百思买的调查显示，顾客一般都非常讨厌他们。Circuit City 种类繁多的商品和巨大的库存确保客户想要的东西都有货，但是这同时也产生了很高的成本。作为应对，百思买采取了一个低服务的业务模式，去除了销售业绩考核标准，也减少了在店的销售人员。[21] 这就缩小了它的产品线，把仓库转变成单纯的存储空间，在产品标签上增加了更多产品信息，以便顾客自己选择。低服务模式在销售和日常管理上节约了大约 10% 的成本，给公司带来了巨大的优势，因为这个行业就是低价取胜的行业。另外，百思买决定只保持 2% 的营业毛利，从而保证绝对的低价优势。

新的低价、低服务模式广受顾客好评，百思买的销售额也因此增长迅速。到 1996 年，百思买在规模上超过了 Circuit City，并且打败了它的规模采购优势。到 2001 年，Circuit City 的盈利开始下滑，比百思买的盈利低将近 20%，并且这个差距还在快速拉大。到 2005 年，百思买的规模几乎扩大了三倍。对于 Circuit City 而言，游戏已经结束了，此时它拥有的仅是非常大的采购规模劣势以及高成本运营模式，倒闭只是时间早晚的问题。

Circuit City 的盈利状况在 2001 年开始出现问题，也就是任职公司总裁 14 年的理查德·夏普（Richard Sharpe）离职的那一年。但其实 2001 年的利润出奇地好（见图 2 - 2），营业毛利增长了 3%~5%。

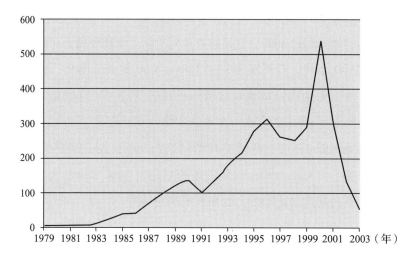

图 2 - 2 **Circuit City** 的营业毛利（百万美元）

Circuit City 的战略否认

到底 Circuit City 是怎么走上这条非常戏剧化的道路的？高管层心里非常明白，越来越多的打折商家会逐渐占据市场，最终会击败公司。这个问题不但真实存在，还在日益恶化，又不会凭空消失。但是他们为什么不采取应对措施呢？[22]

可能是因为他们对于"5S 战略"的信仰太深。盲目的信仰是危险的。为了继续它的服务模式，Circuit City 假设顾客愿意支付 10% 的溢价。如果它能重新审视自己的战略，就会发现优势和局限分别是什么；如果它能意识到自己需要牺牲的地方并且也验证了这个致命假设的条件，那么结果可能就会完全不同。然而，Circuit City 却选择坚持原本的战略，直到最终灭亡。

可能是百思买的破坏性业务模式让 Circuit City 变得思维僵化。百思买的战略刚推入市场时其实并没有对 Circuit City 造成太大的威胁。供应商抱怨百思买低质量的服务和支持，很多品牌都开始撤柜。当时的利润也很低，所以这个业务模式的"钱途"看起来并不怎么光明，但它却明显具有破坏性。如果规模小，当然好像不具威胁，但是随着它慢慢增长，大供应商就会开始担心，恐怕让竞争对手占去了市场份额，这样一来，结果就大有不同。如果 Circuit City 当时选择在几个商店里先测试一下这个业务模式，它就能快速建立起更优经济战略，但可惜它并未如此行动。类似的例子屡见不鲜，而且新型战略可能在刚一开始都会备受争议，这也就让对新战略进行同期测试变得难上加难。

Circuit City 仅仅是在拖延变革之痛的到来。事情进展一切顺利，看起来好像没必要做出任何动作。在 1991 年到 1996 年之间，从百思买开始实施新的模式到它逐渐壮大至 Circuit City 的规模时，Circuit City 的销售额每年都增长 29%，而且营业毛利也维持在每年增长 24% 的水平。有谁会怀疑这样漂亮的业绩呢？Circuit City 的营业毛利率是 5%，而百思买仅为 2%。有谁会愿意改变战略，降低自己的利润呢？

还有一些关键的利益集团也在同时高调表示希望保持现状。分析师和股东真的愿意看到盈利大幅跳水吗？为什么高管层要冒这么大的风险？为什么他们会愿意采取低服务模式，让诸多员工失业，听他们的哀号？

改变的痛苦这么明显，但是改变的收益在较长时间之内仍然没有显现出来。事实上，在 20 世纪 90 年代初期，Circuit City 的高管层就给未来设计好了另一条道路。美国可继续扩展的地区还有很多，他们把这项计划列入了健康发展的预期当中，但与此同时，他们通过计算也知道自己的大盒子模式会在 2000 年达到饱和状态。于是他们打算打破原有业务模式，转向新领域，所以开始寻找能发挥自己强项的新业务。最终，公司决定来做 Car Max 这个二手车品牌！可这仅仅是把他们的注意力从自己的基础业务上转移开而已。

最后一个必须要问的问题就是，管理层薪资水平对公司的行为方式有什么影响？理查德·夏普在担任总裁一职 14 年之后于 2001 年离职，给他的继任者阿兰·麦克考夫（Alan McCollough）留下了一系列重大问题。麦克考夫接任时表示："我认为这绝对是在 Circuit City 工作的最好时机。"但历史事实却给他上了深刻的一课。

百思买的持续改变

当 Circuit City 坚定不移地执行自己的旧有战略时，百思买却在不断进行自我革新。[23] 把低服务的概念融入所有连锁店之后，百思买在 1996 年终于爬到了行业的龙头地位，但是它并没有满足于这个制胜法宝，而是在当年就立刻做出改变，给公司新添大量 SKU 软件。这就把业务发展推到新的高度——到 2003 年，它的规模已是 Circuit City 的两倍。可是百思买又进行了一项改变。新上任的总裁布拉德·安德森（Brad Anderson）深信百思买可以做得更好，也同时深信只有在业绩良好时他才有机会进行改革。他坚持认为高科技公司可以专门试验新点子然后接受失败——这叫作研发——但是零售商就不得不把这部分费用分散到运营管理费用中去。这是在利润太低时无法完成的。

安德森感觉到了百思买的高管团队中逐渐升起的自鸣得意。为了消灭这种现象，他设立了"燃烧的平台"[24] 来促成改变。他安排了录像采访，问问看那些空手离开百思买门店的顾客为什么空手而归，结果发现在大多数情况下都是因为公司总部的某些决定而导致他们失掉这笔生意的。安德森把这些录像在高管会议上播放，告诉大家百思买其实还远远没达到大家想象中那么好的地步。当高管们感到难为情之时，他就会再放一遍。这就是著名的百思买"顾客中心"模式的开端，它对组织机构进行了转变，并且让各个分店都更加谨慎。这个模式于 2007 年完全实施，此时百思买的规模已是 Circuit City 的三倍。

预防战略否认

我们可以从 Circuit City 和百思买的案例中得到诸多启示：

当心盲目信仰。定期审视你的战略、逻辑和关键假设条件。经常跟踪竞争方法，及时发现威胁。

过分怀疑。把每个新点子都当作一个潜在的威胁。认真对待每一个新想法，并且要将其进行完整的试运行，看看它到底能带来多大的威胁。

自主竞争。在你的业务中添加新的业务模式，并且合理地自主竞争，而不是让竞争局势牵着你的鼻子走。

建立一个"燃烧的平台"。如果领导层认识不到必要性，改革就很难进行。在危机真正到来之前，建立一个"燃烧的平台"是非常重要的，因为坐以待毙通常是致命的。

在业绩表现良好时就投资改变。在利润较好时就做出改变，因为利润较差时通常你的选择余地有限。

为将来着想。公司总裁的角色不仅仅是要在他的任期内给公司带来好的结果，而且还要为他以后的继任者都留下一个良好的基础。公司领导者要把这一点牢记于心，还应让董事会也有同样的使命感。

我们会在**第三部分 敏锐的头脑**当中再对其中的几个战略否认的驱动因素进行深入探讨。

第三层：战略无能

很多公司都很好地意识到它们的问题，但是却不知道怎样去解决它。这就是战略无能。

迷失在黑暗中

一些公司无能是因为**迷失在黑暗中**。它们可以感觉到问题的存在。它们也知道这是必须要解决的基本问题，因为随着竞争压力逐渐增大，它们很难继续保持过往的成功，可问题就是不知道该怎么做。能发现问题，却找不到问题产生的根本原因，更不知道从何下手。

这些公司面临着很多危险。它们可能会花大量时间和精力**争论**问题出在哪里，却得不到任何结果。就像一群资深的业余选手在讨论怎样解决一个复杂问题一样，虽然付出了巨大的努力，但是因为无知，完全无法得出有意义的结论，也无法决定有效的行为。

对于这些迷失在黑暗中的公司，另一个危险就是它们会求助于战术上的应对策略，让自己忙起来，取得短期效益，分散自己的注意力，而不去考虑真正的挑战。有问题的战略还是没有改变。

那些迷失在黑暗中的公司必须要把时间投入到学习怎样制定并执行战略上。

争论

有些无能的公司反而是在内部讨论到底采取什么战略时更加积极主动。有些公司无法在这方面达成一致。另一些公司以为自己找到了问题，但是在解决方案上无法达成一致。不管怎样，公司都在争论上花了太多时间，而不是去寻找问题、解决问题。

因为存在认知偏见，连公司高管层都无法统一认识到公司面临的问题，这种情况也并不罕见。管理层中的每个人都会根据自己的职责和经历来对某个业务模式做出有失偏颇的反应，所以面对同样的数据，他们经常能"看出"不同的结果。他们会有选择性地关注那些与自己相关的数据，并能从这些数据中推出意义，得出"明显"的结论，然后就把这些结论当作真理一样，捍卫着自己的立场。因为他们都是各个领域的专家，所以都是在完全没有意识的情况下自动做出了这些行为。他们变成了盲目的专家，每个人都在表达自己的观点，对自己深信不疑，觉得其他人都是错的。

唯一能解决这个问题的方法就是掌握构建对话的技能，让每个人都能从沟通中受益，届时才有可能形成统一的观点。这其实是个人主张和质疑态度之间的平衡问题。[25] 每个人都要以恰当的方式提出自己的主张，给别人质疑的机会，并且要能给出数据和理由来支持自己的观点。这能帮助受众学习，同时也有助于自己更好地表达观点。当我们需要用数据和理由支持自己的观点时，就真正会把自己的所知所懂表现出来。给别人质疑自己的机会，也就等于对自己掌握的知识进行测试。

构建对话机制对帮助存在误解的人进行沟通并最终解决问题来说是一个绝佳的方法，但是如果高管层出于自己的利益而故意主张某种立场的话，这种对话机制也是无用的。比如，他们可能会为了避免不愉快的改变，或是为了保证自己在公司的权力和地位，把公司的窘境都归因于他人。当然，如果需要具体数据和理由来支持自己的观点时，往往也是纸包不住火。所以构建对话机制确实能给我们带来更多的诚信沟通。

虽然构建对话机制有助于形成统一观点，但是它仍无法替代战略知识和技能。如果构建的对话机制是建立在无知的基础之上，那这还是无能。我们希望通过更加高效的合作，能让原本争吵不休的人们意识到自己的知识有限，并且愿意继续学习怎样构建并执行战略。如果不学习，他们就还会继续争论不休，同时也在为最终的失败一点点铺路。

外包给顾问

无能的公司都倾向于聘请第三方咨询顾问来帮它解决问题。在紧急情况下这可能有效，但是却无法解决长期问题。外部顾问很少能帮助公司获得战略能力。有些人认为这是因为顾问没有任何经济利益驱使。到下一次需要改变战略时，公司因为无能，就需要再次聘请外部顾问，再给他们付一笔钱。因为时间总是在不断变化，公司过不了多久就要把顾问找回来一次。结果就是，公司把诸如竞争点和竞争优势这样的关键决策外包出去，放弃了公司高管层的重要责任。

外包给顾问的方法其实有很大操作难度。什么时候再叫回他们？假设公司高管层必须做出决定，但是他们却没有这个能力，看不到风险，他们就会拖得太久。还有一种更糟的情况，就是他们会向外部顾问咨询，而这些顾问在经济利益驱使下，肯定是希望卖出更多的工作小时。另外，战略顾问，不管他们怎样称呼自己，主要是帮公司构建战略，而把战略的执行工作大部分留给客户自己操作。这两者的分离[26]通常会给战略构建带来很大麻烦，因为顾问并不清楚公司的资产和架构，也对外部竞争环境了解不足。这还会导致执行效力不足，因为员工不清楚他们该怎样配合公司实现战略成功，而且他们的行动动力也不够强大。

战略无能的公司必须要致力于构建它们所需要的流程和技术，自行构建并执行战略。做出这个决定是走向中等战略智商的第一步。

下定决心

最危险的无能状态就是：公司高管层对问题和解决方案都有统一观点，却不知道他们正在做什么。跟"假装很懂"的公司不同，这样的公司一旦下定决心，就会发自内心地相信自己在做的事情，即使做事依据有着致命的缺点，也会认为这对公司具有重大的战略意义。这类公司其实是沿着自己的战略方向做出改变，即使过程中要面对挫败，它们也深信最终的胜利。这让我想起了阿尔弗雷德·丁尼生（Alfred, Lord Tennyson's）的诗歌《轻骑旅的冲锋》（*The Charge of the Light Brigade*）。在克里米亚战争（Crimean War，又名"克里木战争"）期间，1854 年 10 月 25 日，在巴拉克拉瓦战役（Battle of

Balaclava）中，637 名英国轻骑兵冲进死亡谷，遭到了俄军炮火的双面夹击。毫无疑问，他们人人都决心坚定，只是冲错了方向。[27]

下定决心的公司通常对行动都极为偏爱。开火——瞄准——预备！如此疏于思考而直接行动可是有一定的危险！维持好行动和思考之间的平衡就是最大的挑战。和改错相比，思考并不需要太多的时间，所以在采取行动之后花一点时间思考是大有裨益的；然后再花一点时间，来总结事情的发展历程。学习如何以战略思维进行思考是关键的第一步。

但是，真正面临危机时，公司就没有任何时间在界定问题本身上耗费精力了。最好能避免这种情况的出现，早点起步，正如布拉德·安德森那样，在危机出现之前就开始改变。如果公司一直是在寻找自己的问题的话，它们就总是会处在发现问题的状态下，这样就会让公司真正面临危机的概率大大降低。而且即使出现危机，它们也总是时刻准备好采取应对措施。

战略无能的解决方法

战略无能没有速效药。只有通过学习——学习如何构建并执行战略——才能改善。在紧急情况下学习新技术是很困难的，因此，我们就需要在万事发展良好的时候开始学习。我们会在**第三章 竞争战略**和**第四章 中级战略智慧**中就具体的学习内容进行讨论。

小结

无法在竞争环境中及时对改变做出应对的公司只具有低战略智商。这是由多方面原因造成的，每一方面都对应一个层次的战略智商。

在较低层次上的通常是战略盲目的公司。有些公司完全不知道什么是战略，也不太在乎战略。它们不仅无知，还沾沾自喜。另一些公司"假装很懂"，表示自己有一套战略，但是这套战略却完全没有现实意义。还有一些公司患有战略失忆症，它们会忘记自己的战略，让公司自动运行，或是逐渐开始追求其他目标。对于战略盲目的公司，要**打开眼界**并且唤醒意识（见图2-3）。对于不仅无知还沾沾自喜的公司，要意识到战略的重要性；对于"假装很懂"的公司，解决问题的关键就是找到真正合适的战略；对于那些忘记自己战略的公司，则需要唤醒记忆。它们必须要下定决心打造公司的战略能力。

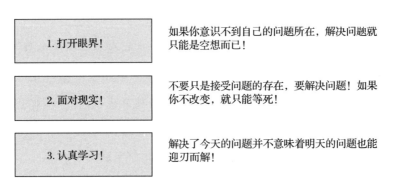

1.打开眼界！	如果你意识不到自己的问题所在，解决问题就只能是空想而已！
2.面对现实！	不要只是接受问题的存在，要解决问题！如果你不改变，就只能等死！
3.认真学习！	解决了今天的问题并不意味着明天的问题也能迎刃而解！

图2-3　跳出低战略智商的困境

还有一些公司处于战略否认的状态。它们都看得到战略改变的需要，但是有一些公司就像鸵鸟一样忽略现状，寄希望于问题自动消失。另一些公司则像聚光灯下呆若木鸡的兔子，虽然看得到危险，但却丝毫不采取行动。还有一些公司把自己的注意力转移到战术措施上，想借此解决问题，它们就好像在笼子里不停奔跑的小仓鼠一样，跑得再快也还是原地不动。好在曾经处于战略否认阶段的公司已经意识到了战略的存在，但它们面对的挑战在于如何**面对现实**（见图2-3），承认自己的战略已经不起作用了。

最后，还有一批战略无能的公司、在黑暗中迷茫的公司、争论不休的公司、聘请外部顾问的公司以及坚持错误方法的公司。世界上不存在轻而易举的解决方法。对于战略盲目和战略否认的公司而言，除了**认真学习**怎样构建并执行战略之外，再无他法（见图2-3）。

注释

[1] Collis 和 Conrad（1996）。

[2] Collis 和 Ruckstad（2008）提出一个简化模型，只把关注点放在目标、范围和竞争优势之上。

[3] Porter（1980）。

[4] Rivkin 和 Halaburda（2007）。

[5] Prahalad 和 Hamel（1990）。

[6] Kim 和 Mauborgne（2005）。

[7] 有关直接网络效应的内容请参阅 Katz 和 Shapiro（1985）；有关间接网络效应的解释请参阅 Econimides 和 Salop（1992）。

[8] Rettner（2010）。

[9] Joni 和 Beyer（2009）。

[10] Wells 和 Haglock（2005）。

[11] 永远也叫不醒装睡的人。

[12] Gavetti，Henderson 和 Giorgi（2004）。

[13] Wells（2005）"Circuit City Stores，Inc"。

[14] Coca-Cola Company 10K（1993）p. 162。

[15] Austin 和 Nolan（2000）。

[16] Gerstner（2002）。

[17] Bazerman 和 Watkins（2004）。

[18] Christensen（1997）。

[19] 同［13］。

[20] 摘于 Circuit City's 1988 Form 10-K，p. 3。

[21] Wells（2005）"Best Buy Co.，Inc"。

[22] 这些建议是根据公司高管就 Circuit City 案例的讨论得出的。Wells（2005）"Circuit City Stores，Inc"。

[23] 同［21］。

[24] "燃烧的平台"这个比喻来自 1988 年 7 月 6 日发生在英国城市阿伯丁

(Aberdeen)东北的北海石油钻井平台事故。派珀·阿尔法（Piper Alpha）平台失火，钻井工人被困在海上。当时他们只有两个选择，要么原地不动，只能等死；要么跳入75英尺深的冰冷海水中，海面遍布燃烧中的残渣，情况也是九死一生。很多人选择跳海，最后生还。原因何在？"我宁可冒生命危险一试，也不愿意等死。"这无法确保一定生还，但是如果不改变，就必死无疑。

[25] Argyris（1990）。

[26] Martin（2010）强调了以整体视角看战略构建和执行的重要性。

[27] Tennyson（1854）。

第三章

竞争战略

战略否认，除了改变别无出路

　　所有公司的目标都是创造可持续增长的卓越业绩，因此必须要构建出色的竞争战略。所谓战略，就是多个竞争点和竞争手法组成的有机整体，体现为公司的战略业务模型（见图3-1）。

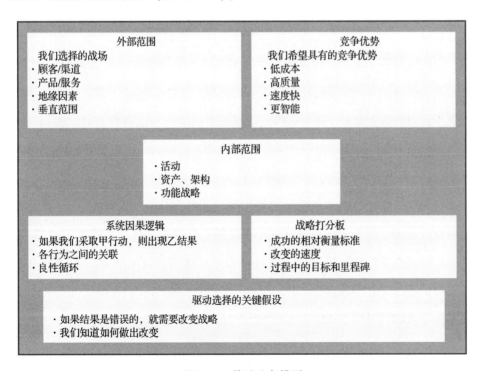

图 3-1　战略业务模型

在本章我们将讨论战略业务模型背后的原则，具体的构建方法详见
第四章 中级战略智慧。

外部范围

有些业务领域本身就更具吸引力，对公司来说，战略选择首先就是要决定进入的行业领域。一项业务的潜在利润是由消费者支付意愿和公司供应成本之间的差别所决定的。能为顾客实现更多价值的业务潜力更大。因此，出色的战略都始于了解顾客的需求以及他们的支付意愿。

但是供应成本也非常重要。在评估潜在利润时，首先要搞清楚满足顾客需要和相应成本将如何随着时间而变化。如果支付意愿低于供应成本，这项业务就不太可能继续。在网络公司浪潮中兴起的很多公司最终都走向破产，就是因为这个原因。一项业务的最高可实现价格就是产品对顾客的完全价值得以实现时，公司却几乎不需要支付任何成本。但实际价格则是由行业竞争所决定的。竞争不激烈时，价格能攀到最高；竞争激烈时，价格自然会下调，甚至还会跌到低于公司的供应成本。处在不同竞争状态下的业务利润有高有低。在同一行业内也会因为部门的不同而存在不同的竞争状态。因此，了解竞争状态能够帮助公司定位，让其利润高于平均水平。

在评估竞争状态时，最明显的关注点就是竞争对手对顾客注意力的吸引。竞争对手越多，这场战役就越难打。产品越不具有差异性，竞争对手就越多。然而，哈佛商学院教授迈克尔·波特选择从广义的角度看问题，在他具有创新思维的著作《竞争战略》[1]中，通过分析行业结构为我们找出了五个利润竞争的主要来源（见图3-2）。

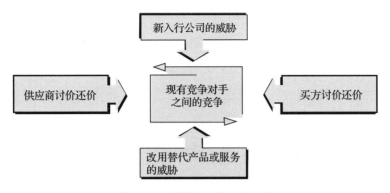

图 3 - 2　利润竞争的主要来源

很多为沃尔玛服务的公司发现，势力强大的顾客可以夺得一项业务中的大部分利润。势力强大的供应商也同样可以，看看个人计算机制造业中的英特尔和微软就明白了。惨淡的利润水平迫使 IBM 卖掉了自己的个人计算机业务，也让惠普不得不宣布退出（之后又重新开始）。

但是，即使竞争对手少，供应商和顾客较弱势，如果新公司入行的门槛太低，行业的利润也不会持久。为了能得到长期盈利，入行门槛必须要高。最后，很重要的一点就是，替代产品的出现会限制顾客愿意支付的价格，因此也会限制公司的盈利上限。

仔细评估迈克尔·波特的五种驱动力分析，就能从中发现公司在一个业务机会中能得到的平均利润率，也能从中找出公司为了实现上述平均回报可选的定位，比如选择面向不太强势的顾客群。窍门就在于挑选正确的业务领域并谨慎定位，如此才能使利润高于平均值。

波特的五种驱动力分析框架在过去的几十年间已被证明是一个简单有效的工具，但是这并不影响我们寻找第六种驱动力。有些人认为第六种驱动力是具有辅助意义的。辅助项目能让一家公司的产品变得更有价值，比如，计算机软件能让个人计算机用途更广。

从某种意义上讲，辅助项目能提高一项业务的吸引力：某个型号的个人计算机能兼容的软件越多，这种个人计算机就越有吸引力。但是从另一个角度来看，辅助项目也会跟你一起争夺顾客的钱包。[2]顾客能花的钱是有限的，如果花在了辅助项目上，就没有钱买你的商品了。在理想状况下，公司都希望辅助项目产品行业出现激烈的竞争，这样在市场上就会出现很多廉价的辅助项目产品，也就能让自己的产品更具吸引力。比如，免费的盗版音乐反而让 iPod 更受欢迎。

第六种驱动力究竟是什么，众说纷纭。在现实中有很多因素都能影响竞争环境的吸引力，例如科技、法律法规、政策、宏观经济、环境问题、人口分布趋势、社会规范等。它们对盈利的影响有正有负。要明白这一问题，我们可以再次参考波特的框架理论。这套框架理论的价值也正在于此。

盈利会如何随着时间的变化而变化？这是一个至关重要的考量点。五种驱动力的走势能显示出平均盈利水平的涨跌。聪明的投资人会在低价位时投资一项未来盈利有望上涨的业务。同样，他们也会寻找合适的高位时机，卖出从长期来看盈利有可能下降的业务。

在评价一项业务时，也要全面考察整个价值系统。要向上游看供应链，也要向下游看分销渠道和辅助项目产品的发展。我们的目标就是要找出整个价值系统中当前的利润所在，并且搞清楚它在未来会发生怎样的变化。比如在 35 年前，音乐产业的大部分利润都集中在几大唱片公司。[3]20 年前，越来越多的利润被大型折扣零售商赚得。今天，数字分销正在破坏零售商的业务，也给唱片公司带来更大的压力。数字下载服务日益蓬勃。但是，正如我们刚才提到的，零成本的盗版音乐却让诸如 iPod 一类的数字音乐播放器变得更具有吸引力了。

最后，这个五种驱动力分析框架并不仅仅能帮助公司采取应对措施，而且还能帮助公司找到正确的方法来改变竞争环境，让大环境更适合自己的优势。这可能会是通过整合或做出更多具有差异化的产品来减少直接竞争，也可能是鼓励新顾客或新供应商进入市场来降低它们讨价还价的能力，还可能是设置市场准入障碍或提高转换成本来保护自己不被替代产品影响。

竞争优势

不论公司选择进入哪个市场，它几乎都不可能独占市场；因为公司必须要面对竞争，所以就势必要有自己的竞争优势，这样才能实现可持续增长的卓越业绩。一个有效的方法就是通过给顾客提供更大价值来实现成本溢价。只要溢价部分超过相应的超额成本，公司就能获得较高的利润。这就是差异化优势。

差异化并不仅仅意味着与众不同或者独一无二，而是要做得更好。这个更好是由顾客来定义的。测试某个产品是否能胜出的最直接考验就是：把它和竞争对手的产品放在一起，看顾客是否还愿意为你的产品掏更多的钱；或者如果价格一样，看你的产品是否能赢得更多市场份额。差异化需要严格的经济约束。公司必须能够计算出它为顾客创造出了多少附加价值，而且还要能够以令人信服的方式向顾客展示出来。公司必须要知道自己的相对成本定位，而且只在自己可以明确创造溢价的地方增加成本，唯有这样才能保证溢价高于相应的超额成本。

溢价的最终目的就是实现差异化，但是公司也可以通过成本优势来击败竞争对手。一般来说，公司会以较低的成本提供价值较低的产品，只要价格降低的部分小于它的成本优势，公司仍能赚到钱。由于同时实现差异化优势和成本优势比较困难，公司就必须要面对第二个重要的战略决定。公司如何在所选行业中取得成功？到底应该把重点放在哪个优势上呢？

公司的潜在利润由三个部分组成：某行业内部的平均盈利水平，在行业内部寻找有吸引力的领域所带来的增量利润，以及相对同领域内竞争对手的竞争优势规模。

通用战略

行业领域的选择决定了战略的外部范围广度，对竞争优势的选择也决定了公司成功的方式。波特认为，这一点就能给出三个通用战略：**低成本**，即大家都在广泛追求的成本优势；**差异化**，即大家都在广泛追求的差异化优势；以及**关注点**，即要找到一个合适的服务点（见图 3 - 3）。[4] 但是，仅仅是简单地挑一个服务点并不能确保公司的成功，还必须有优于一切竞争对手的优势。大公司能通过更广泛的定位获得规模效应，因此在这方面更具优势。只有在大公司面临棘手问题，不得不忍痛割爱放弃这块吸引力不足的市场，而小公司又难以进入市场时，这种关注点战略才能得到可持续发展。

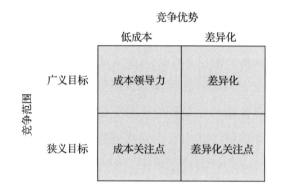

图 3 - 3　波特的通用战略

超越静态优势——更快更智能

差异化和低成本是相对静态的优势。竞争对手极有可能会模仿自己的竞争优势，做得同样出色甚至更好。竞争优势的经济价值就在于它所持续的时间。如果公司执行战略的速度比竞争对手更快，它们就能得到更多新战略带来的利润。因此，快速改变战略的能力也是衡量竞争优势的一个标准。[5]

但追求速度的同时也必须讲究聪明的方法。能加大竞争差距的战略行为显然更具吸引力，但是价值仍然取决于这个优势能持续的时间长短，因此，公司最好能选择竞争对手模仿速度较慢的举措。一方面，它们在短期内可能尚未注意到你已经做出了改变；另一方面，可能是因为它不愿模仿，或者是不具备模仿的能力。战略创新的频率也能给公司带来更大的优势——能发现更多吸引点的公司业绩会更突出。公司若是能为将来考虑，做出的改变都能给日后创造更多的选择、搭建创新平台从而避免走入死胡同，也能最终实现更好的业绩。总体来说，能采用类似战略的公司都具有更高的战略智商。[6]

Capital One 在 2011 年时是全美第四大信用卡发行商。毫无疑问，和竞争对手相比，它总是不断提出新想法，很多很多新想法。为了实现更高的公司净现值，它每年都会测试超过 50 000 个新产品或新市场领域。在这个过程中也建立了极有价值的专利数据库（平均每个美国成年人 100 页单倍行距的 A4 纸），这让公司更具战略眼光，能找到更多的盈利商机。[7]

差异化和低成本并不足以适应当今瞬息万变的世界。公司要想赢得更快速、更智能的市场游戏，就必须足够灵活、足够聪明（见图 3-4）。

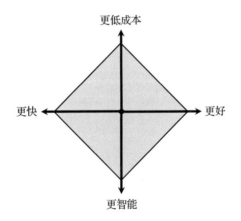

图 3-4　竞争优势的四大来源

动态定位

Capital One 长期以来都遵循"保持领先"的战略——这是动态定位而不是静态定位。当公司在 20 世纪 80 年代进入信用卡市场时，它比市场上的主要竞争对手规模小很多，如果推出相同的产品，就会被市场严重挤压。但它却借助一系列新想法给自己带来了高额利润。竞争对手需要花一些时间才能做出反应，而且当它们开始模仿时，Capital One 又已经放弃这个想法，开始实施新点子了。[8]公司坚信只有不断地创新才能让自己的战略时刻处于领先地位，因此开发了自己专属的创新机制。

动态定位（见图3-5）在很多瞬息万变的环境中司空见惯，比如消费型电子产品。类似索尼这样的公司从始至终都在不懈努力，矢志成为行业先导。这部分超额成本就会通过大量前沿想法和成本溢价抵消掉。要赢得市场博弈，公司必须要能更快、更聪明地走好差异化这步棋。这就需要卓越的研发支持和商业技巧。

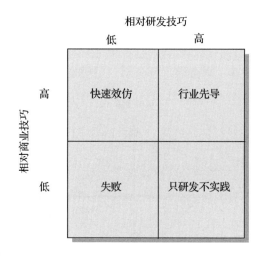

相对研发技巧

图3-5　竞争优势的动态定位

其他类似松下这样的公司总是在扮演一个快速效仿者的角色，它们能够迅速吸收成功理念在这种定位下，公司所能得到的均价会低于行业先导，但同时也可以规避一些成本。这类公司的商业重点是更快速而不是更聪明，它们的目标是追求比行业先导更低的成本，而不是差异化。对它们而言，研发支持的要求相对较低，但对商业技巧的要求很高。

还有一批采用"我也是"战略的公司，它们在某项产品已经充分推开时才进入市场，只是做批量生产以降低成本。这种战略要求公司有相当大的制造规模。韩国的公司过去曾在消费型电子产品行业扮演这样的角色，但如今像LG和三星这类公司也已加快了脚步，希望成为行业先导。中国有很多公司也在使用"我也是"的思维模式。赢得这种市场游戏的重点就是成本优势。

动态定位的挑战在于如何做好产品生命周期管理，决定何时放弃旧有想法，何时实施新的想法。在这个过程中，公司会经常需要同时管理市场上好几代产品，iPhone 一代接一代推出新版本就是个很好的例子。[9]这其实是不断地进行自相残杀，非常痛苦，尤其是在还有长线现货供应的情况下。太快退出会白白丢掉大笔利润，也会造成创新成本流失；但是退出太慢则会消耗公司资源，不但无法和成本较低的对手竞争，也会出现创新不足。

竞争动态——预测竞争对手

通过之前关于定位和竞争优势的讨论，我们应该已经明白战略是不能孤立存在的，它依存于竞争对手的一举一动。公司要不断调整自己的战略。竞争对手过去采取了什么行动？这能否显示出它们未来可能采取的行动？对于我们做出的应对措施，它们又将如何回应？[10]

公司对战略进行的任何重大调整都是以提高自身竞争优势为目标的。因此，若战略调整的结果让竞争对手容易模仿并且效率更高，是没有任何意义的。出色的战略总是针对竞争对手的弱点和惰性。[11]理想的调整结果就是让竞争对手需要花高昂的代价才能做出回应，而且即使它们有能力做出回应，也无法击败公司的竞争优势。比如，在美国电信市场上，电信运营商 MCI 多年前曾经搭建了一个简单的通信网络，仅由几个工作交换机组成，能根据某个电话号码拨打的次数进行浮动收费。MCI 给用户折扣话费，他们经常拨打的家人朋友的号码就能比较便宜。[12]这项服务非常受欢迎，但是行业龙头 AT&T 公司却回应缓慢。因为它的网络建立在旧有技术之上，结构更加复杂，不支持浮动计费。为了和 MCI 竞争，AT&T 不得不做出巨额投资。但事实上，它硬是等到 MCI 占有了 25% 的市场份额时才开始行动。

如果某个战略可以被竞争对手快速模仿，但是却会给竞争对手带来不利影响，那么也仍不失为一个理想的战略（见图 3-6）。只有当竞争对手因为模仿反而比你做得更好或者成本更低时，我们才说这个战略是有问题的。而且，如果竞争对手对某种战略的应对缓慢，那么这种战略也是值得一试的，但是公司要保证能在竞争对手开始模仿之时就能找到其他可行方法——正如Capital One所信奉的"保持领先"战略一样。当竞争对手仍在迎头追赶时，公司就已经能坐享新的竞争优势所带来的超额利润，直到再被其他公司模仿。

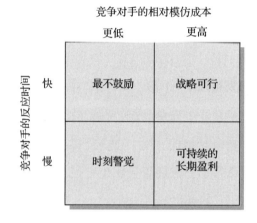

图 3-6　预测竞争对手的反应

最危险的创新就是那种可以被竞争对手快速容易地模仿的想法，它们之后反而会变成竞争对手的优势。这就是在破坏公司的战略定位，还会威胁到其生存，因此应该避免。所以并不是所有创新都是好的。公司不应该仅仅注重创新本身，而是要注重创新所能带来的优势。

上述讨论都是针对直接竞争对手的，但也同样适用于所有和公司竞争利润的市场参与方。比如，一家公司出于长期考虑开始和自己的客户群竞争，那么这些客户会做何感想？他们还会继续从这家公司购买商品吗？还是转向它的竞争对手？公司必须始终要考虑到自己的行为会对整个竞争环境带来怎样的影响。

网络效应和竞争优势

随着时间的推移，尤其是随着电子商务的增长，竞争优势结合网络效应已变得越来越重要。当购买某种商品的顾客越来越多，该商品对顾客的价值增加时，直接的网络效应就能显现出来（见图 3 - 7）。[13]电话就是一个典型的例子。只有一个人家里安装电话是毫无意义的，但是越多的人加入电话网络，它就变得越有价值。当市场上出现了众多电信网络运营商时，顾客愿意掏更多钱加入那个更大的网络，而随着人越来越多，每位用户的服务成本又会降低。[14]在这样的情况下，扩展市场份额就极具吸引力，会让公司继续追加投资，最终成长壮大至一定规模，让用户不愿意加入到其他任何一家网络中去，从而形成垄断。只有竞争对手可以拿出一个更好的网络来吸引消费者时，这个垄断才会被打破。

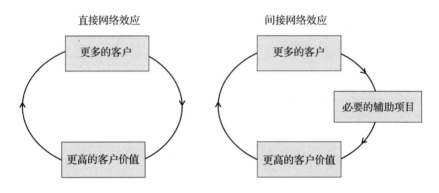

图 3 - 7　网络效应

　　因为有辅助项目的存在，间接的网络效应[15]也是可行的（见图 3 - 7）。最简单明了的例子就是微软的操作系统。如果没有众多软件的支持，这个操作系统再好也没有太大意义。为这个操作系统编写的软件越多，这个操作系统就变得越具有商业价值。微软的市场份额越大，为它编写软件的供应商为别的操作系统编写软件的意义就越小。市场份额的优势是通过辅助项目间接体现出来的，并不是直接关系，但结果都是一样的——垄断。

　　公司都想实现网络效应，这也无可厚非。但是网络效应的范围会经常被夸大。比如，早些时候有人认为在线拍卖具有强大的网络效应，他们认为eBay 的模式可以在全球通用推广，但是因为绝大多数交易都发生在本地市场，很多国家因此都有当地的竞争对手异军突起，能更好地为本地服务。[16] 由此可见，谨慎思考、透过现象看本质是非常必要的。

内部范围、资产和架构

内部范围

一旦公司认准了自己的竞争优势，它就必须要做出选择，看看怎样才能抓住这个优势带来的价值。应该投资到哪里？这是另一个关键的战略决策。

比如，假设一家公司希望能通过设计高耐久性的轴承来实现差异化。它可以选择自己在公司里生产轴承然后以高价出售；也可以将生产分包给其他更具规模且成本较低的公司，但是保留对设计的控制和客户关系；还可以扩大自己的业务范围并把轴承通过维修合同打包，以获得更多的配件成本优势；又可以收窄公司内部的业务范围并向其他轴承制造商出售技术许可证，把自己的全部精力都放在设计上。公司实现附加价值的途径多种多样，每种途径都涉及不同的投资形式和不同等级的战略控制。

这也同样适用于依赖成本优势的公司。它们可以选择避免投资那些有很多低成本供应商参与和竞争激烈的领域，而是把这些产品或服务外包给其他公司去做。它们也可以选择某些领域中具有竞争优势的伙伴成立合资公司，借此形成专有优势，阻止竞争对手成功。但是对相对成本定位起到关键推动作用的还是投资的首选方向。在此同样也有很多行为配置的选择。我们的目标是选择一个能将竞争优势最大化的配置，并且保证公司定位能实现可持续发展。

资产

当一家公司做出一项投资时，它也希望能同时创造一笔资产。而资产通常需要超前投资，为日后创造现金流。这个现金流的净现值就是这个资产的价值。

资产可以是诸如工厂或设备等有形资产，也可以是诸如能更高效运营工厂的技术和知识等无形资产。不论有形还是无形，资产都能带来竞争优势。更大规模的设备可以带来更低的单位成本；更先进的技术能保证更好的质量；更好的运营技能可以两者兼备。若能将这三者结合起来，形成强大的资产，就为我们提供了优异的竞争优势——这就是一家公司独特的能力。

随着时间的推移，大多数公司都会投资很多资产（见图3-8），其中有些可以带来竞争优势。因为钱已经花了，一家公司所持有的资产通常对它会选择的市场领域和它所能实现的竞争优势起着决定性的作用。公司会寻找本身就很有吸引力的商机和自己具有竞争能力的领域。但是，新的机遇也就意味着需要创造新的资产，同时抛弃一些老旧资产。

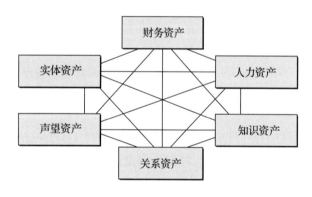

图3-8　资产分类

架构

一家公司在选好了竞争领域、确定了所需的竞争优势之后，就必须要把公司的内部环境打造成与这些选择相匹配的状态，还必须要有合理的公司架构整合所有的资产来创造价值。我们使用"架构"一词，就是为了传达它远比一张组织关系图更复杂的事实。组织关系图只能表明公司里的职位、职责和上下级关系，能说明什么人做什么事。但是公司更需要的是确定完成这些工作的流程。它们需要人力资产管理系统来指明公司需要什么技能以及怎样进行招聘和培训；也需要考核奖励系统来鼓励有益的行为并跟踪结果；还需要信息和通信系统联系所有的一切（见图3-9）。

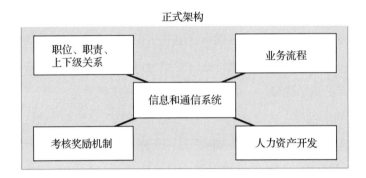

图 3 - 9　正式架构的组成

公司通常根据不同的部门组织不同的业务。每个部门都有自己的一套高度相关的运营行为，每个行为都会产生成本并创造客户价值。但是，要想实现公司的整体目标，就必须要从整体的角度反映行为与部门之间的关系。比如，如果一家公司看中的是低成本战略，那么它比竞争对手在 IT 上做更多的投资就是有意义的，因为这能帮它降低其他行为的成本，产生总体成本优势。从这个意义上来看，每个部门都要有自己的部门战略来配合公司的整体战略。不能将部门独立出来进行优化，它们是复杂公司系统中相互依存的一部分，只有团结在一起才能赢得市场。

系统因果逻辑

开发一套战略是由一系列决定组成的。把这些决定和它们的预期效果绘成图表后，可以看出战略的因果逻辑；[17]这可以通过系统图表得出。因为这些决定之间是高度相关的，"原因—效果循环"就能解释每个决定对公司整体的影响。图表也能帮助我们找出具有积极反馈的循环——"良性循环"——可以带来更大的竞争优势。这些都是好想法。相反，公司应该避免负面反馈循环或者"恶性循环"。比如，用降低质量的手段来提高利润虽然会带来短期效益，但是如果这会导致销售额减少而单位成本提高的话，利润就不会长久。

对系统图表的例证最具说服力。图 3－10 清楚地指出了沃尔玛做出的四个重要决定以及相应的影响。如图所示，这些决定之间是相互加强促进的关系，形成了良性循环。

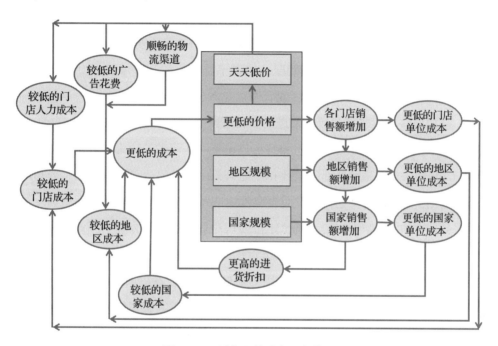

图 3－10　沃尔玛的动态业务模型

1. 给顾客更低的价格带动销售额的增加。虽然公司毛利降低，但仍为正。能带来更大的购买力。

2. 向顾客再次保证公司能提供天天低价，统一实施低价销售要比某些商店只在特定时间对特定商品的大力度降价促销（"最低价保证"）更有效。天天低价能降低门店的劳动力成本，因为做促销设置和修改价签的工作量降低了。这样不需要打太多的广告，就自然能有更顺畅的供应链，也能降低成本。

3. 形成地区规模效应，为同一地区的门店统一打广告、做仓储和物流，能降低成本并提高整体购买力。

4. 形成全国规模效应，产生更高的生产力，分担采购成本、全国广告（如有）以及总体日常开支。

　　除了系统图表之外，还应该量化每个原因—效果关系。比如，平均降价1%可能会增加门店的人流量，但具体能增加多少？这到底对每平方英尺的销售额和每个员工的销售业绩有什么影响？这又对门店整体利润率有什么影响？我们之所以需要进行如此细致的量化，是为了对模型进行更严格的测试。此处产生的预期效果仅仅是假设而已。当真正实行这个业务模型时，就需要随时检查这些假设是否符合实际情况。如果不符合，那么有可能是由于运营不善造成的，需要改进运营手段，或者改进业务模型本身。

　　公司应该在战略打分板上跟进的项目可以通过逻辑定量分析来确定。

　　系统图表也显示了每个部门和其在公司整体运营中的行为。只有充分了解它们的角色，才能避免各部门领导和经理只关注自己的业绩而不是整个公司的系统优化，才能防止他们只采取对自己部门或领域有意义的行动而不是为全公司服务。比如，一家公司若将自己定位为快速效仿者，那么就不应该在研发和市场营销上耗费同样的资源。而市场营销部门可能想要得出更多的新产品想法，他们的工作就是通过竞争测试得到最好的想法，然后快速地应用于市场。

　　把一套战略逻辑记录在案并且不断回顾的好处是非常多的，其中最重要的意义就在于能随时提醒公司不要忘记。要知道公司都是很健忘的。一套战略的执行往往被分成不同的模块，分散到全公司的不同部门。因此大家很容易各司其职，却"忘记"他们这么做的最初原因。一旦忘记了其中的逻辑，就很难改善现状或者做出改变，就会完全变成"我们在这儿就是这么办事的"。Circuit City 原本的战略逻辑是为顾客提供服务和维修站，这在 20 世纪 80 年代时非常有吸引力，因为当时顾客不会购买那些出了故障却不容易维修的产品。可是，随着新产品质量可靠性的不断提高，这个逻辑的魅力已经逐渐被淡化了。

战略打分板

　　战略衡量标准用来考察公司在竞争中的表现。如果没有这些衡量标准，公司就没法考核它们的业绩，也无法对竞争对手的行动做出回应。

战略打分板可以对一家公司已获得的竞争优势以及该竞争优势的驱动因素进行考核。它能比较公司为自己设定的目标和在前进的过程中所取得的里程碑。

相对成本定位和相对客户价值的重要性

一家公司不论是想走低成本路线还是差异化路线，若想了解自己竞争优势的规模，都必须要搞明白公司的相对成本定位。此类信息很难从公开的财务信息中获得，因此公司最好能跟踪自己全部商业行为的发生成本，把这些数据放进一个模型中，研究一下每种成本的支出状况。[18]在了解这些成本的支出方式之后，公司接下来就要问问自己："如果和竞争对手采取完全一样的运营方式，我们的成本又会是多少？"如此就能很合理地估算出公司的相对成本定位（见图3-11），也能帮助公司确定在每一项活动中必须做出多大的调整才能得到成本优势。

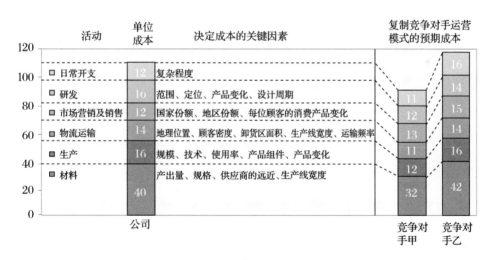

图 3-11 估算相对成本定位

不论公司期望获得怎样的竞争优势，都必须能够估算出自己的产品能给客户带来多少价值，竞争对手的产品又能给客户带来多少价值。借此，公司就能决定自己的产品能支持多高的溢价，或是需要给出多大的折扣。要做到这一点，公司就必须要全面了解客户的需求。举例来说，如果球状轴承的使用寿命能延长一倍，很多客户都愿意为此支付超过双倍的价钱。因为这样一来，他们不仅可以少买一半的轴承，而且还能节省下一笔可观的再安装费用——总生命周期的成本才是最重要的。对于这样的行业市场，公司需要全面深入地了解客户的最大经济效益，把了解市场所能承受的最高溢价作为重点工作。可能这在消费者市场上比较难办，但也可以用多种统计工具给不同的产品做估值。[19] 这能有效帮助公司决定自己的定价战略，从一个侧面反映公司所选择的战略路径。

短期利润 vs. 净现值

很多公司都是以利润率为核心标准制定自己的考核标准，但是短期利润并不能很好地反映公司战略的长期健康状况。战略的考核标准应该和长期业绩相关——目标是增加公司的净现值。如果公司里的每个人都把增加公司的净现值作为工作重点，那么它在竞争环境中进行战略调整的可能性就更大。比如，信用卡公司 Capital One 就始终坚持奖励能找到高净现值客户的员工。[20] 由于公司的净现值在数量上等于其现有客户和未来客户的净现值之和，Capital One 的这一做法能鼓励员工去寻找任何具有战略吸引力的增长点，因此就能够在整个经济周期中在不同领域的客户之间迅速转换，在各个领域都能获得丰厚的回报。与之相比，那些灵活度欠佳的竞争对手只能以失败告终。[21]

对竞争优势的驱动因素进行考核

对竞争优势的驱动因素进行考核能让公司以正确的方式执行战略，融入每天的工作中去。比如，一家公司希望得到更高的顾客溢价，就可能需要将更高质量的产品、更快的交付速度和更大的广告开销同时结合起来。这些内容通常属于公司不同的部门分管，而每个部门都有各自的一套标准来评价自己为公司所做的贡献，强调自己对竞争优势的功劳。要记住，有意义的考核标准等同于强大的驱动力！

很多公司都会关注驱动相对价值定位和价值实现的考核标准。零售商使用库存周转、每平方英尺销售额、每平方英尺的业绩贡献和员工人均销售额；航空公司使用飞机使用率、负荷系数和可用座位每英里收入；大多数公司都会关注顾客满意度。但是，除非这些标准是根据竞争对手和竞争优势制定的，否则它们就都不算战略标准。也就是说，公司预期可以从额外增加的相对超额比例中获得多少超额利润？我们之前已经讨论过了，公司要把自己已获得的竞争优势和该竞争优势的驱动因素进行比较，才能保证自己的工作和努力都有所回报。否则，要么是这个业务模型的因果逻辑存在问题，要么就是公司没有进行有效的执行。

市场份额也常被用来衡量竞争力。当然，在瞬息万变的消费型产品行业中，市场份额的确能驱动竞争优势；市场上领先的公司通常是因为其品牌能提供的质量和信用获得溢价；高销售额本身又能降低成本。但是，要再次强调，我们必须明白市场份额其实并不是问题的关键，相对市场份额才是竞争优势大小的决定因素。那么，每单位超额份额又能带来多少超额利润呢？

但是市场份额也并不总是和竞争优势相关。某些行业的规模经济效应并不明显，比如散拼货车运输行业，大公司的成本效益没有比小公司多出很多。因此，这就为日常开支较低的新入行公司创造了便利条件，就算只有一辆卡车，只要给出绝对低价，它就能进入市场并且打破整个行业的利润现状。因此，那些一心只想占有更大市场份额的公司最终反而会遭受更大损失。

与之类似，健身房行业的全国连锁也并不具有明显优势。如果能在某个范围较小的区域内实现连锁经营，就可以为顾客提供多店通用的会员卡，借此收取溢价。这时区域市场份额的意义就大于全国市场份额。所以，行业内成功的公司都是在追求区域主导地位，而并不想在全国扩张。美国圣迭戈市有一家健身房连锁 24 Hour Fitness 就做得非常出色，全市有 20% 的居民都是它的会员。[22]

随着时间的推进，持续以考核标准跟踪评估战略的健康程度也是十分必要的。虽然相对分数较高或许是个好兆头，但是如果有下降的趋势，就可能预示着未来的失败。聪明的公司都会跟踪变化的频率，认真研究自己和竞争对手之间的差距缩小、放大的时间间隔到底有多长。

Kmart 失败的原因可以部分归结为它没有关注竞争优势的基准，甚至没有对自己的生产效率进行考核。Kmart 早期的关注点在增加销售额，直到 20 世纪 80 年代初才把关注点转移到每平方英尺销售额上。然而它还在拖延，直到 90 年代后期，公司才开始认识到相对考核标准的重要性。Kmart 如果能在一开始就具有战略眼光，其实早在 15 年前就能注意到当时规模仅有自己 1/10 的沃尔玛，它在当时就已经具备更高的生产效率了[23]。与 Kmart 不同，钢铁公司 Nucor 在 20 世纪 70 年代早期进入美国市场，当时它面临着巨大的竞争压力，有来自大型钢铁生产商的，也有来自众多新进入市场的小型生产商的挤压。但是从一开始它就非常依赖基准竞争优势。到 2010 年时，Nucor 已经成为全美第二大钢铁生产商。[24]

公司就是要通过考核标准来刺激日常经营活动，为长期的竞争优势做出贡献。如果一家公司只是偶尔收集数据，或者只在年度规划周期才收集数据，那么它就注定无法跟上这个瞬息万变的商业环境。成功的公司会去研究可以驱动可持续业绩的短期考核标准，并定期进行跟踪考察。24 Hour Fitness 健身房考察的内容是顾客每个月的停留时间（这是健身房能取得长期成功的关键标准）。[25]百思买门店的负责人每天都会碰头讨论前一天产生的经济附加值是多少，并且思考怎样能再提高业绩。[26]他们会把注意力集中在自己能控制的简单标准上，比如真正发生购买行为的顾客比例、一次购买产品的数量以及顾客每次到店的满意度，但这些标准都是和公司的长期价值相关的。

关键假设条件

关键假设条件在战略模式中起着至关重要的作用——如果假设错了，那么就要修改整个战略。公司需要定期对关键假设条件进行测试，以保证使用中的业务模型依然有效，并将其列在战略打分板上跟踪考核。公司也应该明白，一旦关键假设条件不再适用时需要采取何种措施。只有这样的应急方案才能让公司具备更强的应对能力来适应竞争环境中的重大改变。

指明战略的内在逻辑能让公司认清是哪些关键假设条件在左右它的决定。以全球最大的时尚快消连锁品牌 Zara 为例，它是位于西班牙加利西亚的Inditex 集团旗下的一个品牌。[27] Zara 的快速时尚广为人知；它对最新潮流能做出快速反应，门店每两周就要换货一次，保证只卖抢手货，以此来有效避免季末减价销售——成本很高，是时尚业的毒药。Zara 之所以能在极短时间内做出反应，就是因为它将一部分产品放在西班牙国内生产，把另一部分外包到北非和欧洲其他国家。这虽然比全部外包给远东地区的制造商成本更高，但却节约了大量时间，避免减价销售所省下的费用也完全能覆盖掉这部分的超额生产成本。

注意 Zara 的关键假设条件！它选择了成本较高的当地生产，因为远东地区的制造商太慢了——而它所有的业务成功都是以快速为基础的。但是近些年来出现了像香港利丰集团这样的制造商，它们的生产速度极快，成本也更低，这就会威胁到很多 Zara 现有的供应商。因此，Zara 可能也需要重新思考自己的商业模式。

把战略业务模型扩展到竞争对手

我们必须以同样的思维模式来考虑战略业务模型对公司内部活动的相互作用的影响，而且现在还要考虑到时间发展的因素，看它们之间的相互作用在竞争环境中会有何种效果。虽然将工厂扩容翻倍可能会在短期内带来竞争优势，但是如果这种行为极易被竞争对手复制，这个竞争优势也是转瞬即逝的。因此，业务模型也就变得愈加复杂。[28]

战略业务模型其实只是现实状况的简略版。[29] 在现实中我们不可能建立一个包含全部情景的模型。出色的战略模型能整合多个关键变量，包括竞争环境的运作方式、竞争对手的定位特点、竞争对手的应对方法等。放进业务模型中的变量数目需要仔细琢磨。变量太多会导致混乱——我们的目标是要帮助公司把关注点放在关键点上，而不是用大量的琐碎问题去充数。但是，这个简略版也会带来进退两难的局面。当竞争环境改变时，有些变量可能就会失去意义，而另一些之前无关紧要的变量可能会意义重大。因此，定期检查并测试业务模型是非常必要的。

业务模型里的很多因果联系其实都是假设，而并非已证实的"事实"。只有对某个选择所带来的真实结果进行测试，看看能否与预期效果吻合，才能保证公司能拥有更加有效的模型。从这个角度来说，战略就是一个不断学习的过程。

注释

[1] 使用五种驱动力框架分析行业结构的详细讨论请参阅 Porter（1980）《竞争战略》第一章，PP. 3-33。

[2] 对"合作竞争"的深入分析请参阅 Brandenburger 和 Nalebuff（1996）。Yoffie, Casadesus-Masanell 和 Mattu（2003）详细描述了英特尔和微软之间的合作竞争。

[3] Wells 和 Raabe（2007）。

[4] Porter（1980）。

[5] Stalk 和 Hout（1990）。

[6] 借助对手的强项以挟制对手的方法请参阅 Yoffie 和 Kwak（2001）。

[7] Wells 和 Anand（2008）。

[8] 同上。

[9] 来自 http://store. apple. com/us/browse/home/shop_iphone/family/iphone 苹果商店，于 2011 年 10 月 17 日下载。

[10] 竞争对手分析框架请参阅 Porter（1980）《竞争战略》第一章，PP. 47 –74。

[11] Yoffie 和 Kwak（2001）讨论了如何借鉴"柔道战略"，借用竞争对手的惰性挟制对手。

[12] MCI 公司的 Friends and Family 业务于 1991 年 6 月进入市场，取得了巨大的成功。仅在 1991 年就获得了 2% 的市场份额，收入也达到 12 亿美元（参见 Rosenfeld，2011）。我对 AT&T 公司市场反应速度较慢的描述来自于一位电信行业的工程师的分析，并未得到 AT&T 公司的证实。

[13] 有关直接网络效应的讨论请参阅 Katz 和 Shapiro（1985）。

[14] 当一个产品的价值随着顾客购买量的增加而提高时（即直接网络效应），这就被称为"需求方规模经济"。当单位成本随着产出的增加而下降时，这就被称为"供给方规模经济"。

[15] 间接网络效应的全面解释请参阅 Econimides 和 Salop（1992）。

[16] Oberholzer-Gee 和 Wulf（2009）。

[17] Casadesus-Masanell 和 Ricart（2007）。

[18] Rivkin 和 Halaburda（2007）。

[19] 现实性偏好估计方法建立在分析顾客的实际购买数据之上。离散选择方法为顾客提供了诸多特性，让他们根据自己的喜好做出选择。联合分析为每个选项做出了估值分析。请参阅 Collis（2011）。

[20] Wells 和 Anand（2008）。

[21] Wells（2005）"Providian Financial Corporation"。

[22] Wells 和 Raabe（2005）"24 Hour Fitness"。

[23] Wells 和 Haglock（2005）"The Rise of Kmart"。

[24] Ghemawat 和 Stander（1992）。

[25] 同［22］。

[26] Wells（2005）"Best Buy Co. , Inc"。

[27] Ghemawat 和 Nueno（2003）。

[28] Casadesus-Masanell 和 Larson（2010）。

[29] 理性认知局限的相关讨论请参阅 March 和 Simon（1958）。

第四章

中级战略智慧

告别战略无能，在战略智商的阶梯上前进

很多公司都承认自身存在战略问题，但却苦于自己甚至不具备中等战略智商，不知道应该如何解决。"中等"这个词并不是在轻视构建一套战略会遇到的巨大挑战——这是公司运营中对管理智商要求最高的活动之一，使用这个词的目的仅仅是把这一类公司和能够纯熟运用智能战略的公司区分开来，我们将在第五章中领略到这类智能公司的风采。

战略能力既需要构建技巧，也离不开执行技巧。战略的构建就是将各种选择进行整合的结果——竞争点在哪里？寻求什么竞争优势？怎样表达这些竞争优势？而战略的执行是行为的整合——通过重新配置资产、重新协调行为来执行战略。

本章会应用**第三章 竞争战略**中提到的竞争战略原则，对战略构建和执行的过程做出循序渐进的透彻分析。我们将指出公司在成长过程中会遇到的挑战，并讨论公司怎样才能克服这些挑战，从而能在战略智商的阶梯上更上一层。

外部战略审视

战略能力的培养历程始于对竞争环境的冷静思考和独到见解，这说起来容易做起来难。通常我们拿到的数据繁多、模糊、不确定，很容易在信息的

迷宫中迷失。因此，首先就要明确目标，只有设定了清晰的目标之后，才有可能找到可行的战略帮助公司实现可持续增长的卓越业绩。在分析了所有细节信息之后，能时常问自己"那又怎样？这又能带来什么问题？这能带来什么机会？这需要我们采取什么行动？"

全球视野

首先需要有全球视野。[1]从最广的角度出发，寻找可能会影响到公司竞争平台的因素。要全面考虑政治、社会、宏观经济、技术和环境变化等因素。中国的崛起、美元作为储备货币地位的下滑、人口老龄化、移动终端的增长、社交网络的快速发展、全球日益紧张的水资源供应以及火山喷发等，都意味着什么？研究一下这些因素里有哪些能为行业带来发展机遇，有哪些会带来危险？

不可以疏忽大意，绝不能轻易以为各个问题之间是毫无关联的。人类的大脑是个邪恶的感受设备，它会在我们还来不及仔细琢磨一个想法之时就把它删掉。本书后面的章节中会提到一些创造力工具和技巧，帮助我们延长对某一事物的判断时间，以给足时间分析相关数据，从多个角度了解这一事物。同时，也要注意到高风险的低概率事件，它们往往是摧毁一家公司的直接诱因。[2]2010年冰岛的火山爆发就是一个典型的例子。它对欧洲人的商务出行产生了重大影响，给全社会敲响了警钟。如果这一次的火山爆发像1821年那样持续一整年，试想会有多少行业被迫陷入窘境（当然电话会议、高铁、货运行业可能会狂喜）。类似如此可预见的意外会给我们带来什么样的机会和威胁呢？[3]

行业结构

接下来，我们要关注行业结构。[4]五种驱动力分析能告诉我们主要利润竞争点在哪里；这些竞争点是怎样根据不同产品、不同地理位置和不同客户群而发生变化的；这些因素随着时间向前发展又会发生怎样的变化；在整个价值系统中利润是流向上游还是下游；哪个业务领域在过去更具吸引力，这个局面又有可能发生怎样的变化；这些问题的答案能帮助公司做出战略构建中的第一个关键选择——找到竞争点，要知道，某些商业领域本身就比其他领域具有更大的吸引力。

竞争优势

只找准定位还是远远不够的。一家公司在同一个商业领域中通常都有多家竞争对手，因此唯有借助自己独有的竞争优势才能取得最终的胜利。如何才能为客户带来高价值？他们愿意为此支付多少溢价？要搞清楚这类问题，公司不但需要深刻了解客户需求，还必须明白他们的需求在将来会发生什么变化。

怎样才能建立起成本优势？需要怎样做才能满足需求？每项经营活动的单位产出成本是多少？决定成本开支的主要因素什么——是生产规模、资本利用、运转周期、区域市场份额、科技，还是地理位置？

明白了竞争优势的来源之后，公司就能更顺利地做出构建战略的第二个关键决定——明确必需的竞争优势。从广义上来说竞争优势只有两种——差异化和低成本——但是实际中由这两个优势能衍生出数量可观的具体优势。

比如，差异化意味着在顾客眼中的"更好"，这能通过无数种方法实现。提高产品质量是其一；还有可能为顾客创造情感价值——一件高档的纯羊绒外套能够提升自我形象；也有可能是因为从长期来看质量好的东西比较省钱。快速交货和更短的反应时间能让顾客开心，并且为他们省钱。丰富的产品种类可以满足一站式购物的需求，节省顾客时间，也节省商家的交易成本。差异化所带来的多维度不但不会相互排斥，反而有大量的组合和排列的可能性——产生更高价值。在这个阶段，公司的目标就是要找出竞争对手可以"参与游戏"的各种方式。做好这个工作，就会对稍后阶段中构建可行战略带来巨大的帮助。

理论上来说，走低成本道路的公司想以更低的成本生产同样的价值，从而为公司带来更高的价值。但在现实中，低成本战略并不总是这个思路。采用低成本战略的公司通常只能生产出较低的价值，他们会把专注点放在顾客非常在意的地方，然后以极低的成本实现。有些顾客看中的是折扣，只要有低价，他们就愿意做出牺牲，并不追求十全十美，完全可以退而求其次，接受这个廉价产品。当然，只要折扣低于成本优势，这家公司就能赚得利润。

竞争优势的范围也是重要的选择。一家公司是选择单一的服务领域呢？还是广开市场，服务于多个领域？充分拓展市场可以降低成本（比如，共用一个大型工厂、分担品牌广告成本），但这也并不是万能的，有时会把问题弄得很复杂。范围较窄的好处就是简单——专注战略——但是要能确保这个狭窄的范围不会影响到竞争优势。

动态竞争优势

低成本和差异化从本质上来说是静态的。聪明的公司还会追求动态竞争优势。公司可以通过战略创新，借助创新想法提高自己的竞争优势，或者做到比竞争对手更快的反应速度，从而取胜。战略创新的公司都是首先借助一个新想法取得优势，一旦主要竞争对手也开始模仿，这些公司能立刻跳到下一个新点子上——这就是"保持领先"战略。小微公司经常使用这个方法和大公司竞争，打败它们所享有的规模经济效应。有些公司仅仅是利用反应速度优势，快速效仿创新公司的想法。还有更精明的公司会选择竞争对手不太愿意或者不易效仿的模式。在市场上众多的参与者中，有些能快速模仿——"快速跟风"战略；有些在产品生命周期晚期进入市场，以获得极低成本的优势——"我也是"战略。

实现竞争优势的优化配置

每个竞争优势都有多种实现方法，因此也能更进一步增加战略的选择。有多少方法来组合经营活动和资产以实现竞争优势？可以借鉴竞争对手的所作所为。但是每家公司的具体情况不同，所具有的优势也不尽相同，因此要对症下药，选择合适的方法，才能增加公司的吸引力。

竞争对手使用的业务模型多种多样，其中也常常伴有利益权衡。正如我们在第三章中提到的，全球领先的时尚快消品牌 Zara 把服装生产外包给欧洲的生产商，而没有选择成本更低的远东生产商。这是为了保证公司能更快地对市场需求做出回应，并且降低季末打折销售产生的高成本。Zara 这是牺牲了成本却赢得了市场。然而全球第二大服装零售商美国服装品牌 Gap 却采取了恰恰相反的做法。它以更高的折扣换取更低的成本。[5]香港利丰集团的运作方式也与众不同。[6]它组织不同制造商以极快的反应速度为零售商供货，并以这种速度优势赚取溢价，即使不参与零售这一环节，它也能分享时尚快消行业的利润。公司把生产制造分包给超过 15 000 家小型供应商，保证会从每家供应商处大量订货，一次性获得较低的出货价，同时也分得了制造业环节中的一部分利益。就这样，公司在完全没有投资买入高风险资产的情况下，却能同时得到零售商和制造商两方面的利润。

竞争对手分析

没有单独存在的战略。战略总是和竞争对手的定位以及它们可能采取的行动相关，因此在审视外部环境时就必须要透彻分析业内每个主要竞争对手。如果竞争对手太多，可以按照战略相似度给它们分组。这些竞争对手的公司财务表现有多好？它们在诸如相对市场份额、相对顾客满意度等一些更具战略意义的方面有何表现？专注的领域是什么？有哪些竞争优势？它们的相对成本定位以及价格定位是什么？实现竞争优势的速度是不是快于竞争对手？它们是不是做出明智的选择，让竞争对手难以模仿？采用何种行为和资产配置方法来实现竞争优势？自己宣称的战略是什么——它们信仰的战略是什么？根据行为判断它们的战略思路是什么——正在使用什么战略？这能显示它们在未来将采取什么动作？它们有可能对行业趋势做出怎样的反应？可能会怎样应对我们采取的任何行动？可能会忽略的是什么？会觉得困难的是什么？

可能会引发它们强烈反响的"敏感问题"和"敏感行为"是什么?[7]

然后，公司应该以同样的方式自我分析，冷静地看待公司自身竞争定位以及正在执行的战略。可以试试角色扮演，让公司高管扮演竞争对手，从外向内审视自己的公司。这不但妙趣横生，还非常具有启发意义。

整合分析

虽然分析竞争环境困难重重，但是千万不要放弃。这就像侦探破案一样，要把众多碎片拼凑起来才能看到全部故事。市场上的参与者的确数目不少，变量也种类繁多，所以分析起来的确复杂。而且常常无法拿到充足的数据，因此还需要做很多估算和推测。另外，也很难拿到竞争对手的细节信息。再加上顾客通常搞不清楚自己需要什么，只是简单表达自己的想法，所以针对顾客的市场调研结果总是比较模糊，有时甚至还有误导性。最后，还应考虑到不同来源的数据之间也经常会相互冲突。好在人类大脑很擅长分析整合，这也是一个熟能生巧的过程。

管理不确定性

动态环境一直在演变，在过去发生过变化，在未来也有可能向多方向发展，我们要加强应对。外部环境的改变永远不会有停止的时候。我们可以选择几个时间节点来简化这个问题：那五种驱动力在 5 年前是什么样子，10 年前是什么样子，15 年前呢，今天又是什么样子？那么，究竟我们要向前追溯多久呢？这个需要借助经验来进行判断，具体答案也并不绝对固定，但肯定能给我们带来足够多的信息。在公司成功之时以此来分析以往成功的原因、研究期间发生了什么变化，就能比较容易地搞明白为什么老旧战略不再适用并且需要改变。通过这种分析对比，公司就能把过去和现在联系起来。

但是未来总充满了未知数，宏观环境、竞争对手、供应商、顾客都会以各种各样的方式发生改变。如果把每个关键变量在未来的每种可能性都分析到位,工作量之大是无法想象的。为了分析而分析会导致麻痹,这才是最危险的。简洁才是答案!向后看 10 年,给出几个积极情景——设想未来对公司有利的、可行的、内部统一的情景。然后想象你就在未来,回顾现在,看看到底是在哪些主要因素的推动下才产生了这个情景,并找到公司可以实现它们的方法。再想象几个不太具有吸引力的情景,重复上述练习,找到公司降低这样情景出现的概率的方法。这个方法能有效地构建强大的战略。

内部战略审视

资产

在开展外部审视的同时,公司需要进行同等深入的内部环境审视,以发现它能给未来创造什么机会,同时带来什么局限。要重点检查公司的可处置资产状况以及公司组织资产产生价值的方式,这些是公司**结构**的一部分(在**第二部分 智能的结构**中有进一步讨论)。

随着时间的推移,公司会投资很多资产(见图 4-1)。应该以审视的眼光来对它们进行测试。看看它们是不是适合当前战略?是不是能提供竞争优势?会不会已经过时,变成发展的障碍?会不会影响战略的改变,产生结构惰性?它们还有其他机会可以发挥作用吗?

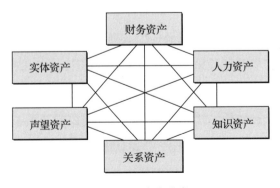

图 4-1 资产分类

实体资产包括工厂、设备、研究实验室和零售门店，它们都可以带来明显的竞争优势。比如，较大规模的工厂和最新科技通常都能带来成本优势。深刻了解成本的决定因素之后，公司就能估计出自己的相对成本优势。

财务资产包括现金流和漂亮的资产负债表。强大的财务能力能为公司带来更大的市场优势及投资新商机的能力。这通常可以从公开的数据中做出评判。

声望资产虽是无形资产，却和实体资产同等重要。品牌就是一个典型的例子。在瞬息万变的消费型产品行业，强大的品牌通常能带来高额溢价。只要支持这一品牌的成本低于该产品所支持的溢价，这就是竞争优势。但是声望资产也有其他多种形式。宝洁公司就非常注重维持自己的定位，所以竞争对手都会避免在这一点上和它交锋，而是努力在其他方面赚取利润。

不论是正式的专利还是非正式的生产窍门，都能算作知识资产。专利可以降低成本，实现价格优势，也可以打压竞争对手。生产窍门可以衡量学习曲线带来的益处。

关系也是资产。忠诚的顾客具有很高的价值，有价值的关系也可以通过分销渠道、重要供应商、副产品的生产商以及大学的研究部门等途径建立。但是如何衡量关系带来的竞争优势却是一个永恒的问题。如果竞争对手也和你有着同样的部门机构关系，往往就会影响到你的竞争优势，但也并非总是如此。比如，一家大公司从制造商处采购大量产品时，就有可能得到比小客户更低的价格，而这些小客户通常又都是这家大公司的竞争对手。从这个意义上讲，大公司是抬高了小公司的成本。正是因此，香港利丰集团才会在它下游的15 000多家供应商那里都要做出大份额的采购。

公司通常都在标榜人力是最重要的资产，但是很少有公司会去真正衡量人力资产能带来多大的竞争优势。公司虽然很在意员工的士气，觉得这和业绩有关，但是又很难说清楚其中的直接因果关系：到底是业绩决定了士气，还是士气决定了业绩？每位员工的增加价值也是一个有用的衡量标准，但这取决于资本投入的水平。有些公司一直致力于衡量员工的真正价值。美国信用卡发行商 Capital One 就会估算员工的净现值，并且会对比估算结果和员工的培训成本。

正式架构

做出资产评估之后，现在让我们来看看公司架构——公司组织资产以及实现价值的方式。这也同样可以成为竞争优势的来源。

正式架构的组成元素（见图4-2）也必须要进行测试。它们是在内部统一还是相互矛盾？比如，是不是公司聘用员工本是为了实现一个目的，而他们实际上却在做另一件事？是不是所有组成元素都和当前的战略一致？它们能不能带来竞争优势？

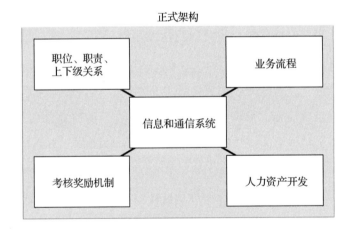

图 4 - 2　正式架构的组成元素

职位、职责和上下级关系通常能在公司组织结构图中体现出来，让我们看到在公司里谁负责什么事情。这些是不是和战略目标相一致？改变起来有多困难？复杂的多层架构和多维阵势的反应速度要低于分散的控制结构。但是，又很难实现直接把相互独立的工作单位组合在一起，就能得到规模经济效益或者直接用于服务大型国际客户。因此，若公司较看重这一点，较为庞大的组织架构可能会更有意义。

流程决定了完成工作的方式，并且能提高公司的效率。推动战略成功的流程有多好？比如，一家追求"保持领先"战略的公司必须要有一流的创新流程。它们是在不断降低学习曲线，不断提高自己的竞争优势吗？卓越的流程能带来更高的生产力、更短的反应时间、更有效的发展效果和更出色的产品设计。其中也涉及大量难以模仿的知识技能，可以为公司带来长期的竞争优势。虽然对这些因素做出量化并非易事，但是也可以参考公布的数据。比如，零售商经常公开大量数据来对比库存周转率、每平方英尺销售额、员工人均销售额和同店销售额增长。这些都是同时受流程效率和一流的竞争定位驱动的。

人力资产开发流程包括聘用、培养和解聘员工。因为人力资产对一家公司的成功与否起着重要作用，因此将其在图 4 - 2 中单独列出。人力资产和公司战略一致吗？能使公司更具竞争力吗？

考核奖励机制能激励员工高效执行战略，这对公司的成功来说也至关重要。公司的考核点有没有切中要害？奖励有没有针对重点？

信息和通信系统能把一切连接起来，给公司带来巨大的竞争优势。这个系统能否促成战略成功？公司是不是比竞争对手做得更好？以香港利丰集团为例，如果没有一流的信息和通信系统，它就无法快速执行其制造业务模型。

我们会在**第二部分 智能的结构**中具体讨论公司资产和架构。

定义战略选项

流程中的下一步就是为公司建立连贯的战略选项。所谓战略选项，其实就是可行的战略业务模型（见第一章）。这给出了三个明确的选择：行业内的目标定位、需要的竞争优势类型以及实现竞争优势的行为和资产配置。战略选项也应该能体现这个业务模型之所以有效的因果逻辑、构建战略的关键假设条件、寻找竞争优势的时机以及竞争优势的规模。

最明显的战略选项就是"标准不变"。评估这个首先要展示出维持原有业务的影响。但是不要以为即使采取"无所作为"的战略，盈利水平也还能保持不变。这是个危险的陷阱！如果竞争升级，利润就有可能下降；反之亦然。要确保把所有外部变化都整合进"标准不变"的基线。这便是和其他选项进行对比所参考的最低标准。

接下来，需要为公司找出一系列其他战略选项。通过审视竞争环境，根据定位选择和创造竞争优势的方式的差异，应该就能找到很多参与市场博弈的方法。这时就可以从清单上精挑细选，找出最适合自己公司的方法。但也要当心，挑选不能太过草率，否则一些好想法可能会过早被淘汰。在一个想法还没有进入意识思维的时候，我们的大脑会不自觉地用隐性的标准做出了判断，在思考之前就已经排除了它（关于这个现象，本书将在**第三部分 敏锐的头脑**中有更多的介绍）。在排除一个选项之前，要先问问自己"如果我不得不走这条路，要怎样做才能实现目标？"多问问题反而有助于引出与直觉相对的想法，不会错失任何一个可能具有较大优势的想法。

我们要明白每个战略选项背后的逻辑以及它是基于何种关键假设条件建立起来的。本书在**第三章 竞争战略**中已经讨论过西班牙时尚快消品牌 Zara 所采用的战略。它愿意以更高的成本换取更快速的本地生产，因为和季末打折所带来的损失相比，这样做反而更划算。[8]它的关键假设条件就是，虽然远东制造商的成本更低，但是速度也更慢。聪明的公司都知道自己的关键假设条件是什么，它们会定期测试这些关键假设条件，也很清楚这些假设一旦不再适用时，下一步应该如何应对。

每一个选项都要进行充分的开发，掌握足够的细节信息之后才能帮助公司做出明智的决定。一家公司当前使用的战略业务模型在当时研究时究竟经过了多么细致的分析才最终敲定，那么现在也要以同样细致严谨的态度和细节分析来琢磨每一个有可能的战略选项。等到需要做决定时，还可以再对潜力高的那几个选项重新分析，更进一步细化开发，这对决策过程非常有益。

做出战略选择

人类作为个体往往都会有选择恐惧症，作为群体则更难做出决定。公司通常都不善于做出重大决定。[9]整个过程所耗费的时间远多于必要的时间，做出的选择也有太多是错误的，对错误的矫正行为也都太过迟缓。聪明的公司的目标是以更快的速度做出选择，最终获得成功。但是更快并不意味着更好——匆忙之中做出的决定很少有不后悔的。因此，公司的最终目标应该是以最有效率、最有效果的方法得到最多信息，以便做出最及时的选择。

想要构建出色的战略，需要有明晰的战略选项、明确的标准和明白的决策流程。

标准

我们要能通过评价战略选择的标准判断做出明智选择所需的信息。由于公司的目标是创造可持续增长的卓越业绩，那么就要重点对比新战略选项所能带来的预测现金流的净现值和当前的净现值。因此，我们就需要做出现金流预测，也就是说，需要估算出竞争优势的规模和出现时机，以此推断出相对竞争的盈利水平。虽然这些标准并不精确，但是通过建立财务模型，就能在整个构建过程中逐渐形成统一的规范。

计算现金流应该考虑到任何结构性变化所需要的全部成本和一切风险。这无疑会造成系统内出现惰性，继续让公司在当前的道路上一直走到黑。本书**第二部分 智能的结构**中的内容就旨在降低结构惰性所带来的影响。

由于股市的短时效应，公司应该评估每个战略选项对所报告财务表现的影响。虽然有一些战略经济效益明显，但却需要大量的前期投资，而且短期内会出现账面亏损。在选择这条道路之前，公司要向股东做出详细解释，说服他们投出信任票，否则，这类重要的战略提议就会不了了之。从这个角度来看，Kmart 每次都做得不是很好，每当公司开始装修门店的时候，短期利润都会受影响，因此装修的项目也往往被叫停。[10]

某个特定战略所引出的选项也是非常重要的。有些战略能带来很有价值的新商机，这些都是要在经济效益评估中考虑的因素。

在评估选项时了解风险也是很关键的一点。不同等级的风险可以使用净现值计算中的不同折现率来做出评估。除了净现值之外，公司还应该评估每个选项的跌价风险。比如，如果两个选项净现值相同，但是选项甲比选项乙破产的概率高两倍，那么就最好能避免选择选项甲。

公司在挑选战略选项时还可以用到很多其他标准。它是不是符合公司的愿景或价值观？是不是能为当地大环境做出贡献？这些标准中可能有一部分是隐含的，有一部分是非常明确的。在没有明确逻辑支持的情况下讨论某个选项的优劣时，个人往往会在决策过程中表现出自己的隐含标准。最常见的例子就是关于公司总部的地理位置。虽然不太被人明确提出，但影响这个决定的首要因素就是公司总裁想在哪里生活。最好的做法是把所有标准都明确写下来，这样就能确保最终获得的信息更加充分，有助于做出更加合理的决定。[11]

决策流程

做出明确的选择并建立一套具体的评估标准能简化决策流程，前提是要先有一个设计合理的决策流程，这样才能最终做出明智的选择。我们可以把公司的管理团队想象成一个决策工厂：这个工厂设计得有多好？如果要求生产公司的运营效率都在90%或90%以上，大多数决策工厂都是不太容易能实现的！

为了避免每次都是临时才做出决定，公司必须要开发一个明确的决策流程并且不断改善：谁有决策权？应该向谁咨询？应该怎样决策？应该怎样沟通？

决策权的重要性不言而喻。要注意，即使大家都同意的观点，有时也有可能是错误的。即使是在最理想的情况下，征求大家的意见之后最终能得到一致观点，这也是一个非常缓慢的过程；更不要提在最坏的情况下，这还有可能导致决策瘫痪。我曾经和荷兰 CSM 公司主席凯利·范龙（Carrie Van Loon）先生讨论过决策这一问题。他表示，在荷兰决策都符合大家的统一观点。我认识凯利多年，知道 CSM 公司里大部分的重大决定都是由他做出的。他坏笑着解释，在公司里他会给出充分的时间让每个人参与讨论，最终得到一致观点之后再由他来敲定。然而整个讨论的方向都是由他一步一步引导的。

其实民主是一个非常危险的概念。民主的基础是每个人都能掌握同样的信息，并且在决策过程中都能做出同样的牺牲。但事实往往并非这样。了解每个人的观点、测试他们的数据、进行推理判断、做出最有利于公司利益的决定，其实这些是领导层的责任。在最终做出决定之时，还要给每个人都解释清楚这个决定的逻辑，让大家觉得这是公平公正的选择——这是非常重要的动作——更借此表达对当初持反对意见的人的感谢，肯定他们的付出，并寻求他们的支持。

从这个意义上来讲，商业决策的实质其实就是将信息公开，但却集中决策权力。但是，我们不应该将其和盲目专制混为一谈。这不是说那些刚愎自用的领导不用参考相关数据、不去请教专业人士的意见就能妄做决定——这只会导致糟糕的决策，即使公司内部实现了统一，也是脆弱得不堪一击。

在设计决策流程时，最好能提前设置好"备用"步骤，它能在做出错误决策时给公司以指导建议。由于这能减少选择某条路所带来的恐惧和不确定性，通常能更加简化决策流程。这也能平衡每个选择的跌价风险，即使公司做出了错误的选择，也有备无患。

做出明确选择也是关键之一。我发现在大规模决策会议之后，公司的领导层中往往一半认为决策指着东边，另一半认为决策指着西边，这种现象屡见不鲜。人们都会对会议内容做出有选择性的筛选，倾向于听到自己想听到的东西，所以如果一个信息比较模糊，每个人都很有可能按照自己喜好的方式去理解它——这通常会带来灾难性的后果。为了避免出现这个后果，主持决策会议的公司领导应该清楚明确地宣布最终决定，并且仔细询问每一位参会人员是否已经理解。这样一来，就能保证每个人都明确地了解这个决定的全部意义，也能确保他们以正确的方式对其进行消化。当然，这个决定肯定会让某些人陷入两难境地，在此也需要给他们提供机会说出自己担心的问题，并且感谢他们对得出这个决定所做的牺牲和贡献。

关于决策流程中各个步骤的顺序也存在诸多争论。我个人比较喜欢在做选择之前就把所有标准都和盘托出，这能让每个人都明确公司的目标，并且能明确地指出考察每个战略选项时所需的全部信息。但是不论按照怎样的顺序进行，群体中的成员总是会想要参考之前的决定。比如，一旦某些人意识到他们的选项可能因为不符合标准而被排除，就希望能再回头看看标准究竟是怎样规定的。这虽然非常令人烦躁，但也能揭示之前不便说明的意图，让每个人都站在同样的起跑线上。如果这有助于最终做出更好的决策并且顺利执行，那么所有投入也都是值得的。

决策框架数不胜数，它们通常都是使用记忆术来帮助人们记住其中的步骤（例如 DECIDE）。[12] 不论是哪种框架，原则都是差不多的，因此没有必要把时间浪费在如何做出决定上。随便挑一个就行！关键在于建立统一的沟通和明确的流程。我发现最能让公司高管团队有效实施某一决策流程的关键，就是帮助他们给自己设计一个。我故意让他们设计一个非常差的流程——"地狱决策流程"。这反而能带来无限能量，让每个人都大声说出自己最大的恐惧和最痛苦的经历。一旦有了这个恐怖的流程，再找出它的对立面，做出一个理想化的流程就易如反掌。

测试

在某种程度上，能否掌握更好的信息决定了是否能做出更好的决定。研究和分析有作用，但效果也很有限。没有任何方法能够替代现实测试，而且风险越大，先做测试的意义就越明显。不要冒险，要管理风险！

在快速消费型产品行业，新产品的市场测试是一个标准步骤。公司都会先挑一些合适的市场对新产品进行测试，希望能以小见大，得到一个总体概念。Capital One 就很好地将这一理念应用于信用卡发行业务，每年都要测试超过 50 000 份新信用卡产品。公司希望能从大量的样本数据中得到细小但却重要的结果，因此还会再针对成千上万名顾客进行大规模测试。[13]

测试新产品似乎已经司空见惯，其实公司也应该用同样的方法测试新业务模型。美国汽车保险公司 Progressive Insurance 就首先做足了功课之后，才在美国的几个地区对新模型进行测试，然后把结果和没有做出任何改变的地区进行对比，以保证可靠性。[14]消费型电器零售商百思买也经常创新，它也会挑选几个门店作为试点来测试新想法。[15]

测试新的业务模型常常会遇到内部和外部的双重阻力，在建立成功考核机制的时候必须要考虑到这一点。虽然阻力会影响结果，但是过度热情也会有相反的效果。人们经常都在没有意义的新点子上浪费过多精力，尤其是出于对自尊心的保护，不愿意接受失败。我们需要明确的考核标准来衡量测试结果。在决定是否应该继续的时候，第三方的独立审核也将会有一定的帮助。

失败是无法避免的。如果你每次都是正确的，那就说明你测试的新想法还不够多。但是管理好失败成本是非常重要的。要做到失败趁早和低成本失败！应在投入太多之前，尽早以最低的成本对新想法全部的基本点进行测试。

公司必须要做好接受失败的准备，从中学习经验教训，还要避免推卸责任。Progressive Insurance 尝试做过业主保险，但是发现结果并不尽如人意时就停止了这项业务。它也停止了"充值型"保险这一新兴大胆的业务模式。在这两个案例中，公司都通过总结学习，最终找到了新的业务模式，成功抓住了本来就志在必得的机会。[16]

留出一笔失败预算也很有必要。股东都很介意意外失误，也总会对出现失误的公司股票做出惩罚性举措。高科技公司总是会留出一笔可观的失败预算——这就是研发成本。大多数在实验室里开发的东西都以失败告终，但这能提供良好的学习机会，有助于公司最终取得成功。医药公司都非常具有这种管理经验；在技术含量较低的公司里，比如零售业，市场分析师都不会指望公司有充足的研发预算。创新的确对于公司的长期健康发展至关重要，这就是为什么百思买的总裁布拉德·安德森在公司业绩良好时会投入大量的精力进行创新实践。他很清楚在业绩不好的时候，股东绝对不会同意测试新想法。[17] 从这个意义上来说，市场总是会在公司最需要创新的时候阻止创新，并把公司拉向灭亡的深渊。

分享和发布

一旦做出战略选择，就到了执行的时候。但是，如果没有人能完全搞清楚战略是什么的话，执行起来也是非常困难的。一些公司认为战略是公司高管层的保护区，过多地讨论这个问题本身就是一个安全威胁——这叫作战略保密综合征。这在某些情况下确实不假——比如重大的公司兼并案，但是在通常情况下，最好能和员工充分沟通战略意图，这样才能做出更好的行为规划，执行起来也更加坚定。

只是简单吩咐任务其实是剥夺了员工的自尊，还会滋生能少做则少做的思想："领导交代什么我就做什么，没必要管其他事儿。"若是能充分沟通战略的目的，并阐明背后的逻辑，则能够帮助大家理解公司政策，也能表现出对员工的尊重，就能激励大家更好地完成工作。管理层如果再能积极收集并倾听反馈意见就更好了。员工几乎肯定能发现逻辑中存在缺陷，如果有机会的话，他们甚至能提出改进方案。聪明的公司都会鼓励这种行为。

战略执行和改变

一旦发布了新的战略并且付诸行动，大家对它的期望值就会很高。因此，公司必须以最积极的姿态执行该战略，不然员工就会感到沮丧，丧失主动性，只想**坐等改变的发生**。我们的目标是要构建一套完整的行动方案，指导公司明确需要完成什么工作，然后让每个人都依照这个方案统一行动，共同实现最终目标。

旧规则、 新规则和改变规则

执行战略需要正确的结构——合适的资产组合以及能将这些资产整合起来的正式架构——才能实现预期价值。能做到这些本身就非常不容易了，再加上几乎大部分公司都已经有了一整套遗留资产和复杂的架构在执行着旧有战略，就让这一切变得难上加难。我们把这称为旧规则。转变的挑战就在于要做出巨大调整来满足新战略的需求，进入新规则时期。其中有一个必须要跨越的鸿沟。

跨越这个鸿沟并非易事。首要问题就是惰性；改变结构的难度也是众人皆知的。我们会在**第二部分 智能的结构**中来讨论怎样克服这些引发结构惰性的原因。

第二个问题就是，如果放弃现有的全部战略来做出改变的话，明显是不可取的。我们必须要保持当前业务的正常运行。就好像翻新房子一样，我们在施工期间还要住在房子里，忍受装修所带来的所有不舒服和不便利。另外，还要保证这个改变的过程不被我们的客户注意到，不能让他们因此感到有任何不便。

这就引出了到底谁来翻新以及怎样做翻新的问题。谁来设计新规则？谁来构建？翻新需要的特种资产、有经验的高管、关键人物角色和职责的明确、高效的工作流程、训练有素的员工、跟进进度并激励士气的考核奖励系统，以及将所有这些联系起来的通信系统……简而言之，我们需要一个战略和一个结构来跨越这个鸿沟。我们需要改变规则。

做出改变

在理想的状况下，我们都希望在毫不受到旧规则影响的情况下就能建立起新规则，然后同时运行两套战略，一段时间过后，新规则就能很好地适应公司发展，并且能满足客户的需求。这时，我们再放弃旧规则，开始完全执行新规则。从客户的角度来看，这就是完全无缝过渡。很简单，我们就是在老房子旁边盖一栋新房子，等新房子装修完毕之后再推倒老房子。我在过去30年间经历过很多老房翻新工程，确定这种方法既省钱又省时间。

公司通常在引入新的 IT 系统时会采用旧规则和新规则并存的方法。通用电气公司就在迁移制造工厂的时候使用了这个方法：它的"投手—捕手"改变流程。旧规则——投手团队继续运行原来的工厂，新规则——捕手团队运行新的工厂。同时一大群通用电气公司的工程师和项目经理都在设计和建造新的工厂，安装并调试设备，与投手和捕手团队一起合作让新工厂转起来。他们就是在改变规则。在新工厂运行效率达到老工厂的水平之前，公司不会关停老工厂。这是个非常有效的方法，但是需要双方都有足够的动机来促成这一过程顺利过渡。如果投手团队在工作完成之后就会失业，那么他们的动力就会消失。火鸡是不喜欢过圣诞节的！只有通用电气公司的组织结构具有一定的松散灵活性，才能完成这个改变。一旦关闭了老工厂，投手团队及其经理就必须要被分配到其他职位上去。

艰难度过

进行改变管理时，并不是所有公司都在使用同样的方法，它们也不会投入同样的资源。因为并不需要一个设计周全的新规则来实现艰难过渡期的技巧，所以好坏之间的界限并不明显。相反，在高管层公布新的组织机构图之后，各个部门经理需要自己琢磨出一切必要的内容。在高管们开始扮演他们在新规则中的角色时，都暗暗希望在其他人开始履行责任之前，自己还保持着旧规则当中的职责。这个过程中会有很多损失。因为没有额外的资源来促成改变，所以进展也比较缓慢。在运作新业务、关注旧业务的同时，新规则之下的公司高管应该要执行改变规则，对公司的流程、人力开发系统、考核奖励系统、信息系统做出重大调整以支持新的战略。不出所料，这样的改变几乎都没有效果。结果就是公司经历了很久的痛苦转型期，客户也能明显感觉到这个过程，而且还无法有力支持新战略的实施。

外包变革

另一些公司通过在项目期间将改变规则的工作外包或分包给其他专家，从而实现资源增加。这里的逻辑是，一旦改变过程结束，每个人就可以回到日常岗位上。一般来说，这样所能实现的结果是远远不够理想的。高管层会想要"用鞭子抽着一家不情愿改变的公司行动起来"，并且"规定一点点纪律"来实现目标。我们必须用有效的项目管理来跨越鸿沟，因此如果公司自己尚未掌握这些技能，就可以求助于外部专家。但是通过纪律来硬性要求管理团队中不情愿的人，并不是最终的解决方法。当然，问题也许就出在人员惰性上，或者有可能只是部门经理没时间去做。在这种情况下，过多地关注改变过程可能会分散注意力，而无法关注公司的业务，反而会降低竞争力。因此，公司必须要深刻明白表象惰性的根本原因。

其实，部门经理通常会因为投入时间进行改变而受到惩罚，所以也难怪他们会出现抵制情绪。平均来看，经理们牺牲了自己正常的工作，花了大量的时间来进行跨部门的改变动议，但是他们所得到的奖励只可能和自己的本职工作有关。这就忽略了他们对改变所做出的贡献，其实也就等于在惩罚他们为改变所付出的一切。公司需要调整考核奖励系统，这样才能激励部门经理和各位高管积极投入公司的改变。

很多部门经理并不认为改变能带来积极的效果，这也正是他们抵制改变的另外一个重要原因。他们做出抵制的行为并不是出于人员惰性，而是因为自己本身就完全不同意改变的方向。造成这样的结果，有可能是因为在构建战略的过程中他们的观点没有被采纳，而如果有被采纳的话，其实会对结果产生重大影响。在这种情况下，公司就应该仔细倾听，而不是盲目继续。如果他们的观点被采纳了，但结果却朝着反方向发展——就是内部不统一——

那么部门经理就只有两个选择，要么接受这个改变，要么退出。但是，求助于外部专家也是存在风险的，因为他们对公司的战略和结构并不足够了解，因此就分不清楚到底有什么区别。

变革的能力建设

在这个瞬息万变的竞争环境中，定期做出改变是非常必要的。因此，也很有必要在公司内部储备改变的能力，即要开发一套"改变资产"，其中包括了具有改变技能的人以及改变流程（例如通用电气公司的"投手—捕手"系统）。为了实现财务稳定性以及高效的资源配置，维持该能力的成本必须要低于这些改变给公司带来的利益。

改变资产可能是一个战略部门和改变部门的中央资源池，也可能是公司各个部门中训练有素的、有能力做出改变的管理人员。通用电气公司就拥有六西格玛黑带资源池。而丹纳赫公司则开发了自己的培训项目来支持改变，公司把经验丰富的高管都变成了老师，教各个部门的同事怎样在实际操作中学习使用相关知识和技巧。这就能把改变资产分散到整个公司。

为了让这些方法更好地发挥作用，公司必须要确保考核奖励系统能对做出相应贡献的人给予奖励。专职进行改变项目的员工应得到奖励，而部门经理则应得到两份奖励：一份奖励他们为改变做出的贡献；另一份奖励他们在本职工作中的突出表现。

在构建新结构的过程中，建立新流程、招募新员工以及开发新技能的能力都是非常重要的组成部分，但是在执行新战略的过程中最重要的则是考核奖励系统。对此，我们将在**战略打分板**和统一奖励部分重点讨论。

战略打分板

公司需要有效的战略衡量标准和里程碑来测试假设条件并且跟踪运营进度，不然的话就是在**盲目飞行**。但是很多公司所跟踪的都是并无战略意义的衡量标准，这些标准和竞争优势没有太多直接联系。为了能在战略阶梯上更进一步，公司必须要创建一个战略打分板。[18]

战略打分板能衡量一家公司已经获得了哪些竞争优势及其驱动因素。我们可以用它来对比公司接下来的目标及其实现过程中的里程碑。

我们已经在**第三章 竞争战略**中详细讨论过一系列公司应该放在战略打分板中的衡量标准，用来确保公司里每个人都知道他们应该怎样做才能帮助公司获得竞争优势。他们还需要一套衡量标准来确定自己是否已经走上了正轨，是否已经取得了成绩。

建立战略打分板通常是一个自上而下的过程。公司总裁首先接受董事会定下的目标，接下来和高管层一起将其转化成每个团队的具体目标。然后，各个部门经理会定夺自己部门的目标，撰写报告，再为下属制定更详细的目标。

在公司结构的每一层中，我们都要找出哪些变量是能被该层的主管所左右的，估算出它的效果，并且明确实现这一目标需要做出什么努力。这样一来，衡量标准的意义就更大，也更能激励人心。

在具有中等战略智商的公司里，这个过程几乎就等同于解释董事会的目标——确认员工是否正确理解，为下一层制定更具体的标准。但是对于追求更高战略智商的公司而言，这个过程更多是一个双向对话。公司内部也可以先通过某个战略想法，向上反映，迫使公司更高一层改变总体目标。

我们在**第八章 正式架构**中将讨论正式流程会带来的惰性，届时会再次谈到改变战略打分板的过程。

统一奖励

战略打分板能有效促使战略成功，有意义的衡量标准可以激励人心！它们能指明重点，为公司里的每个人提供最快速的反馈，衡量每个人都做出了多少贡献。员工都会因为取得成绩而骄傲，但收入上的奖励则更能鼓舞他们的士气。Progressive Insurance 的总裁彼得·勒维斯（Peter Lewis）先生曾说过："你想要改善什么，就要给它制定衡量标准！结果为正就奖励，为负就惩罚，很快你就能得到想要的结果。"[19]

但是，如果考核奖励系统没有与战略路线保持统一，往往会在不经意间带来灾难性后果。英国第三大电信运营商 Energis 曾看好开发新型高科技光纤网络的战略。公司把目标定在了高端、高利润率的客户群，这些人对技术服务的要求都很高。Energis 需要经过多年的努力才能建立起这样的用户关系网络。但是，销售人员的佣金收入却是根据销售额计算的。当他们发现向价格敏感度高的用户推销低端产品时，反而更容易完成销售目标，就无心再去寻找高端客户。结果 Energis 最终破产。[20] **我们可以看出，如果公司起初用人的目标是完成任务甲，但实际战略却驱使员工在做任务乙，那么这个考核奖励系统就是毫无意义的。为了能实现战略，奖励和战略目标之间必须做到统一，否则失败将是必然的。**

严格的审查周期

在完成了所有工作之后以及成功实现战略的时候，就很容易产生懈怠情绪，公司往往会机械地重复过去的行为！但是竞争环境还在不断改变，这个战略很快就无法与时俱进了。公司在当前路径上停留的时间越久，和成功战略之间的偏离越严重，问题就会越大，解决起来就越困难。同时，做出改变所需的技能也在慢慢消失。每五年才做一次重大战略调整的公司基本上都不记得具体应该怎么下手了。这时，就不得不再重新走一遍老路，经历所有痛苦和战略无能的过程。为了能保持住改变的能力并有所提高，公司就必须要定期审视自己的战略，实行严格的审查周期。这也就意味着公司需要定期进行全系统的战略构建和执行。

重新审视已经完成的工作并非易事。公司必须要重新思考、更新数据并找出已经发生改变的元素，还要测试原始逻辑、重新考察那些假设条件。这有助于让每一个公司员工都记住当前的业务模型，使其不会慢慢地消失在大家的下意识里。同时注意不要含糊其辞，要说明白，要把它变成一个提示器，时刻提醒员工谨记公司的目标。

重新思考也非常困难。人类大脑在尝试解决新问题时总是会消耗大量能量。但是一旦问题得到解决，大脑就会进入自动导航状态，不断重复同样的解决方案，为接下来意想不到的事情储存能量。作为公司，则会把这种行为放大。在当前解决方案运作良好的情况下，公司很难看到还有其他解决方案能处理原有问题。只有在一个重大的新威胁到来之时，才可能唤醒大家。

但是公司必须强迫自己定期重新思考。应该不断寻找新鲜观点并将其注入流程，借助创造力工具和技巧发现能够解决原有问题的新出路。要专门以打破已经嵌入集体思维的固定模式为目标，并且找到新的方法把它们重新拼凑起来。

很多公司都声称会定期审视自己的战略。一些公司把每年定期审查战略定位视为年度规划的一部分。但是在这个竞争日益激烈的世界里，每年审查一次就足够了吗？而且这些公司真的是在很严格地审查自己的战略吗？很多年度规划过程都缺乏对关键战略的思考。相反，这给部门经理创造了绝佳的平台，让他们有机会用冗长的幻灯片演示来大讲特讲自己的业绩和他们的管理团队——这就是"幻灯片之死"——而且会谨慎措辞，绝口不提可能会引起高层领导怀疑的关键问题。另一些公司就是不厌其烦地在预算上做文章，还特别引以为豪。

IBM长期以来一直在执行年度审查流程，现在更是要求高管层每个月都要开会碰头，强迫大家思考战略，提出棘手的问题，发现他们可能错过的东西。不但公司总部高层会出席，还有很多来自全球各地区的主管。[21]受邀参会的人员会定期做出调整，这样才能随时带来新鲜的观点，并能积极培养下一代管理人才共同应对挑战。其实，在现实中并没有几家公司能做到专门为了战略召开月度例会，这也从一个侧面反映出 IBM 领导层对战略无比重视的态度。但是，难道其他公司的部门主管和高管团队就不应该拿出 5% 的时间来谨慎思考自己的战略吗？

但仅是重新思考还远远不够，公司必须重新行动、修改当前战略、测试新想法、沟通改变的思路、修改衡量标准和新奖励系统。如果公司仍希望保持战略能力，就必须要保持做出战略改变的能力；如果行动能力降低，战略智商也会随之下降。诚然，这会大大增加管理层的负担。思考只会占用大概 5% 的时间，但是行动就会占据剩下所有的时间。这么大的工作量会吓倒很多公司，让它们连第一步都不愿意迈出，连思考都会逃避。公司必须要有行动的勇气，定期审查自己的战略，时刻保持战略改变的技能，还要能够随着市场的变化做出调整。

为改变时刻做好准备

具有最高水平的中等战略智商的公司必须未雨绸缪，投入一定预算处理不可预见的情况，不然就可能会偏离轨道。具有讽刺意味的是，很多所谓的措手不及其实都是可预见的意外，[22] 如果准备好了应对方案，都是可以避免的。但凡设置过这种应对方案的公司都知道这并非易事。一旦开始列举现实中可能出现的情况，就立刻发现各种可能性都会一起涌出来，把自己搞得措手不及。面对这样复杂的局面，有些管理团队就会选择放弃，任其发展。公司最好能找到一个中间地带，一方面确保公司总是处在行业领先的状态；另一方面应做好随时应对改变的准备，同时不至于被大量的细节问题所困扰。

要想找到这样的中间地带，情景规划不失为一个聪明的方法。[23] 我们的目标并不是预测未来，而是发现行业的主流趋势以及公司业务所面临的不确定因素，然后给出一些模拟情景以及符合公司内部和未来趋势的蓝图，让管理团队借此测试自己的战略——如果证明那些假设条件是错的，就需要进行战略改变——有可能是技术进步、竞争对手的重大举措，或是出现新的分销渠道，等等。公司必须要意志坚决，一旦假设的结果和自己的预期存在差异，要能决定自己应该采取的下一步行动。

通用电气公司前总裁杰克·韦尔奇（Jack Welch）就善于使用简单有效的方法引导公司时刻准备好做出改变。他炒掉了公司规划团队中的半数员工，把公司的规划流程精简成一份只有五页纸的文档。他让每个人都找出自己所面对的最大竞争威胁，并制订出自己的应对方案。[24] 这样一来，大家就不会仅仅关注威胁本身，"你面对的最大机会是什么？你怎样做才能更有希望将其变成现实？"这个问题也就变得更有意义了。

模拟战争游戏是让管理团队为改变做好准备的一个绝佳方法。这个游戏的目的并不在于让管理层考虑到全部的可能性，做好最充分的准备，而是要帮助他们获得处理任何事件的能力。风险管理练习就是个不错的选择。很多消费型产品公司会为部门经理提供培训课程，教会他们如何处理诸如顾客中毒死亡或与自己产品有关的致命事故等事件。这种培训在航空业里司空见惯，因为一旦出现客机坠毁事故，公司的未来就会受到巨大威胁。医药公司也会使用类似的练习来帮助部门经理做出艰难的选择，保证处理结果符合公司的发展战略。

保持能力的挑战

保持战略能力并非易事。Circuit City 曾经有过一套伟大的战略，稳稳地确保其在消费型电子零售行业的领头地位，但是之后它也逐渐走上了"否认—无能—最终灭亡"的不归路。[25] 到底是什么原因让公司陷入如此窘境呢？

第一个危险信号就是自鸣得意。当前战略很管用；销售额节节攀升，盈利也快速增长；几乎看不到什么改变。于是，公司变得**满足又开心**。自鸣得意会在战略审查中表现出来。新的威胁悄无声息地到来；旧有逻辑并没有经过测试；也没有重新审查假设条件；懒惰思维横行。随着思考频率的降低，会丧失逻辑、遗忘假设条件，公司就会越来越盲目。思考战略思维并不需要太久，所以千万不要吝惜那 5% 的时间，不然总有一天问题会浮出水面，每天都来骚扰你。

无限期推迟是另一个预警信号。人类生性具有拖延症——即使我们都很明白这没什么好处。如果是在一个群体中的话，情况可能会更糟。对于公司，这将带来更大的危险。这是因为虽然有些事情对公司不利，却有可能有利于高管层。所以他们很可能会在危机真正到来之前继续走老路，把问题留给下一任管理层来处理，而在自己在任的时候，一边拖延着问题，一边还在享受着短期利润飞涨带来的荣耀。

但是对于有能力的公司，最大的挑战就在于**走走停停的思维模式**（Stop-start mind-set）——认为改变战略是一件成本极高的事情，因此频率不应太高；通常会由新总裁上任引发短期内的重大改变——具有破坏性的重大改变，然后在很长一段时期内都是相对不假思索（从战略的角度看）的机械执行和战术调整——五年规划。对于有如此思维的公司，做出改变的时机是关键问题所在。改变得太早，成本就太高；但是如果太晚，可能又会受到致命打击。坐等危机发生就等于和死神玩色子。有些公司能够恢复——比如 IBM[26]；有些公司挣扎数年，最终破产——比如 Kmart 和 Circuit City。

小结

为了实现中等战略智商（见图 4-3），公司必须要学会以战略的眼光审视外部环境，找出实现长期成功所必需的元素。公司必须要以明智的方法对自己当前战略的优势和局限做出评估，思考最有可能抓住的机会有哪些。必须要开发构建战略选项的技能，掌握充分的信息，及时做出选择，把这些选择转换成良好的战略业务模型推广到全公司，再通过简明的战略改变项目，让公司上下每个人都全力以赴，协助公司走上新的道路。一旦走上正轨，为了避免盲目，公司需要一个战略打分板来记录所取得的成绩，并在需要做出改变时发出信号。和战略统一的考核奖励系统能进一步帮助公司走向战略成功，但是为了时刻保持改变的能力，公司必须定期严格审视自己的战略思维和行动技能。这类审视越是频繁，结果就越好。为了能达到中等战略智商中的最高水平，公司还必须要学会发现可预见的意外，并做好充分准备；同时也要培养自己应对不可预见事件的能力。

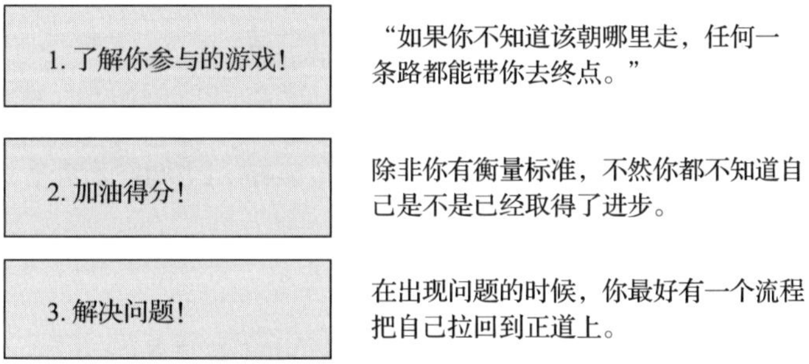

1. 了解你参与的游戏！	"如果你不知道该朝哪里走，任何一条路都能带你去终点。"
2. 加油得分！	除非你有衡量标准，不然你都不知道自己是不是已经取得了进步。
3. 解决问题！	在出现问题的时候，你最好有一个流程把自己拉回到正道上。

图 4 - 3　实现中等战略智商

在公司里谁必须具有战略能力？首先就是高管层，但是每个部门经理也必须要接受战略培训和改变培训。战略能力并不是高管层专属的能力，而是每个部门经理工作中的核心部分之一，以此确保他们能够充分理解公司的战略和自己在其中的作用，并清楚在需要的时候怎样做出战略调整。这项基本功对管理层来说和团队领导力以及项目管理技巧同等重要。那些想要拥有更高战略智商的公司必须确保自己的一线领导团队都能像战略家一样思考和行动，不但能做好今天的工作，同时也在学习怎样应对明天的改变。

但是，具有战略能力并不能保证公司一定能够实现可持续增长的卓越业绩。公司在取得阶段性胜利之后很容易变得自鸣得意，重新落回战略智商的底层，呈现无能、否认和盲目的状态。即使有能力的公司也经常会落入僵化模式，在偶尔出现短期内强度大的战略改变之后，多年间都在机械地执行——一成不变的业务模型——这也就引出了改变的时机问题。但是这个问题完全不会烦扰到拥有灵活战略的公司——它们总是在改变。对于这类公司而言，怎样做出改变才是问题的关键。我们会在**第五章 高级战略智慧**中具体分析。

注释

[1] 想要了解最新全球趋势及其对公司业务的影响，请访问网站 www. globaltrends. com。

[2] 参阅 Taleb（2007）对"黑天鹅"事件的讨论。

[3] Bazerman 和 Watkins（2004）。

[4] 若想进一步了解五种驱动力框架，请参阅 Porter（1980）《竞争战略》，第一章，PP. 3 –33。

[5] Wells 和 Raabe（2006）。

[6] Fung 和 Magretta（1998）；Fung, Fung 和 Wind（2008）。

[7] 想了解竞争对手分析框架，请参阅 Porter（1980）《竞争战略》，第三章，PP. 47 –74。

[8] Ghemawat 和 Nueno（2003）。

[9] Blenko, Mankins 和 Rogers（2010）。

[10] Wells 和 Haglock（2005）"The Rise of Kmart"。

[11] Blenko、Mankins 和 Rogers（2010）在其著述 *Decide and Deliver* 中详细描述了改善的决策过程对公司业务的诸多积极影响。

[12] DECIDE：记忆术本身非常容易记忆，但是其步骤的描述极尽文字之能事，让人难以记住。

[13] Wells 和 Anand（2008）。

[14] Wells, Lutova 和 Sender（2008）。

[15] Wells（2005）"Best Buy Co. , Inc"。

[16] Wells, Lutova 和 Sender（2008）。

[17] 同 [15]。

[18] Kaplan 和 Norton（2000）。

［19］ 同 ［14］。

［20］ Wells（2003）。

［21］ Harreld，O'Reilly 和 Tushman（2007）。

［22］ Bazerman 和 Watkins（2004）。

［23］ Schwartz（1991）；Van der Heijden（1996）。

［24］ Bartlett（1999）。

［25］ Wells（2005）"Circuit City Store，Inc"。

［26］ Austin 和 Nolan（2000）。

第五章

高级战略智慧

从不满足于现状

具有中等战略智商的公司能够发现并解决问题，但真正具有高智商的公司是在创造问题，它们永不知足，时刻改变。

人类成为高级物种的秘密并不在于解决问题的能力。黑猩猩解决问题的能力也不错，乌鸦和海豚也做得很好。我们的优势在于可以进行抽象思考和沟通，并能跳出现状想象未来。人类生来好奇，总是在探索中进步，希望改善当前的行为，同时也会因为新想法欢呼雀跃。

我们怎样利用这种行为来推动战略改变呢？我们应该怎样来应对这种行为所带来的全部问题呢？管理能力来自哪里？我们怎样才能正确使用？本章就针对这些问题展开讨论。

让改变成为思维模式

很多公司高管都认为战略改变的成本非常高，需要占用他们大量的时间，所以偶尔进行战略改变即可，不到必要时绝不去理会。但如果长期以这样的方式对待问题，后果显而易见。一再的拖延只会让工作越积越多，在最终不得不做出改变时成本会越来越高；这也会把大量的资源浪费在战术的修修补补上，而这些资源原本是可以用来构建新战略的。其实只要能提前稍作战略思考，就可以避免很多小问题，从而节约大量成本。此外，由于缺乏练习，公司做出改变的能力也会不断退化。

如果一家公司总是在尝试着寻找合适的改变时机，它其实就已经身陷险境了。等待得太久往往会伴有致命的恶果。一旦过了临界点，当所需改变的规模超过公司所能承受的改变程度，那么失败也就是迟早的事情了。

改变的时机对高战略智商的公司而言并不是问题，它们时刻都在改变。对这类公司来说，旧规则和新规则的意义都不大，在它们眼中只有改变规则。

创造问题——从系统上产生的不满足

问题的创造者永远不知满足，它们总是在寻找改善当前战略的方法，并不断在寻求更大的竞争优势。沃尔玛和 Kmart 都在 1962 年进入美国折扣零售业，而且是 Kmart 首先提出了一个更明确的成功模型。[1]在 10 年之内，它在全美境内开设的门店数量就超过了沃尔玛的 20 倍之多。只可惜 Kmart 仅仅在不断重复着同一个业务模型，而沃尔玛却不断地改进，跳跃式前进，它不断地从竞争中学习总结，产生新想法，经常从在一线工作的门店员工那里得到启发。[2]虽然沃尔玛刚开始时发展较为缓慢，但是它逐渐把自己打造成了一部创新机器，而 Kmart 一直都只是一台盲目运转的机器。

像沃尔玛这类致力于不断学习总结的公司会从系统上产生不满足。它们不会满足于当前的优异业绩，始终坚持不懈寻找更好的出路。它们不断努力，通过提供更高价值、降低顾客人均成本、拉开价格和成本之间的差距、不断开拓创新引领行业前沿等方法提高顾客的人均收益。它们不接受提高质量就一定会导致成本上升的概念，而且经常使用高新科技从两方面进行改善。[3]

从系统上不满足的公司都是充满激情的。它们制定行业基准，它们也总是在悉心研究竞争对手的一举一动。它们会模仿别人成功的做法，并且提出适合自己的改进方案，同时也会吸取教训，不犯别人犯过的错误。沃尔玛的创始人山姆·沃尔顿（Sam Walton）先生花在 Kmart 门店里的时间可能比他花在沃尔玛门店里的时间还要多，甚至亲自坐飞机飞过竞争对手的停车场上空，研究周围的交通流量。[4]他看待竞争对手的态度看起来可能有些过度恐慌，但是在激烈的竞争环境中这并不为过。英特尔首席执行官安迪·格鲁夫（Andy Grove）先生曾说过："唯有恐慌才能谋求生存。"[5]为了能和直接竞争对手做出对比，沃尔玛制定了明确的战略衡量标准，一直在不断努力保持领先状态。但是当发现竞争对手也在不断改进时，在目标的设置上就没有以自己当前的状态为标准，而是着眼于竞争对手今后可能的表现。沃尔玛从广义的角度上定义竞争，希望可以在其他行业也能击败"行业先导"。同时，公司还使用内部标杆，鼓励不同运营部门之间的良性竞争。[6]

从系统上不满足的公司都会非常认真地对待改进项目，比如六西格玛[7]和全面质量管理（Total Quality Management，TQM）。[8]美国 2011 年最成功、增长最快速的综合大型集团之一丹纳赫公司就是个很好的例子。[9]它在 25 年间实现了年均15%～25%的股票投资回报。公司成功的核心就是丹纳赫业务系统，把 Kaizan 流程（持续改善流程）整合进公司运营的大大小小的事情之中。丹纳赫的用人理念很简单，就是仔细甄选可靠的员工，选择能对自己、团队和公司都做出贡献的人。公司始终严格坚持这个战略规划，由公司管理层制定大方针，再把这个规划转换成具体的衡量标准，贴到办公室门上，让每个人都看得到。每个月还要重新审视规划；不论是公司的长期战略还是短期效益，事无巨细全部都要进行讨论，有一个问题永远逃不掉——"我们如何能做得更好？"丹纳赫已经开发了一套含有超过 50 个培训模块的综合系统，借此来提高公司部门经理在工作实践中总结出来的改进机制和流程。整个公司就是一部永不停歇的改进机器。

创造问题——创造性地毁灭

打破模型，自我牺牲

在不断打破当前战略创造新标准的同时，聪明的公司会在竞争对手出招之前就找到新的方法制造竞争局面。它们会找到新的业务模型，为自己当前的市场提供创新服务，并开发出新的市场来使用自己当前所持有的资产。它们有勇气"打破"自己，牺牲自己当前的业务来实现新业务模型的增长。20世纪80年代，沃尔玛在开始实施超级门店目录时采取的就是这种方法。[10]尽管在2003年就已经成为全美消费型电子零售行业的领军品牌，百思买也还是做出了类似的举动，在重新研究公司的竞争策略之后，推出了顾客中心业务模型，把决策制定权下放到门店层面。[11]

依据公司竞争优势来打造环境

问题制造者不会满足于接受当前的竞争环境——它们会依据自己的竞争优势来打造环境。在1990年，Progressive Insurance是全美四大汽车保险公司之一。虽然成绩斐然，但是公司毅然改变了自己过去成功运营的业务模型，引入了"快速反应"这一新举措来处理交通事故索赔。公司的保险理赔师全天在公路上处于待命状态，随时为顾客提供更好的服务。[12]这样一来，客户就不用再辛苦期盼数周等待保险理赔师处理事故，而是在事发现场就能在几分钟之内立刻见到他们；而保险理赔师也随时做好现场处理问题的准备。为了实现这个转变，Progressive Insurance需要准备大量的巡路车辆全天候待命，把总部的后台计算机和路况监测连接起来，而且还要说服全部保险理赔师倒班工作。这显然大幅提高了固定成本，在这个多变的世界中着实是一着险棋，但是索赔成本同时大幅下降，远远超过了所付出的额外固定成本。这是因为

"快速反应"政策减少了汽车保险行业中最重大的两项成本支出：欺诈性索赔和律师费用。一旦做到了快速到达现场并能立刻解决问题，就能消除很多非必要开支。

对 Progressive Insurance 来说，新的业务模式不但给公司带来了更高的利润，同时也在改变着行业结构。主要竞争对手都在纷纷效仿，但还有不少新兴的小公司因为能力有限而无法改变。这些新入行的小公司只能不断压低价格，以至于整个行业在过去 30 年间有 25 年都不得不承担巨大的承保损失。但是一些服务于市场的主要基础设施的需求在一定程度上提高了入行门槛，也有效改善了当前市场参与者的平均盈利水平。Progressive Insurance 借此依照自己的竞争优势重新改造了市场竞争氛围。但是 Progressive Insurance 并没有止步于此，它在战略创新之后又引入了其他形式的创新。

JCDecaux 是另一个依照自己的竞争优势打造市场竞争氛围的典范。[13] JCDecaux 总部位于法国，是全球最大的户外广告商之一。在公司成立之初，公司创始人让-克劳德·德科（Jean-Claude Decaux）先生所面临的主要问题是法国政府禁止在主要道路两侧布置广告。由于公司业务的核心就是户外广告，所以这项禁令严重威胁到了公司的生存。有一次路过巴黎的时候，他注意到有人在公交车站的遮阳棚上非法张贴广告。他非常欣赏这一举动，认为这简直就是绝佳的广告位置：不仅能定位到在这里等公交车的高收入市民，也能定位到从车站旁边驶过的汽车里的人群。只是这如果是合法的该有多好。但是他又转念一想："为什么不行呢？"

他给这个公交车站拍了照片，并且冲洗了成千上万张分发给全法国的各个市政府，向它们承诺以建设并维护公交车站遮阳棚作为交换，市政府只需要给他未来 20 ~ 30 年不等的遮阳棚广告独家代理权。为了更进一步说明问题，他做了一个公交车站遮阳棚的样品，放在卡车上在全法国展示。最终里昂市市长同意了他的建议，因此就诞生了路侧装饰户外广告行业。这是 1964 年的事情。虽然现在模仿他的公司不在少数，但 JCDecaux 仍是全球最大的路侧装饰户外广告商，并时刻保持着创新精神引领全行业，目前其业务已经覆盖全球，在旧金山的自动公厕、伦敦的电话亭和巴黎的自行车停放点等位置都能看到它的身影。

打破束缚——创造力

开发新的业务模型不仅仅需要分析技能，还需要打破当前思维模式，看到公司业绩之外的天地。正如诺贝尔奖得主、生理学家阿尔伯特·森特-哲尔吉（Albert Szent-Gyori）所说："接触同样的事物，却以不同的角度审视才能有所发现。"让-克劳德·德科就是个经典的例子：他看到的是非法行为，想的却是怎样让它合法化。

创新能力是人类与生俱来的，但我们却总在不断压抑自己的创造力，也在同样压抑着别人的创造力。遇到挑战时，我们会得出很多点子，但是我们大脑的思维方式却很诡异，总是把这些点子和我们过去的经历进行对比，很快就排除掉那些看起来不合逻辑的点子，选择我们更熟悉的那些。因此，在我们仔细思考那些与众不同的点子之前，大脑就已经拒绝了它们。我们也用类似的方式批判着他人，在还没有来得及透彻思考时，就不断给出言语和身体上的负面信号。

为了从这个思维定式中走出来，我们必须要停止自我判断。创新工具和创新技能能够帮我们跳出来，[14] 大大提高创造力的产出。我们将在**第三部分敏锐的头脑**中进行细致探讨。

制造问题的问题

制造问题的过程本身可能就会带来问题。所有对卓越坚持不懈的追求都会令人无限沮丧。永远都不满足于现状的公司必须要仔细斟酌，确定短期目标，并且每当实现时就庆贺一番。不断求索追寻进步是人类的本性，但这种本性也会因为缺乏安全感和恐惧而彻底被压制。公司关键是要创造一个安全感机制，让员工在这个基础之上放手去干，并且在前进的过程中对他们所取得的每一个进步都给予精神和物质上的奖励。公司的目标其实就是积极利用人类不知足的心理不断求索前进，寻找眼前成功和继续进步之间的平衡。我们将在**第三部分 敏锐的头脑**中对此进行深入讨论。

对于永不满足的公司和具有创造力的公司，方向感也是同等重要的问题。在我看来，所谓不景气，就是虽然不知满足，却也不知道路在何方。为了能把所有额外工作都进行有机结合，公司需要对自己前进的方向充满信心。与之类似，如果没有明确的方向指引，即使公司不断有大量创新大胆的观点出现，也只是在制造混乱，迷惑人心。员工必须要知道公司和自己前进的长期方向，而且目的地也必须是个好地方。为了能实现更长久的可持续发展，这个发展方向还必须要能够指引公司创造出更大的竞争优势。公司必须要有一个美好的**愿景**，有明确的目的指导战略选择，知道要做什么，也知道不要做什么。

那么，到底公司应该怎样努力才能具有较高的战略智商，并且有能力处理这些新问题所带来的额外工作呢？如果公司没有额外的能力来处理这些问题，主动制造问题就是非常危险的，任何一件事都能迅速让公司付出代价。那么，公司要怎样才能获得这些额外的能力呢？答案就是要充分挖掘自己员工的潜力，**将战略智商分散到全公司**。

那么，公司又该如何负担相应的成本呢？战略改变还需要时间和金钱，怎样才能得到资金支持呢？

现在就让我们来进一步看看愿景、分散战略智商和对战略创新的资金支持。

智能愿景

现在越来越流行愿景这个说法，大家都觉得这是个能极大鼓舞人心的概念，但是任何稍微对愿景有所了解的人都很清楚，所谓愿景，也可以是白日梦、陈词滥调、麻痹大脑的增长和盈利目标。聪明的公司必须具有更强的纪律性。它们必须要努力通过愿景引发员工对未来的思考，激励大家接受永恒变化的思想，指引公司朝着更具竞争优势的方向前进。

进取心

明智的公司愿景能够激发人的进取心。这类公司为自己设置的目标总是远远超出其现阶段水平。公司的创造力来自敢于梦想看似不可能实现的目标，鼓励大家努力探索，寻找新的机遇；简单地重复推广公司的当前模式是无法激发创造力的。比如，沃尔玛在自己规模仅为 Kmart 的 1/10 时，就敢于设想自己击败这一强大竞争对手的情景。可是，当它真的缩小了和 Kmart 之间的差距时，沃尔玛的创始人山姆·沃尔顿先生又宣布了一个新的愿景：打造一家价值 1 300 亿美元的公司。[15] 沃尔玛仅仅依靠折扣这个战略来实现如此宏伟的目标是远远不够的。它强迫自己创新零售形式，销售额也因此增长到了当前 4 000 亿美元的水平，而这远不止 Kmart 的 10 倍。

鼓舞人心

改变绝非易事，因此我们必须让所有公司员工都觉得自己的付出有价值。

鼓舞人心的愿景能带来目标感。人类都需要目标来激励行动（参见**第十五章　利用人们永不满足的需求**）。鼓舞人心的愿景可以为每个人绘出未来美好的蓝图，让大家都觉得能实现这一目标是非常值得骄傲的事情。它可以让每位员工都拥有更美好的明天，让他们所在的团队实现成功。但这需要大家都贡献出自己的一分力量，才能创造出更加美好的未来。再以全美最大的汽车保险公司之一 Progressive Insurance 为例，它的终极目标就是"道路交通事故零创伤"。[16] 这个目标就比简单写写保险条款赚取更多利润要更加鼓舞人心。一个鼓舞人心的愿景可以促进改变，也能让短期的调整和公司愿景相吻合。如果员工明确公司的长远道路，那么他们就比较容易承受改变所带来的痛苦。在工作受挫时，目标感也能让员工更加轻松地调整自己，继续前行。

以竞争优势为出发点

然而，仅靠鼓舞人心和进取心是远远不够的。一个明智的愿景能指引公司走上光辉的道路，形成更大的竞争优势、创造更优的盈利水平。无法长期做到这一点的公司必将把自己曝于竞争劣势，也会最终走向灭亡。Progressive Insurance 的目标是道路交通事故零创伤，但它是采用能让自己盈利的方式实现这一目标的！它永远都走在竞争者的前面。除此方法之外，让公司走上其他任何道路都无法实现长期成功。

明确表达愿景

明确表达愿景并不是一件小事，仅仅占用高管层本应晒日光浴的一个周末是无法有效实现的。如果有关愿景的描述只是公司管理层向基层宣读一遍，很少能激励大家的认同感。绘出一幅真正的愿景，需要找到对全公司员工都有着切实意义的东西。什么能引发他们的共鸣，与此同时还能让公司业务不断前进？管理层在此的角色就是找出公司的天然共鸣频率，并且挑选出其中和公司长期经济利益相吻合的一个。尽管现代高科技能帮助大家进行沟通，但是走到群众中间仔细倾听也还是大有裨益的。IBM 借助一款名为 Buzz 的在线集成软件，从成千上万的员工当中收集并反馈信息，绘出公司愿景。[17]一旦管理层找到了所需要的共鸣频率，像风琴管的工作原理一样，就要开始在全公司内以很小的幅度施压，形成回音，直到声音汇集形成轰鸣。

改变的能力——分散智商

创造很多会带来战略变化的新机会其实让大部分公司高管都烦恼不安。这种担心最初只是因为他们可能不得不去琢磨这些新机会，但是如果要开始执行的话，就足够引发他们的恐慌。琢磨相对简单，但是行动需要更多的时间和精力。战略改变需要占用公司高管的大量时间。要克服这些恐惧，就必须打破普遍存在于高管层中的另一个思维定式——"指挥—控制"思维，他们认为所有战略改变都应该是从公司高层开始。明智的公司会把战略改变分散到整个公司。高管层不再扮演指挥的角色，而是重点打造一个能让每个人都有效做出战略改变的大环境。

我们有充分的理由让一线团队员工参与到战略的开发执行过程中。通常来说，一线员工比董事会能更直接地接触到顾客和竞争对手，他们往往更容易发现改变的必要性。因此，培养一线员工的警醒度就十分重要，他们也许可以由此发现一些战略问题并及时上报给高管层。同时，直接执行改变的人也大多是一线员工，如果他们能更清楚其中的原因和目的，工作起来肯定能更投入。最后，信息从一线员工反馈到高管层，战略改变再从高管层传递到一线员工，这是一个非常耗时的过程，所以有很多环节都可能出现误解。为什么不减少中间过程，让一线员工直接调整某些细小的战略问题呢？将权力适当下放到一线，不但能提高效率，更能为高管层减少一些麻烦，解放他们的精力去解决更大的问题。这样一来，战略智商就分散到了整个公司。

全美最大的有机食品零售连锁店 Whole Foods Markets 就充分将这个理念运用在其商业模式中。[18]它成功的关键之一就是为当地居民提供他们非常需要但在本地其他商店却买不到的商品。这种模式确实带来了高额利润，但同时也要求各个门店对当地居民的需求以及竞争对手的动作做出极快速的回应。因此，Whole Foods Markets 并没有采用公司总部直接管理门店的模式，而是让当地员工自主决定商品的采购以及摆放，甚至在某些情况下还让他们自主决定采购渠道。在一家门店中，每个部门都经营着自己的业务，为自己的利润负责。但是在各个部门之间会有广泛的数据共享，以便门店之间互相学习。员工也经常串访不同门店，借此机会交流在公司信息系统上无法传达的经验和技术。这种运营模式让 Whole Foods Markets 能调动全公司的资源对竞争环境做出回应。它所需要的公司架构和传统超市之间存在重大差异。我们在**第二部分 智能的结构**中讨论支持智能战略的结构时还会再提到 Whole Foods Markets。

Capital One 每年都要提出并测试超过 50 000 条信用卡相关产品的新想法——每个想法都需要在市场营销、风险管理和运营之间做出平衡。这些决定都不是公司高管坐在会议室里做出的，而是依靠一线的业务团队。[19]公司明确规定了一线团队决策权限的大小，他们的行为也会受到严格跟踪，但是确实有授权来决定服务的顾客群体和产品的选择。若 Capital One 要进入汽车信贷或要进入商业零售银行时，这样的重大决定还是由公司高管做出。让业务团队处理较小的战略选择问题可以缓解高管层的压力，让他们把精力专注于解决更大的问题、开发新的业务模型。

虽然 Capital One 把执行新想法所必需的大部分方法都列成了清单，但其实也并不总需要做得这么具体。当新想法来自一线团队时，一线员工就会进行自我组织并设计新流程，很有动力实现这些想法。他们可以判断出需要哪些技能，再有针对性地展开培训。他们可以找出有意义的衡量标准，也可以建议奖励每个实现达标的项目。这些问题全部都可以和高管讨论，但大部分的实质性工作都是在一线完成的。如果能做到这一点，公司就已经具备了自我调节的高战略智商，这也是我们在**第二部分 智能的结构**中要具体讨论的内容。

为战略创新寻找资金支持

思维与行动同步

所有的战略改变都耗资巨大。公司怎样才能负担得起持续的改变？首要的解决方法肯定是熟能生巧——练习得越多，就做得越好，成本会相应下降，效果也会提高。

我们已在**第四章 中级战略智慧**中提到了战略改变是一个复杂、昂贵并且耗时的过程。但是尽管复杂，它也有相生相伴的积极一面——它同时能创造很多改造的机会。如果管理得当，重复得越频繁，成本就越低，结果就越好，实现的速度也就越快。由于学习曲线在知识密集型活动中的斜率较大，因此收益也颇丰。

一家公司如果只是每五年才尝试做一次重大战略调整，就会发现自己已经处于学习曲线的顶端，每次都要一切重新来过。由于大多数公司都会在五年之内更换高管层，所以使用新战略时都会是一届刚到任的新手，这就是公司设计的内生无能。

经常调整战略的公司在早年的投入会比较多，但这很快就能带来更好的业绩，降低下一次的改变成本。随着公司发展速度的提高和效益的提升，这个过程终将成为持续战略思维及行动周期的一部分，然后这两者间的界限会渐渐淡化，最终就能让公司达到战略管理、思维和行动同时进行的状态。[20]这时就达到了战略智商的最高层次。

丹纳赫公司每个月都要审查各个业务单元战略，这是公司"政策部署审查"的一部分（即日语 Hoshin Kanri，直译过来就是"指路明灯"——给出更多有关审查内容的深入见解）。财务表现、运营业绩衡量标准、重大改革提议和战略目标都是公司整体的有机组成部分。从思考到行动，没有任何一环是独立存在的。

创造一台战略创新机器

Capital One 把每个新想法都当作一个创业型企业运营。公司里任何人如果想到一个新点子，只要他认为可能有用，就可以自己组建一支业务团队进行测试。团队里每个成员的角色和责任都是事先设置好的，他们要走的流程也是固定的。公司专门雇用这些人的目的就是测试新想法。他们接受过相应的培训，时刻准备好进行测试。公司专门为他们设置的考核奖励方法也能驱使他们去寻找潜在成功的战略方向。这样说来，其实 Capital One 并不是在经营信用卡业务，而是在运营一台战略创新机器，不断寻找利润率更高的信用卡用户。

Capital One 大部分的常规工作都已经实现了自动化，其运作方式也都非常支持改变，不会阻碍改变。信息技术是实现自动化的关键。我们可以简单想象一下，如果没有技术的支持，Capital One 电话呼叫中心接线员的工作将会多么恐怖。打进电话的顾客可能会提到的问题，谁也说不准会是 50 000 条测试信息中的哪一条，全凭大脑记下来显然是不可能的，就算有指南手册可以参考，翻找的过程也无比耗时。但是，有了信息技术的支持，系统就能根据顾客信息和他可能的需求自动选出合适的内容呈现在屏幕上，供接线员查阅并念给顾客听。

Capital One 高管层的工作并不是提出有关信用卡的新想法，也不是选择更具吸引力的新市场领域，而是要创建一个鼓励他人创新的平台。

创建一台战略创新机器其实和创建任何一个创新流程都是一样的。第一阶段是产生想法。值得肯定的是，在员工积极性被充分调动起来之后，他们就能提出无数新想法。如果能把这一平台向公司以外的人开放，[21] 那么新想法的数量又会大幅度增加。

但是，不一定所有新想法都是好想法。因此，在第一阶段应该仔细筛选每一个想法，找出几个大致符合标准的潜在想法。这需要资源的支持，因此要重点确保充分的投资，从而能足够负担测试全部可能的新想法。那些能通过第一阶段甄选的想法接下来将面临更严格的测试，即挑选出更有潜力带来合适机会的那些新想法。最具吸引力的想法可以进入下一阶段，再下一阶段，阶段数目的多少取决于整个流程的设计。每个阶段的测试成本都比上一个高，因此必须在每一阶段都淘汰掉一大批希望不大的想法。由于每个阶段的可用资源十分有限，所以我们需要对每次过关的新想法数量进行严格控制；想法太多会分散资源，降低成功的概率。医药公司是这方面的专家，所有智能公司也都应该要做到。最后，那些通过层层筛选的想法便是最终会投向市场的创新改革（见图 5 - 1）。

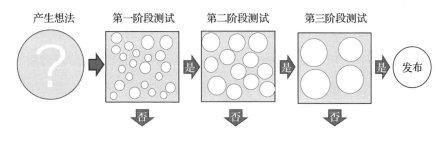

图 5 - 1　战略创新流程

Capital One 的创新流程相对来说比较简单。公司里的任何人都可以提出想法，做出评估的第一步就是组建一个业务团队进行测评。一个想法只有在通过书面测评之后才能进行市场测试；一旦通过市场测试，就可以正式发布。该创新想法所形成的业务模式将会在一定时间范围内提高公司的业绩，但总有不再有效的一天——直到它所带来的业绩下滑至某一心理门槛时，这个想法才会正式过时。

自我融资——实现"免费"战略改变

为战略创新融资是一个非常重要的问题，它需要大量的试验支持，而且很多试验最终都以失败告终。我们的目标应该是让赢家所获得的利润远远大于所有输家的成本之和，此时这个流程才能实现自我维持的状态。这在电子行业和医药行业里早已司空见惯——这就是研发。这其实是在对公司的未来进行投资，然而有一些公司错误地将研发资金定为随意性支出。今天削减的预算其实是在给明天的道路埋下隐患。在零售业和金融业中，大家对新想法的投入较少，创新过程也不是人尽皆知，但创新原则却很清晰。战略创新流程就是为了提高公司的价值，让赢家赚得远远多于全部投入成本的利润。如果能遵循这条道路，那么战略创新就是"免费"的。

让管理层投资一个新想法并不总那么容易。股东经常会以怀疑的眼光看待这类投资，觉得它仅仅是一个有创意的自我毁灭行为，尤其是在一家公司的利润率表现不够出色的时候。面对未来的不确定性，他们经常会选择短期利润，而不会投资进入新的业务模型。正因如此，我们才有必要在公司业绩良好时就开始着手测试新想法，而不是要等到问题出现之后。如果公司的利润足够覆盖掉着眼未来的战略创新成本，同时还能满足股东对当前业绩的要求，那么这家公司未来的前景就更有保障。

管理战略创新资产组合

战略体系有着不同的风险回报组合（见图5-2）。增强现有的竞争优势通常能以相对较低的风险实现回报，但是降低成本所能带来的回报要比增加差异化更加可观。尽管打破常规所带来的潜在回报可能更高，但公司同时也要承担更大的风险。由于对客户的了解程度在一项业务的成败中起着关键作用，所以从本质上来说，服务于现有客户的新业务模型比使用现有资产服务新市场的风险更低。

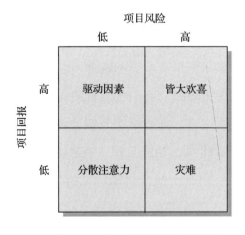

图5-2　战略创新的风险回报组合

如果项目风险低，公司仅需要排列出各个事务的轻重缓急，然后制订具体的行动时间安排即可。低风险、高回报的项目是公司业绩的重要保证，也能为战略创新提供资金支持。这些项目不需要创新流程来管理。

高风险、高回报的项目则更适用做资产组合。使用创新流程也能有效帮助我们甄选出最好的想法。

低风险、低回报的项目通常只会分散大家的注意力。这种项目的确很容易做，但完全是在浪费资源。公司应该把精力放在回报更高的项目上。

高风险、低回报的项目必然是灾难，要坚决避免。比如，发布的新产品如果能让竞争对手轻易模仿，那么效率再高也没有意义。

以战略成功为己任

如果公司希望员工完全投入到持久的战略改变中去，就必须在给他们的薪水上做出表态。也就是说，公司需要根据每个战略改变的具体情况来调整考核奖励系统。这的确说起来容易做起来难。调整考核奖励系统会触及公司内部办公室政治中的敏感话题，而这还是最不伤大雅的后果。因此，不断调整考核奖励系统来配合总在变化中的战略目标也是一个非常可怕的概念（参见**第六章 为什么需要智能的结构**）。

聪明的公司会倒用这个逻辑。它们并不会通过调整考核奖励制度鼓励员工提出战略改变，而是直接设立奖金来推动改变。

如果考核奖励制度能有效促进员工改进战略，那么就没有频繁修改的必要性了。但是，怎样才能建立起这样的制度呢？这就需要对能提高公司净现值的员工做出奖励。

很多考核奖励制度都只是关注短期利润，而战略的目的则着眼于可持续增长的卓越业绩——产生净现值。净现值能反映出公司短期利润和长期利益之间的平衡。比如，如果眼下的投资建立起的客户关系有利于多年之后公司业务的发展，那么就是值得的；如果公司的考核奖励制度仅关注中短期销售额，那么就不能鼓励这种投资。但是如果采用以净现值为出发点的考核奖励制度，这个问题就能迎刃而解了。

公司的净现值等同于所有当前客户及未来潜在客户的净现值之和。因此，公司的发展目标就必须要为最能增加净现值的方向服务。从这个角度看，最大的客户并不总是具有最大的吸引力，因为他们通常也都对价格高度敏感，有时候并不会忠于某一品牌。我其实最近就遇到了一个零售商，它发现，从忠诚度的数据来看，反而是公司最大的客户让它的利润出现了负增长。每次门店赔本赚吆喝时，这个客户就来囤货，但是绝对不会购买其他没有折扣的东西。因此，常常是规模适中、忠诚度更高的客户对公司的价值更高。所以，公司就要好好研究怎样给它们提供更好的服务，从而提高净现值。如果公司以提高净现值作为考核奖励基础，那么员工就有动力去寻找更多适合公司战略的客户和产品行业，并且会时刻以提高公司价值为目标而工作。

Allstate 对公司定价结构的设计就是为了能吸引更多高净现值的顾客——购物越多的顾客通常越忠诚。[22] Capital One 也在找寻这类顾客。[23] 这里的关键问题在于，由于有一些行业领域确实比另一些更具吸引力，因此传统战略认为有必要明确选择进入的市场领域。但其实市场总是在不断变化的，因此战略也必须要跟得上改变的脚步。如果员工在发现了最具战略吸引力的领域后能得到公司的奖励，那么他们就是在把战略往正确的方向上引导。Capital One 在 2000 年经济危机时，之所以能够快速摆脱次贷顾客群，再转向更具吸引力的顾客群，就是因为它看中的是净现值。我们会在**第六章 为什么需要智能的结构**中进一步对战略成功和考核奖励制度的统一进行探讨。

战略就是学习

聪明的公司总是在实践和失败中总结经验教训。很少见到灵光一现的奇迹，一拍脑袋就能制订出细节完备的新型业务模式。但 Capital One 可能还真是其中一例，它大部分的运营行为都是按照公司的原始业务规划进行的。但是对大多数公司而言，刚开始时都只能搞清楚自己应该努力的大方向，在有了合适理念之后才开始寻找合适的路径，然后不断在发展的过程中巩固这个想法，并最终付诸实施。

沃尔玛的初始理念认为，销售打折的品牌商品是更赚钱的零售业领域；除此之外，在早期它也不知道到底应该做什么。因为竞争不太激烈，于是它旋即首先在小镇开设门店，然后碰巧发现这个点子不错。但是，刚一开始做出这个决定时完全是因为创始人的太太不愿意去大城市生活而已——并不是基于某些盲目的战略想法做出的决定。[24]一旦从中总结出经验，这就成为业务模型的一部分。

沃尔玛建立专有仓库和分销系统的速度也很快，这最后都成为公司竞争优势重要的一部分，但是最初做这个决定也是因为它之前的供货商无法向其位于偏远小镇的门店提供稳定货源。于是沃尔玛再一次总结经验，并将其整合进自己的业务模型中。同时，沃尔玛也仔细观察竞争对手 Kmart 的一举一动，效仿它的成功经验，避免它的失败轨迹，完全把主要竞争对手当成了一个低成本的研究目标。

沃尔玛的学习目的性很强，并不只是"什么方法都拿来试验，找到有用的重复用着就行"，但是这种探索道路的成本非常高。它总是在收集数据、寻找市场上有吸引力的定位，也总是在询问顾客的需求。[25]它一直在寻找可以增强内部仓储和配货能力的方法。但是，它也明白一切尝试都只是测试，必须要以谨慎的心态对待，仔细找出有用的方法，淘汰没用的方法。

个人学习需要能准确反映公司业绩的能力，并且要收集反馈意见寻求进步。如果我们不能承认自己的错误，就不能从错误中学习。但是如果只有从错误中才能学习，那就太不幸了。其实不管是好是坏，我们从每次经验中都能学到东西。如果成功，一定要庆祝，但是之后也要问问自己："我怎样才能做得更好？"如果失败了，就要做到下次不再犯。

集体学习所遇到的挑战有很多都类似个人学习的过程。在公司犯错误的时候，人们经常会找一个替罪羊，而并没有认真诚实地反思原因。但其实少有错误是由个人行为而导致的，这里面总是多多少少有集体或公司的责任。公司必须要花时间反思自己的表现，不论是好是坏，都要总结经验教训，然后找到改进的方法。

然而，短期的战术问题对战略思维起到的负面影响之大也是非常令人咋舌的。我还清晰地记得，某天起床之后我突然意识到自己在过去六个月里都在忙着救火，却从来没有从战略的角度去思考到底问题出在哪里。我本是一个勇于开诚布公的战略家，所以这让我自己非常焦虑。就是从那个时候起，我开始实践5%原则——每天花5%的时间思考战略，用剩下的时间实践战略。IBM也同样遵守5%原则，[26]公司的高管团队每个月都要花一天来讨论战略。丹纳赫公司也会每月都做一次战略回顾。[27]这固然成本高昂，但是管理层最重要的任务就是能切实引导公司走向正确的道路。很多公司尚未采纳5%原则，只是在出现重大（通常也是可预见的）危机之时或在每次年度会议上才会考虑战略问题。这是远远不够的。

在这个瞬息万变的世界里，只有快速学习才是正道。战略只有在竞争对手还给你留有情面时才有用。美国陆军事后审视项目（After Action Reviews, AARs）的目标就是反思学习。[28]从排一级往上，部队里都要坚持使用事后审视项目回答四个基本问题：我们要做什么？到底发生了什么事？为什么会发生这件事？下次我们应该怎么办？加州莫哈维沙漠游击战演习的一部分就是训练整个部队进行事后审视项目反思。士兵的一举一动都在摄像机的监视下进行，打出的每一发子弹都会有记录，因此在全过程中没有任何一个细节可以隐藏。这样训练部队的目标就是希望他们能掌握集体学习的方法，才能适应伊拉克和阿富汗等战区瞬息万变的情势，并做出快速回应和适应。赌注虽高，但是拒绝学习的后果往往是致命的。

领导高智商公司的前景

智能公司总是以改进战略、确保长期成功为目标。但是如果领导层短视，就会导致公司只注重短期行为，而忽视长期利益。

在过去的 20 年间，总裁任期变得越来越短。[29]那些每五年就要更换一次总裁的公司其实应该考虑延长总裁任期，并且加快改变速度。公司必须打破思维定式，不能再只认为总裁的工作仅限于开发和执行战略，然后就可以撒手不管。这样只会得到周而复始的跌宕起伏。总裁最重要的任务其实是形成并维持公司长期做出改变的能力，并且依据公司的竞争优势来打造竞争环境。

业界有一个普遍存在的谬误，都以为引入公司外部人士的观点并频繁更换总裁可以加快改变的步伐。[30]大多数新到任的总裁都会新官上任三把火，但是他们很快就被公司里的老派势力所影响，逐渐丧失斗志，尤其是在自己还并不完全了解公司的情况下更是容易被人左右。不论是居功自傲，把一切成绩都揽在自己身上，然后继续前进，还是利用公司的资产基础制造出业绩蓬勃的假象，都是非常有讽刺意味的。

仅在几年之内就想改变一家大公司的困难程度可想而知，因此，大多数宣称自己已经取得转折性胜利的公司都或多或少有些夸大其词。但那些在任时间较长的总裁确实有足够的时间来实施多轮重大战略调整。他们不会以牺牲公司的长期成功来换取短暂的利益，而是会从自己的错误之中总结经验教训，深刻认识到正确的处世方式。为了能打造出一家智能公司，促进改变并不简单地等同于设置一个随时能变动的日程安排——这不但让人捉摸不透，还会减少员工的动力，而是要鼓励公司全体员工欢迎战略改变，追求更好的长期业绩。

小结

中等战略智商和高战略智商的基础相同，两者都需要清晰的成功战略以及相应的衡量标准进行考核，也都需要在出现问题时做出战略调整的能力。但是，所谓出众的战略智商，其实是在需要做出战略改变时反映在思维中的一种不同态度。

具有中等战略智商的公司会在有需要的时候才执行战略。对它们来说，关键问题是改变的时机。而这个问题并不会困扰具有高战略智商的公司，因为它们总是在改变。高战略智商的公司永不会满足于当前的业务模型。公司里每个人都在寻找战略上的提高空间，总是在寻求改进。他们受有意义的崇高目标激发，不断追求更好的业绩，总是寻找方法改进当前业务模型，还愿意投入时间和资源测试激进的新方法；他们找到了很多战略选项，也开发了卓越的决策流程支持做出战略选择；他们会关注和战略成功有关的衡量标准以及奖励制度来促进公司内部的不断统一；他们走在行业的前沿，时刻做好改变的准备，并会总结经验教训。

为了从中等战略智商转向高战略智商，公司应该更进一步地推动自己的战略审视项目，严格测试当前的业务模型，看是否能够打破现状，找到更多的改变机会和具有创新意义的新业务模型（见图5-3）。同时，还应该不断改进自己的战略改变过程来降低成本，并在实践中进一步优化这个过程，让它变得更好、更快、更智能。最重要的就是，公司应该将所有员工都纳入培训体系，并在全公司做出协调整合，将战略智商分散至整个公司，从高管层到一线团队，方方面面都覆盖到。

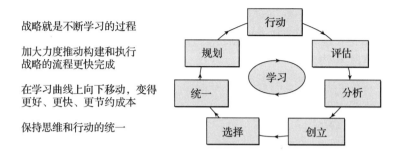

战略就是不断学习的过程

加大力度推动构建和执行
战略的流程更快完成

在学习曲线上向下移动，变得
更好、更快、更节约成本

保持思维和行动的统一

图 5-3　战略就是不断学习的过程

注释

［1］Wells 和 Haglock（2005）"The Rise of Kmart"。

［2］Wells 和 Haglock（2006）"The Rise of Wal-Mart"。

［3］Porter（1996）认同公司在某一点上必须牺牲差异化和低成本才能实现的效率界限。这可以借助科技实现。

［4］同［2］。

［5］Grove（1996）。

［6］Ghemawat 和 Stander（1992）。

［7］Pande，Neuman 和 Cavanagh（2000）。

［8］TQM 解释。

［9］Anand，Collis 和 Hood（2008）。

［10］同［2］。

［11］Wells（2005）"Best Buy Co.，Inc"。

［12］Wells，Lutova 和 Sender（2008）。

［13］Wells，Dessain 和 Stachowiak（2005）。

［14］Glassman（1991）。

［15］Ortega（1998）。

［16］同［12］。

［17］IBM 总裁塞缪尔·J. 帕米萨诺（Samuel J. Palmisano）先生的公开信《IBM 人的工作价值观》，参阅网站 http://www.ibm.com/ibm/values/

us/，2011 年 10 月 30 日。

[18] Wells（2005）"Whole Foods Market, Inc"。

[19] Wells 和 Anand（2008）。

[20] Paparone 和 Crupi（2002）。

[21] Chesborough（2006）。

[22] Wells（2008）。

[23] Wells 和 Anand（2008）。

[24] 同 [2]。

[25] 参阅 Garvin's（2000）关于三种类型的公司学习的讨论。

[26] IBM 的 5% 战略。

[27] 丹纳赫公司案例。

[28] Wells, Hazlett 和 Mukhopadhyay（2006）。

[29] 这部分是由于股市的短期压力。股东行动主义的兴起也导致了总裁任期的缩短。

[30] Bower（2007）。

Strategic IQ:

Creating Smarter Corporations

第二部分

智能的结构

第六章

为什么需要智能的结构

公司结构不仅仅是一张简单的组织结构图

想要有效地执行战略，公司就必须有正确的结构。[1]如果一家公司想要改变自己的战略，那么也同时需要有足够的能力来调整公司的结构使之互相匹配，但是这绝非易事。公司高管普遍都在抱怨，行业竞争之所以让他们烦恼，其实并不是缺乏新的战略，而是公司的结构缺乏灵活度。想出新点子容易，但是把它们变为现实就困难得多。所以，结构能带来很多惰性。

理论家认为，公司必须首先要决定自己采取什么战略，然后才能开发一套对应的结构来支持配合；而实践家则往往更注重做出结构调整所需的时间、金钱和精力。[2]大型公司的结构都是非常复杂的。[3]一家财富500强规模的大型企业若进行重组的话，往往会花费数亿美元和几年的时间。因此，在做任何结构调整战略的选择评估时，只有傻子才会忽视成本和时间因素。从这个意义上来说，结构永远能在某种程度上决定战略。

改变的"开始—结束"周期

从逻辑上讲，公司应该在转变决策之前先留出一段时间，考察该战略是否能带来一些经济效益，然后再开始行动。当维持原有战略不变所带来的损失等同于着手进行改变所发生的成本之时，就是采取行动的时机。但是，阻止改变的力量常常不符合逻辑。公司往往等待的时间过长；通常直到危机到来时人们才有采取行动的动力，只有到这个时候大家才能不再争论其他方案是否可行，只关注一个方法，然后付诸实施。

坐等真正危机的到来非常危险，到那时往往就很难再恢复公司原来的状态了。正因为如此，才有很多公司总裁会主动制造危机——创造一个"燃烧的平台"——来驱动重大变革。[4]一旦做出决定，公司就要沿着新路子走下去。大型公司会重复这个路子，通常是每五年调整一次，或是随着公司总裁的换届进而做出调整。短暂但是大动作的战略调整和重组之后，就是长期缓慢的执行阶段，在这个过程中，大家会逐渐淡忘竞争环境还是在不停变化的，于是公司就慢慢偏离了赢者的战略道路。

这个"开始—结束"周期意味着"战略—结构"组合永远不是最理想的。公司总是处在落后状态，所以必定会为此付出代价。在一个变化缓慢的竞争环境中，代价可能不大；但是变化的速度越快，代价就会越高。

智能的结构

经常性重组可以降低每一次改变的成本，但是如果一年就要做一次重大重组的话，甚至连最无所畏惧的企业领导者都会被吓倒。

如果公司采取一个完全不同的方法来解决问题，会出现什么状况？

如果公司的结构设计本身就容易进行改变呢？这不但能减少惰性，还能让公司结构更具灵活性。

如果公司愿意投资于长期改变呢？只要使用这些资源能够带来回报，就能把结构惰性"免费"降低到零。

如果公司结构本身可以进行自我组织，能够随着战略的变化而做出智能、自发的改变，不需要高管层投入精力和注意力做出人为的改造，结果又会怎样呢？这能节省他们大量的时间，使他们能够把更多精力放在战略上。

如果结构的确能驱动战略改变呢？这时候不但结构惰性可以降低到零，结构本身也有助于减少战略惰性。

怀疑论者可能从直觉上就认为构建这样的智能结构势必会付出高昂的代价，因此必须要做出巨大投资才能改变公司内部的懈怠状态。[5]但智能战略公司的经验显示，只要公司能意识到自己可能改变的方向，这类智能结构大多数都可以提前做好"预设置"。比如我们之前也提到过，Capital One 提出每年都要在市场上测试超过 50 000 个有关信用卡产品的新想法，其中上千个都能迅速完成。传统信用卡行业是分不同领域的，因此几乎不可能达到这种效果，但是 Capital One 的企业结构具有高精度的团队自我组织能力，所以才能保证这个战略得以执行。[6]

精密的设计可以创造出高水平的智能结构。事实上，由于结构和系统开始采用元件组合的设计方法，[7]改变的成本已经大幅降低。这种设计思维的转变类似于 20 世纪 70 年代的质量议题，当时大家认为用于提高质量的额外投资成本可以通过全公司的利润增加而快速收回。[8]如果设计和思维模式正确，智能结构的成本效益会非常高，从而保证了长期改变模型在经济上的可行性。

本书的第二部分提出了智能结构的概念。我们将探讨什么样的组织结构会给公司的改变带来障碍，也会找出合适的方法提高它们对外部竞争环境反应的灵活度。

智能资产管理

为了搞清楚结构惰性的原因，我们必须要抛弃过于狭隘的眼光——公司结构并不简单地等同于一张组织结构图。我们应该看到所有妨碍改变的结构元素。公司所投资的资产能明显限制它做出改变的能力。一旦做出资产投资，大多数公司都无法潇洒地放弃一切，对它们来说重新开始的代价实在太高。[9]因此，当前的资产基础会影响战略选择，也会阻碍变革。在**第七章 智能的资**

产管理中，我们会指出一系列公司会投资的资产以及做出这些投资决定的逻辑所在，强调了**培育**影响公司长期成功的关键资产的重要性，也会研究在竞争环境发生变化时资产又将如何阻碍公司的发展。解决这个问题的方法我认为有两个。首先，使用**简化资产**，即完全不做资产投资，仅仅使用别人的资产；其次，使用**灵活资产**，即把资产设计在公司能力之中，灵活应对今后可能会遇到的各种潜在改变。

正式架构——指点架构迷津

我们现在来把视角从资产转向架构，也就是公司整合资产产生价值的方法。我们使用"架构"这个词语，而不是"组织"，是因为大家经常会把它和公司组织结构图画上等号，其实组织结构资产的含义远比一幅图丰富得多。架构是由许多能产生惰性的元素彼此关联所组成的。它们组合起来时能产生非常惊人的力量来阻碍变化的发生。

为了降低这项挑战的难度，在**第八章 正式架构**中，我们会逐个审视正式架构中的重要元素。我们要看看每个元素将怎样创造价值，为什么它们会受到惰性的影响，怎样才能克服这个问题。在**第十章 走向智能型结构**中，我们会探索进一步整合的方法，但是在这之前，需要先在**第九章 非正式架构**中搞清楚非正式架构的作用，然后再进行讨论。

在第八章中，首先从公司组织结构图入手，看一看它所表示的"三 R"元素：职位（Role）、职责（Responsibilities）和上下级关系（Reporting Relationships），将会讨论公司正式组织结构的逻辑并找出其局限性。我们并不赞成大而整的结构以及中央集权化的"指挥—控制"方法，而是主张把公司分成不同的**战略业务单元**（Strategic Business Component，SBC），并将战略智商和结构智商分散在各个单元之间——以目标为出发点的公司。我们也会讨论到项目管理结构的合理扩张——以机会为出发点的公司。

之后转向业务流程。如果说"三 R"关注的是谁负责什么工作，那么流程的侧重点就在于工作的完成方式。我们会讨论正式流程的好处、带来的惰性，以及克服惰性的方法。这就需要降低以目标为出发点的公司中各个流程之间的依存度，构建适度的改变流程的能力。

把更多的战略智商和结构智商分散到全公司就意味着要雇用合适的人，并且培养他们合适的技能。因此，我们单独列出了开发人力资产基础的流程以提醒大家注意。本书的**第三部分 敏锐的头脑**中会对这一话题做更进一步的探讨。由于我们也想鼓励正确的改变，所以自然要注意考核标准和奖励系统，而且还要意识到奖励必须要和公司的长期战略成功保持高度一致。

信息和通信系统是第八章中讨论的最后一个架构元素，它能把一切联系起来。事实上，有效的沟通对于协调诸多个人行动来说起着关键作用，能借此来实现共同目标。同等重要的就是寻找出多种选择并以此带动每个人的行为、增强动机。为了能更快对变化做出回应，公司必须要借助通信系统，它的作用不仅仅局限在通知大家公司里发生了什么事情、发布条例和指示，而是能完成更多更重要的任务。在这个变化万千的世界里，战略决策是分散在整个公司里的，因此作为重要的学习载体，通信系统必须要能够支持改变，所以公司高管必须要让自己具备**从沟通中学习**的能力。[10]

然后是信息系统，它能让公司变得更智能。事实上，本书中提到的众多智能公司都是依靠信息系统实现了出色的战略智商。但是，信息系统也可能会给改变带来巨大障碍。我们认为，信息系统的设计必须能够**支持改变**，要使用以目标为出发点的架构，并且和流程设计方法统一。[11]还必须要鼓励一线团队主动进行改变，而不是只满足于告诉其应该怎样改变。我们也要小心那些内部信息架构已经处于失控状态的公司，而且永远不要把公司中枢神经系统的控制权交给局外人。

非正式架构——利用社会机制

正式架构中的大部分事物都得通过公司的信息系统完成，改变起来已是相当困难了。那么，又怎样才能改变一个没有文献记录而且还几乎隐形的东西呢？当然，我们完全可以忽略它，而且很多公司也确实因为难度太大而忽略了它。但是当非正式架构和公司的目标相冲突时，它就会成为公司成功的一大威胁，所以这是个必须要考虑的问题。如果处理得当，它也能带来巨大的机会——因为它不需要太多有意识的努力就能形成，不需要正式结构的支持就能运作，而且还能快速适应环境。非正式架构完全能成为强有力的改变武器。

第九章 非正式架构中引入了神经学、进化生物学、人类学以及社会心理学知识，试图探寻能帮助构建非正式架构的人类行为。我们希望能理解非正式架构，并将其与正式架构进行统一，从而创造出一个更加智能、适应力更强的公司结构。

即便我们认为自己都在有意识地控制自己的命运，但是大多数情况下还是以非常可预见的方式——社会机制——来决定我们的行为。这些下意识的行为赋予了我们与人合作的能力，从而形成高效的社区和网络。[12] 因此，我们进化成为更加高等的物种。我们不需要正式系统或程序来打造非正式架构，因为早已驾轻就熟。我们仅仅是把与生俱来的能力通过潜意识表达出来而已。

与正式架构类似，我们构建非正式的公司制度、开发非正式流程、招募并教育员工、制定成功的社会衡量标准，并找到有效的沟通方式。这个非正式架构可以补充甚至替代正式架构中的元素，不过也有可能会与其中的某些元素发生冲突。公司的目标一方面就在于要让它成为正式架构的补充或替代成分，使公司结构更加智能；另一方面在于避免两者之间的冲突。

如果我们没办法有意识地看到非正式架构，那又要怎样才能利用它呢？首先，我们必须承认它的存在，并且张开双臂热烈欢迎它。然后我们需要决定的就是如何才能获得最佳的竞争优势。

以流程为例。方法之一就是尝试以文献的形式记录非正式流程，然后重新设计，提高效率。但是，在变非正式为正式的道路上也充满了挑战，而且一开始执行新流程，它们就会受到执行团队的修改和改造，于是又变回了非正式流程。这样看来，似乎鼓励非正式架构的自我改造，而不是费劲地走完所有这些冗长烦琐的过程会更有意义。

有没有什么方法可以让我们提高非正式架构的能力、提高效率呢？或许给非正式架构内部加速是一个可行的办法？其实只要使用社交网络技术（Social Networking Technology，SNT）就能实现，它能大幅提升我们的社交活动能力，同时也从多个方面对公司、机构和社会组成的有机整体进行重塑。员工总是在使用社交工具，公司如果忽视它，风险是极大的。倘若公司认识不到它强大的能量，也不知道该如何利用它，那么就会发现员工使用社交工具的方式是不符合公司利益的。

让智能结构更上一层楼

前文已经指点了公司架构迷津，也学习了怎样利用非正式架构，我们将在**第十章 走向智能型结构**中探讨不同公司所表现出来的不同水平的战略智商（见图 6 - 1）。最底层的公司无法构建内部统一的正式结构——结构中的各个元素之间互相冲突。最常出现的问题就是，公司期待员工完成一项工作，但是所执行的工资制度却在鼓励他们走向完全相反的方向。还有一些公司虽然有内部统一的正式结构，但这个结构却和公司战略并不吻合。这时公司结构通常会占上风，把战略引向一个出人意料的方向。

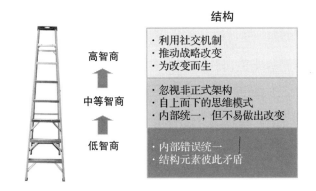

结构

- 利用社交机制
- 推动战略改变
- 为改变而生

- 忽视非正式架构
- 自上而下的思维模式
- 内部统一，但不易做出改变

- 内部错误统一
- 结构元素彼此矛盾

高智商

中等智商

低智商

图 6 - 1　攀登战略智商阶梯

具有中等结构智商的公司会努力去实现战略和结构之间的统一，但是它们进行结构调整通常使用自上而下的方式，而这种方法的实践难度非常大。比较聪明的公司会寻求员工帮助，把结构智商分散到整个公司里。最聪明的公司会充分利用社会机制来帮助实现目标，创建完美的正式架构。

最后，我们把所有东西都放在一起，从中找出调整正式架构的关键步骤来提高结构智商，同时充分利用非正式架构。

任何重大改变都应始于对考核奖励系统的调整。公司如果希望能对战略改变做出迅速的反应，就应该奖励每一个对此做出贡献的员工。奖励是一种非常有效的鼓励机制，不论正式架构所要求的是什么，都能借助它来统一行为。如果当前的正式架构会产生阻力，那么人们就会重塑非正式架构来完成相应的工作。

当然，使用这种方法也可能会导致非正式流程和正式流程之间错误的统一，这也将带来浪费并制造紧张气氛。因此，公司必须要鼓励一线团队采用与战略计划更相符的创新流程来避免这些问题。他们需要"能改进流程的流程"才能达到目标。

当今世界，流程之间都是高度相关的，解决公司系统中的某一部分问题可能会给其他部分带来更多问题。为了减少类似的副作用，我们建议使用以目标为出发点的设计方法，对公司进行重组，分成部分相互依存的战略业务单元，以此降低各个单元之间的相互关系。应该鼓励每个战略业务单元自行改造，快速根据自己所处战略环境的变化而做出调整。

为了协调战略业务单元，公司应该寻求规范性强的市场和建立社会协调机制，双管齐下，保持各个战略业务单元之间的统一协调性。当使用市场机制时，高管层的角色就从"指挥—控制"变成了市场的塑造者和规范者。当使用社会机制时，他们就变成了社会工程师。

为了能更有效地使用这个方法，公司必须重新招募一批职业经理人并进行严格的培训，让他们从战略的角度经营战略业务单元，管理一线团队。他们必须能够发现新的商机，做出对公司最有利的决定，不断引领变化，并培养公司员工。

考核奖励制度也必须要能给战略业务单元和高管层一个明确的框架，让他们知道每个战略业务单元应该实现什么样的业绩，各个战略业务单元也应该根据业绩得到相应的奖励。然而，上述所有工作都需要一个灵活的信息系统的协助才能完成，它不但能适应每个战略业务单元的需要，同时还能给高管层提供清晰的概念，让他们轻松了解每个战略业务单元的工作状态，以便腾出宝贵时间，专注于履行股东交给他们的职责。

这样的结构能让公司充分利用社会机制。如果每个战略业务单元都按照社会机制的范围而设计运营，那么它自然就会成为一个社会机制单元（Social Mechanic Component，SMC）。此时，就已经在系统中成功嵌入了非正式架构和正式架构，并且完全实现了统一。通过打造环境、加强规则、鼓励行为，创造了加强社会机制元素的条件，管理层因此就能在战略业务单元中将社会机制的作用发挥到最大。

社交网络技术可以让这一切变得更高效，提高可用战略业务单元的规模和地缘范围。另外，社交网络技术还能记录非正式的交流活动，让高管层在履行股东所托的职责时有可参考的依据。

在整个过程中，公司若想避免结构惰性，就应该要找到一个资产投入最少的业务模型，而且只投资灵活资产，实现可变成本。

注释

[1] 有关公司和环境、战略和结构之间关系的早期讨论，请参阅 Chandler（1962）、Thompson（1967）、Lawrence 和 Lorsch（1967）、Galbraith（1973；1977）、Miles 和 Snow（1978）。近期文献请参阅 Nadler 和 Tushman（1997）。

[2] 任何怀疑大型公司不易做出改变的人都应阅读 Rossbeth Moss Kanter 关于领导力挑战的讨论。参阅 Kanter（1982）及 Kanter、Stein 和 Jick（1992）。

[3] 有关公司设计的早期理论集锦，请参阅 Pugh（1971）。Galbraith（1973；1977）和 Mintzberg（1979）详细阐述了正式架构的复杂性。Hall（1972）讨论了正式架构和非正式架构之间的平衡。Morgan（1986）从八个不同角度对公司做出了定义。

[4] 关于引领改变的内容请参阅 Kotter（1996）。

[5] DeMarco（2001）；Nohria 和 Gulati（1996）。

[6] Wells 和 Anand（2008）。

[7] 有关基于单元的行业结构设计所带来的灵活度的讨论，请参阅 Baldwin 和 Clark（2000）。Fairtlough（1994）指出了基于单元的行业结构的优势。Brown（2000）讲述了其在大型软件公司中的应用。Taylor（1995；1998）的关注重点放在了业务流程设计方面。

[8] Cosby（1979）。

[9] Ghemawat（1991）谈到了战略选择的必要性。基于资源的战略观点特别指出了公司的资产和其能带来何种竞争优势，详情请参阅 Hamel 和 Prahalad（1989）；Montgomery 和 Collis（1998）。

[10] Argyris 和 Schön（1978）；Argyris（1990）。

[11] Cockburn（2002）；Taylor（1995）。

[12] Clippinger（1999）。

第七章

智能的资产管理

增加资产灵活度的途径

简介

公司买入资产、整合资产都是为了确保未来能获得回报，是一种用现在的钱投资从而在未来盈利的行为。因此，这包含了两个基本问题。第一个基本问题是，公司如果不做充分的资产投资会有什么后果？即使公司的短期业绩表现不俗，其发展的可持续性仍值得怀疑。这就是"从资产负债表中偷窃"。如果公司固执地坚持这种行为，那么受损资产的修复会逐渐到达自己都负担不起的地步，然后等待它们的就是失败。致力于实现智能资产管理的公司往往首先会找出哪些资产在公司的长期成功中起着关键作用，不论短期内会遇到什么挑战，都会悉心培育这部分资产。

由先期投资带来的第二个基本问题就是它所包含的风险大小。投资行为都是依据对未来的预测做出的。但是万一预测结果有误呢？钱一旦花出去就基本上不太可能收回来。这时，公司就会掉入资产陷阱。经济逻辑、财务报表和员工情感都会以不同的方式让公司掉入这个陷阱，但结果都是一样的——惰性。我们会讨论公司怎样才能将先期投资最小化，并实现简化资产。当的确需要做出投资的时候，我们要研究一下怎样能使这些资产更加灵活，在变化的环境中时刻保持活力。

资产的性质

大家通常都会把"资产"这个词语和工厂、设备等联系起来，但是在本书中我们给了它更广的定义，包括了有形资产和无形资产——几乎就是公司当前所拥有的一切——是可以创造价值的资源（见图7-1）。[1] 显然，它包括实体资产，比如工厂和设备。而声望资产也是至关重要的，比如品牌，也能打造并保持公司的竞争优势。质量、诚信、良好雇主的名声也都弥足珍贵。财务资产包括现金、营运资金和债务资本。知识资产包括专利和流程知识。人力资产通常都在公司的年报中被定义为最重要的资产，事实也往往确实如此。

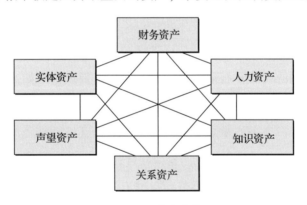

图7-1　资产分类

各类资产之间其实都存在类似的经济特点。它们都含有先期现金支出，能保证在未来产生现金收益。如果预期的现金收益贴现价值超过了先期现金支出，那么这个投资就是正确的。公司应该每天都做这样的投资。

资产记账方法

虽然资产的经济特点都极为相似，但它们的记账方法却存在着极大差异，这也将会影响公司的行为。

建立无形资产（品牌意识、客户关系、知识产权等）的成本通常都在投资当年的年度报表中勾销。因此，虽然这笔巨大投资能在将来创造收益，却降低了当前的盈利水平。具有讽刺意味的是，公司预期的成长速度越快，它们报告上所体现出的盈利就越低。也就是说，当盈利看起来不尽如人意的时候，公司可能会禁不住诱惑，为了让眼下的财务报表看起来漂亮一些，很容易选择减少对于长期可持续发展的投资。即使是在医药等行业中，虽然研发的投入在很大程度上决定着公司的长期命运，但是也不乏证据显示很多公司的投资水平都与其短期利润高度相关。[2]这并没有任何长远的经济效益。公司应该悉心打造这些资产，以服务于长久之计。

工厂、设备等有形资产的投入作为先期支出，会体现在公司的资产负债表中，并且随着资产的使用而产生折旧。之所以存在折旧费用，是希望资产的成本和所产生的收入实现统一，让管理层和股东认为在任意一个给定年份里，公司所得到的利润看起来都是"公平"的。资产的原始成本减去其全部折旧损失，就约等于资产负债表中的剩余价值。

当某项资产在未来产生现金的能力由于竞争环境改变而降低时，这种损失应该体现为资产负债表中的资产价值减计（反之亦然）。当某项资产的服务期限已过，就应该勾销其剩余价值。资产价值减计和勾销都会产生大额一次性费用，并降低公司利润，通常由于数额较为可观，管理层都不太情愿这么做，害怕股东的反应过大——他们宁可瞒报价值的变化。由于资产估值的主观性因素很高，大多数会计标准都没有对公司整改时的账目做太高要求——除非是有重大结构调整等大型事件发生。[3]因此，在大多数公司的资产负债表中，资产的账面价值都和经济现状没什么太大关系。公司也可以继续使用价值低估的资产，虽然在亏损，却能在会计上实现盈利。一旦需要更换资产，不得不暴露真实状况时，这一招就不灵了。同理，公司也可以降低资产价值，营造出未来价值流难以实现的假象。不论是采用哪种方法，公司管理层没有做出对经济现状及时有效的应对，就势必会产生惰性。

我们首先将谈到不培育资产所带来的问题，并且找到消灭这些行为的方法；然后把话题转移到资产陷阱上——对竞争环境中并非最佳资产甚至老旧资产的投资。我们会讨论到使用**简化资产**——让别人来投资并承担风险，以及**灵活资产**——巧妙地设计资产，保证它能适应潜在的改变。这样，我们就会在不同类型的资产中都充分运用资产培育、简化资产以及灵活资产这三大原则。接下来，我们将向固定成本宣战。一项固定成本流对应着一项开支，因此就必须有某一收入流为其提供资金。这项成本和资金收入越接近就越好。最后，我们会讨论把资产陷阱变成商业机会的方法。

培育战略资产

资产中富含的各种价值都有可能变成竞争优势的来源。比如，公司可以通过投资超大规模工厂、最先进的技术、一流的运营手段等实现制造成本优势。如果这个成本优势是公司的关键竞争优势，那么就需要悉心培育。不能仅满足于一个超前投资的成功——竞争对手都很"讨厌"，总是会设法迎头赶上。因此，公司管理层必须不断地改善公司的软硬件配置，努力找寻新的方法，提高运营效率，并且始终保持在较高的水准之上。

但判断部门经理工作的好坏也并不总是以此为标准。提高工厂盈利水平最简单的方法就是削减维护费用。如果可以通过奖金或升职的方式给予奖励，就等于是在鼓励这种行为。从短期看来，对未来的投资并无法给公司带来好处。因此，如果做短期决策的人不会长期留在公司里，那么他们就不用承担长期后果。这其实创造了道德危害的条件——会产生非常大的诱惑，让管理层在资产负债表上作假，并且夸大收益。

美国超小型钢厂集团 Nucor 的竞争优势主要来自业内最高的成本效率。公司开出的员工工资非常可观，每间钢厂的经理都一心追求更高的生产率。曾有一年，某间钢厂的生产率高于集团下所有其他钢厂，经理本以为如此骄人的业绩能让他广受赞誉，结果却被炒了鱿鱼。这是因为管理层发现他为了追求短期效益而走捷径，削减了维护费用，虚报资产，破坏了公司的长期竞争优势。然而，并不是所有公司都能做到如此赏罚分明——即使得到正确的结果，但是由于采取了错误的方法，高管仍会受到严肃处理。

对公司长期成功起关键作用的资产因为短期利益而被浪费，这是公司坚决不可以容忍的事情，必须要在公司政策层面上做出这种规定。无意中允许这种行为的出现，或者由于别人鬼鬼祟祟的行为所致，尚且还能说得过去。公司管理层应该首先确认自己的关键战略资产——公司需要借助这些资产才能获得长期的竞争优势，然后确保用恰当的方法悉心培育这些资产。这并非易事，尤其是在公司经营状况不好的时候。但是，一旦放松了资产培育，即使是短期行为，也会极大影响未来的利润流，甚至有可能会因此失去竞争优势。所以，必须要精心保护整个公司赖以生存的资产基础。

掉进先前决定的陷阱

经济资产陷阱

由于买入或组合资产的大部分成本都由公司承担，才导致资产陷阱的出现。因此一旦做出了决定，就必须接受这一沉没成本。贱卖二手工厂一般都只能得到建筑物或者地皮的价值；如果设备只能按照残值出售，那么就会永远无法收回安装成本。所以投资一旦做出，如此重大的损失就无法避免，绝无回头之路。

当出现成本效益更高的新技术时，公司往往就会陷入老旧资产的陷阱。这个时候，如果转向使用新技术能给公司带来的净现值为正，那么这个转变就是有意义的。但是如果得到的净现值为负，那么在经济利益的驱使下，公司就会继续使用效率较低的老旧资产，直到全部竞争对手都使用新技术之后，迫使公司退出此项业务。股东可能完全不会在乎——他们可以去投资那些已经采用新技术的公司。但是对于公司的管理层和员工而言，即使能在短期内做出不俗的业绩，也无法实现公司可持续增长的卓越业绩的目标。这时公司就会陷入真正的资产陷阱。

那么，怎样才能走出这种经济陷阱呢？是要管理层放弃公司本身的目标，完全为了股东的利益来运作吗？当然不是！要做什么事情完全是管理层的决定，不是投资人的决定，所以不要把公司重大事项的决定权交给投资人。要记住，股东的投资完全是根据自己的意愿做出的，随时都可能改变。所以公司投资一项新技术的唯一理由就是为了给除股东之外的所有人也带来更高的回报。如果真是这种情况，那么股东若仍希望在该行业分一杯羹，就必须把自己的命运和这家公司绑在一起。这就意味着公司必须要时刻保持在该项技术上的领先状态，保持能最大化利用科技创新。我们从中很明显能看出无形资产和知识资产的重要性。

延续使用旧有资产会让公司陷入困境——即使现在已经有了更好的解决方案，它们也还是会在同一种类的资产上做出更大的投资，这就是典型的逻辑渐进主义。好钢没用在刀刃上！由于渐进的原因，旧有资产的单位增量因为可以和已存在的资产共担成本，所以增量成本相对较低。比如，如果航空公司的同一飞行梯队中有多种机型，那么其运营成本会急速增加，因此在航空公司购买了某种机型之后一般就很难再改用其他机型了。

那么，公司怎样才能避免陷入渐进主义的困境之中呢？这个问题并不容易解决，但是我们也可以后退一步，总览全局。如果只考虑单个决定，即使数量再多，从这个角度上也说得过去。但是如果把它们当作整体综合考虑，新类型的资产可能会带来更多条路。因此，公司关键就是要有长远眼光，能看到几步之外，思考转而使用新技术是不是可行。

财务报表资产陷阱

我们已经讨论过资产记账方式会对公司行为产生什么样的影响。在一个极端上，公司会出于对勾销的恐惧而放慢应有的资产投资进度；在另一个极端上，管理层会出于对短期盈利负面影响的担忧而减少对未来的投资。

公司勾销的项目大部分都是非现金项目，所以对勾销的恐惧可能也会有所降低。公司的首席财务官已经逐渐习惯在报告中把它们暗中称为线下的"特殊项目"了。事实上，有些公司的财务报表每年都在重复着这个"特殊项目"。相对高明一点的做法就是把众多现金支出贴上"重组开支"的标签，这有助于提高线上利润。它们都希望这样的报表还能让人们误以为这种成本是公司持续运营的必需支出！

而担心股东会改变投资意向的恐惧却真实存在。股东一般不会接受出现意外状况，尤其是会损害到自身利益的意外。对于高管层，承认自己的错误并非易事，因此也难怪他们有时会选择隐瞒。但在今天网络化的世界里，真相是掩盖不住的，而且任何试图隐瞒真相的行为通常都会带来更大的损失。人与人之间的信任一旦被破坏，就难以重建。新闻集团（News Corp）在 2011 年陷入电话窃听丑闻案就是活生生的例子。[4]虽然做到 100% 的诚实会很痛苦，却往往是最佳的方法。

和股东进行开诚布公的沟通能有效防止意外事件的出现，但是大多数公司都不愿透露太多未来的计划，否则就是在把自己的意图暴露给竞争对手。股东需要对管理层充满信心，在经营公司的过程中给他们足够的决策权。但是公司管理层也只有在曾经有过成功的经验和顺利完成各项任务的前提下，才能博得股东的信任，否则也是实属不易。[5]百思买还是比较幸运的，它曾经收购了娱乐唱片零售公司 Musicland，在其前途未卜之时，公司管理层由于之前已做出了不菲的成绩，因此得到股东的信任，才能够完全自主决定Musicland 的命运。2001 年，百思买以 6.85 亿美元的价格收购了 Musicland 及其门下 1 300 多家门店。当时公司的年收入是 19 亿美元，运营利润达 5 800 万美元。可是随后业绩出现急速下滑，到 2003 年时，收入已经降至 17 亿美元，亏损额高达 2.34 亿美元。百思买因此决定撤出，于 2003 年 6 月出让

Musicland。从新闻上看，当时百思买的股价上涨 5%，创下历史新高，价值增加 7 亿美元。很显然，股东都认为这个决定有利于公司的长远健康发展。

如果因为不利于短期盈利而放松对未来的投资，其实是在把公司推向非常危险的境地。市场完全明白今天投资明天盈利的道理，高增长公司的巨大市盈率增长就是对这一点的最好证明。2011 年 10 月，当时欧洲和美国都因政策因素不明朗而出现市场疲软，但是在这种情况下，亚马逊的市盈率仍超过100。[6]这就充分说明投资人对它的巨大信心，明白管理层是为了未来的利益在做投资。但是，媒体却始终在唱反调，不断批评其总裁杰夫·贝佐斯（Jeff Bezos）先生过多关注长期增长，而忽略了当前的盈利水平。

经济资产陷阱

我们之前讨论的经济资产和财务报表所产生的陷阱是建立在公司部门经理的逻辑行为上的，但其实他们也都是普通人。人类作为个体都不怎么喜欢改变，作为一个集体就更难下定决心改变了。公司一旦对自己长久以来的做事方式产生情感依赖，任何改变就都会引发负面的情感反应。我们会在**第三部分 敏锐的头脑**中对这个问题进行探讨。

使用简化资产——聪明之选

避免资产陷阱的方法之一就是不做资产投资。所谓使用简化资产，就是说要尽量把与战略无关的事务分包出去，但同时自己保留关键的增值战略资产以及重要的整合体制。这种做法的最高境界就是将所有非必需的事务都分包出去，而每个分包商又很难仅仅依靠自己就能拼凑出整个业务。各个分包商之所以能够存在于市场中，就是因为有一家公司能把它们所有的工作整合起来。香港利丰集团就是个典型的例子。[7]

虽然鲜为人知，但是香港利丰集团是时尚服装市场上不容小视的参与者。

其实在 2005 年到 2010 年，香港利丰集团已经打败了 Gap，成为全球时尚服装行业的领军企业。[8] 2010 年，香港利丰集团的营业额在 2005 年 120 亿美元的基础上激增，生产了大约 220 亿美元的时尚产品。Gap 曾经是全球最大的时尚服装零售商，但其销售额从 2005 年的 160 亿美元下滑至 2010 年的不足 150 亿美元。风靡全球的时尚连锁品牌 Zara，其母公司 Inditex 的销售额增长也非常有限，仅从 2005 年的 110 亿美元提高到大约 170 亿美元。虽然 Inditex 比 Gap 的业绩乐观，但和香港利丰集团比起来还是相形见绌。

时尚服装行业取胜的秘诀就是仅在库存中保有时下最流行的服饰，从而实现销售额的最大化，同时避免成本高昂的季末打折。零售商都希望能有一个完美的供应链，可以实现即时补仓，让它们不用等待几个月才能拿到货。香港利丰集团正是提供了这种服务。小型服装零售商只会给出比较宽泛的订货描述，但是香港利丰集团仅在几天之内就能给出一系列备选设计方案；一旦方案被选定，它就能在几周之内实现交货。很少有其他公司能做到比这更快的反应速度，因此零售商都愿意向它支付一定数额的商品溢价。这就让香港利丰集团不用自己拥有零售门店，也能从成功的时尚零售商那里分享到一定比例的利润。

香港利丰集团并没有生产服装，而是将业务分包给了 15 000 多家大大小小的制造商，并把它们全部放在自己的供应系统之中集中管理。众多制造商同时生产能大大提高交货速度。要保证最终产品款式的统一，就需要高度复杂的质量控制、信息通信和物流系统的支持。而且每当收到一批新订单时，香港利丰集团都要根据当前的成本和可用生产能力迅速进行制造商的最优配置安排生产——这是一个非常独特的流程。公司也会把相邻的几批订单安排给完全不同的制造商来生产，这样一来，小型零售商就无法跳过香港利丰集团和制造商直接联系。另外，由于订货量巨大，这些制造商 30% ~ 70% 的业务都给了香港利丰集团，所以它们的供货价格也颇具竞争力。因此，香港利丰集团虽然不具备生产能力，也能分享到生产环节的利润，这才是真正做到了简化资产。

就政策策略角度而言，香港利丰集团由于占据了每个制造商的大部分订单额，因而能够实现对其生产的控制。公司也很谨慎，并没有订购每个制造商100%的产品。这一来可以让制造商从其他客户那里继续学习，二来还出于公司其他的合理考虑。购买制造商的全部产品就意味着你必须要负担其全部成本以维持工厂的日常运营，即使在零生产的状态下也需要负担一定的成本，这样做就无异于拥有了这家工厂。如果允许工厂为第三方服务，就是在某种程度上提高了它的利用率，从而降低了总成本，就能通过缓和需求来产生经济价值。购买一家工厂绝大部分产品的最有利之处其实在于为公司保留了绝对议价权。若一家公司购买了某制造商100%的产品，并且迫使其价格降至总成本以下，那么这家制造商会最终倒闭。但是若只购买其30%~70%的产品，公司就可以和制造商协商，拿到低于总成本的出货价格。制造商为了能实现盈利，必须向规模较小的客户抬价，而这些规模较小的客户恰恰就是公司在市场上的竞争对手。让竞争对手为你的制造成本埋单，这是个绝佳的方法。

沃尔玛也使用了类似的积极购买战略来降低自己的采购成本。有趣的是，沃尔玛与香港利丰集团在2010年达成了供货合作协议。我们仍需一些时日才能看出来沃尔玛是不是有能力降低香港利丰集团的利润率。

制造商由于往往已经给自己挖了一个很大的资产陷阱，因此通常都做好了充分的心理准备，愿意给最大的客户提供一定的价格优惠。因为一旦工厂建好，就最好能充分运转起来。很多食品罐头和易拉罐饮料的金属包装生产商都正在遭受这种损失。它们会选择距离客户较近的地方兴建工厂，希望能够降低产品的运输成本。可是一旦工厂建成，来自客户方面的价格压力就会让它们喘不过气来，即使再节省成本也无济于事。然而，美国金属罐装公司（Crown Cork and Seal，CCS）的选址却总是会避免可选客户数量有限的地方，公司也因此在过去的几十年中获得了巨额利润。[9]

陷入这种资产陷阱的公司数量惊人。有时候公司仅仅是在做出类似投资时没有做到超前思考，[10]但通常这些可预见的意外[11]都是被故意忽略的，因为管理层可以从短期利益和公司的快速增长中得到丰厚奖金。比如，电子制造外包行业在 20 世纪 90 年代末期的发展非常迅速，多半是由于很多公司从知名制造商处收购了老旧工厂，并同意以承包商的形式进行多年的外包生产。但是，这些老旧工厂从本质上来说是没有竞争力的，所以当需要续约时，外包商就面临着工厂大规模重组甚至关厂的压力。很多外包商在初始投资计划中都没有料想到这种情况，因此蒙受了巨大损失。

有些公司总是宁愿使用自己的资产，总觉得这样就好像自己掌握着更大的控制权一样。如果这牵涉到专利技能或知识产权，倒也是完全可以理解的，为什么要把自己的竞争优势白白送给竞争对手呢？但是在大多数情况下，分包确实有分包的好处——尤其是如果公司就只希望获得工厂生产的控制权，但不想持有该资产的时候。香港利丰集团的总裁冯国经博士曾提醒过我不要混淆"控制"和"持有"这两个概念，否则结果会很危险。他认为很多公司虽然持有资产，但对这些资产的控制却十分有限。而他的目标是不持有资产，但掌握对其的绝对控制权，因此香港利丰集团所要寻求的就是控制而不是持有。

简化资产的基本原则是把资产投资的风险转嫁给第三方，尽量让全部成本成为可变成本，并且合理使用谈判权，最大限度地降低为此需要支付的溢价。由于这种业务模式的扩张成本也是由制造商来承担的，因此可以制造规模效应。比如，2005—2010 年香港利丰集团的制造商网络每年猛增上千家——没有一家需要公司做出资本投资。

使用灵活资产

但是，也并不是说一家公司总是依靠外部资产就能完全满足自己的战略需求。当一家公司不得不做出重大资产投资时，最好能提高这一资产的灵活性。韩国三星公司是全球领先的半导体内存芯片制造商，它在硅谷投资数十亿美元兴建装配工厂时就做到了这一点。[12]三星在设计这家工厂的生产线时，就考虑到了市场对上一代芯片和新一代芯片两种产品的需求。由于上一代产品几乎已经被其他公司放弃，所以三星就可以同时向新、旧两个市场供货。随着市场货源渠道逐渐收窄，那些不愿意转用新技术的公司就不得不向三星支付高昂的溢价才能获得上一代产品。

三星的芯片设计也是遵循了相同内核的原则，这就方便了客户进行个性化定制，从而让自己可以更好地适应未来客户的需求。因此，三星能够专门服务于一些特种市场，获得高额利润。资产本身的灵活度无法对每一个变化都做出反应，但是三星通过预测市场的下一步动向，沿着不同方向探索了各种"可预见意外"。

三星也在试图通过下一代芯片实现优先竞争地位，因为在其他公司效仿成功之前，市场价格还是很高的。这又能将公司置于学习曲线的第一位，从而降低成本。结果就是，三星通过规模效应降低了成本，又因为灵活的工厂设计和快速的市场反应得到了更优的价格。虽然这种灵活度是有代价的——三星投资了更多工厂，但是它所带来的价值不仅覆盖掉了成本，也创造了更高的价格。

有关灵活资产如何为公司带来财务收益，另一个典型例子就是大型电信网络中使用的交换机。这种交换机大部分的功能都是由所使用的软件而决定，因此得名"软交换机"。这些软件修改起来非常容易，可以适应不同的通信协议和网络设置。虽然设计这种电信交换机的成本比较高，但是如果对比权衡了硬件生产的规模经济效益以及交换机给顾客提供的灵活度，就会发现其实高成本也很值得。

灵活度的设计之所以不容易，很大程度上是因为公司不能准确判断自己到底更需要哪方面的灵活度，而这就需要卓越的市场智商来帮助实现。三星就下了大功夫仔细了解顾客对下一代内存芯片的需求。它也在努力对客户施加自己的影响，从而提高设计选择的潜力。三星的生存并不是仅仅依靠它的客户就够了，还要依靠它客户的客户——消费型电子公司。事实上，相对于其竞争对手，三星通常都能得到更多的信息，能充分了解消费型电子产品未来演化的趋势，这都多亏了公司下游蒸蒸日上的消费型电子业务。最终市场预测往往也都和知道大量相关信息之后所做的推测相吻合。想要获得更高的利润率，公司最大的挑战就在于比竞争对手获得更多的相关信息，并且设计一套灵活的资产，在出现任何不确定情况的时候都能做出调整。

简化营运资本

"简化资产"的好处也同样适用于其他种类的资产。营运资本就是其中一例。维持营运资本的成本极高，因此物流专家在过去的 25 年间也在努力减少供应链中的营运资本。沃尔玛[13] 长期以来都非常注重提高库存周转率。从 1975 年到 2005 年的 30 年间，沃尔玛已将其提高了两倍，而它的主要竞争对手 Kmart 和 Target 的库存周转率几乎保持不变。新的需求导向型业务模型的开发理念就是为了实现库存最小化，个人计算机生产商戴尔[14] 的接单定做流程和 Zara[15] 的快速供货系统都遵循了这个理念。这让公司对市场的变化能做出更好的反应。

在快速增长期间，公司对营运资本的依赖就创造了较高的现金需求，这有可能让公司措手不及。在 2003 年我以自己血的教训明白了这一点。当时我拿出了 5 万美元资助朋友的水果包装厂。厂子做得很成功，第一年的销售额就高达 500 万美元，但是利润率仅为 5%，营运资本的需求却是销售额的 25%，因此公司需要再募集 100 万美元的投资！有时候成功的代价是很高的。

负营运资本通常会被认为更具吸引力，但也存在着风险。负营运资本一般是客户在为尚未到位的产品或服务做提前支付，比如汽车保险行业或者旅行度假产品行业。如果产品销量极好，那么零售商在交货之前就能从买家手里拿到预付款，这在零售行业完全可以实现。这种业务增长速度越快，吸收到的现金就越多，公司也就越容易用这部分钱支持更高的增长。如此大规模的预付款也会吸引很多新手入行。但是一旦增长放缓，新增现金的源头就会慢慢收紧。当销售额开始下降时，就需要额外的现金来维持业务原有的状态。很少有投资人会看好一个正在缩水的行业，所以在业绩下滑时公司的破产风险通常很高。这就是为什么在汽车保险行业和旅行度假产品行业中会有很多失败的案例。在美国，也经常能看到评级公司宣布地产业和灾害伤亡保险业中数百家公司在竞争中都会大比例出现财务亏损。[16]

要实现简化营运资本，最理想的状态下营运资本量应该为零。如果一家公司以零营运资本运作，那么在评估营运资本的需求量时就不应该被增长率的变化所左右。此时设计资产的目的就是要让它不受到太多变化的影响。

财务资产

一家公司流动性最高的财务资产就是现金，但是公司也可以具有一定的负债水平，这能反映出资本市场认为其使用金融杠杆支撑资产负债表的能力。因此，未使用的负债能力也是公司的财务资产。很多公司都愿意完全使用自己的债务资产；但其实随着私募基金的出现，一些公司能接受的杠杆已经远远超过了合理范围。这类公司并没有做任何长远打算，而只是在冒险一赌，它们会在危机出现之前就把公司卖给新的投资人。

完全使用负债能力的公司在改变投资上的灵活性极低，此时唯一的出路就是进入资本市场筹集资金，还得碰巧是在公司经受压力、需要快速改变的情况下，而此时资本市场对公司的支持已经开始降低。我的首要原则就是，在不需要钱时自己反而不会缺钱。大多数总裁在公司面临利润压力时，其实都非常清楚公司应对改变的灵活度下降了多少。其实 2006 年百思买的总裁布拉德·安德森就表示，尽管公司引领市场的战略仍在，他还是已经带领公司进行了重大革新，之所以能实现如此重大的变革，就是因为公司当时没有面临任何利润压力。[17]

如果资本市场的效率当真很高，那么对于依靠资本市场获得资金的公司也还算有意义。希望 2008 年的全球金融危机能让大家最终放弃这个想法。就是因为资本市场的枯竭，很多运营良好的公司才会面临破产的危险。但这也并不是什么新事物，以往发生过多次金融危机，今后也还会出现更多的金融危机。公司若想在竞争环境中对变化做出聪明的反应，就应该把自己变得足够智能，通过储备财务资产来降低风险。正是因此，Capital One 才会去努力实现多元化，选择进入零售银行行业。因为公司可以借此摆脱对变幻莫测的金融市场的依赖，而借用低成本的储蓄业务为信用卡业务提供资金支持。[18]

公司有时会因为在资产负债表中对财务资产作假，夸大短期盈利，牺牲长期业绩而有负罪感。财务总监们也会谨慎思考需要体现多少利润，以便自己在资产负债表中常年隐藏其他利润，然后在年景不好的时候拿出来推高当年的利润——这就叫作平滑收益（Earnings Smoothing）。由于市场贴现会让收益出现浮动，所以很多公司用这种方法积极地"管理"公司收益，而不是简单做一份报表就算交差。[19]在一项调查中，超过 3/4 的被访财务总监都表示他们会为了实现平滑收益而牺牲长期价值。[20]Capital One 的总裁理查德·费尔班克（Richard Fairbank）先生也在抱怨，仅仅因为他们拒绝在财务报表上玩把戏，市场就低估了他们的股票。[21]

Capital One 坚持"水平会计"原则。公司里的所有事情都被看作是"今天投资明天受益"这一项目的组成部分。公司公开的财务表现仅仅是所有这些项目在一个特定时间内的垂直断面，而这个断面在很大程度上会受到当时的项目组合和项目成熟度的影响。有些项目比较成熟，可以分拆现金，而其他的项目仍处在投资模式。在某一特定时期内，公司丝毫不会觉得有任何理由通过改变投资比例来操纵收益。这样的调整只会让公司加速贬值，市场当然也会考虑到这一点。但不幸的是，大多数情况下市场并不具备如此的远见卓识，通常也就无法看透这种对公司收益的操控。[22]

平滑收益会引发诸多诚信问题，但也只有在公司营业毛利开始降低的同时，也为了制造出增长的假象而开始在资产负债表上作假时，才会真正损害公司的长期健康发展。公司的这种作假行为往往不仅欺骗了股东，也欺骗了自己，而且会最终导致无法及时对潜在问题做出反应。[23]于是公司的收益会崩盘，不得不经历一次痛苦的改变。但是只要能在财务报表上更加负责地反映公司的真实状况，这一切都是可以避免的。

人力资产

公司管理层总会在年报中不断强调员工是最重要的资产，这几乎已经成了例行套话。但是少有公司的实际行动也能切实反映出这一点，也少有公司能真正以战略的方式来管理人力资产。几乎很难发现哪家公司能真正知道其员工的净现值，或者能衡量出自己在人力资产上的投资回报比。[24]但是大多数公司都认同正确使用人才能够极大地提高公司业绩，也都承认培训在提高生产力中的重要地位。

如果一家公司致力于开发培养属于自己的人力资产，那么它就要悉心构建并维持一个健康的管理流程。我曾经有幸和一位著名的英国实业家共进午餐，在聊天中我问到他认为自己所犯下的最大错误是什么。他说正是在一次重大经济衰退的时候削减了招募人才的经费，这让公司在那之后长达15年的时间内都不得不面临管理团队的人员编制问题。

尽管人力资产上的投资能带来一定收益，但也不是所有公司都愿意找这个麻烦。有些公司仅仅招募一些有几年知名企业工作经验的人进来，简单培训之后就让他们上岗，利用几年，等他们斗志不高时再找一批新人来替代他们。可是一旦潜在加入公司的人才在入职之前就发现公司无法给他们提供长期发展机会，这一招就不灵了。

有时候公司无法开发人力资产其实并不是因为政策问题，而是因为个别内部人士在利用公司体制，钻空子为自己牟利。在很多专业服务类型的公司里，经理都会压榨团队成员，逼着他们去做无聊、无创意的工作，把每个人都弄得筋疲力尽，也不做任何努力帮助他们成长。这其实就相当于在破坏公司的人力资产。另外一些公司则完全舍得花钱培训员工，给他们提供具有挑战性的工作，教导他们、帮助他们实现自我，做出最佳业绩。这样一来，每个人的价值都会随着项目的完成而更上一层楼。如果公司希望得到高质量的人力资产，那就必须对有利于此的行为做出奖励，同时惩罚那些压榨公司人力资产的行为。

对员工的投入是一项高风险投资。招聘和培训员工都需要消耗大量的资源，而一旦发现员工不称职，解聘的过程则是又缓慢代价又高。由于优秀人才在市场上都非常抢手，所以如何留住人才也是一个大问题，需要付出很大的努力才能实现。另外，员工往往会拒绝改变。因此，人力资产会给公司创造很大的陷阱。

降低人力资产管理成本的方法之一就是使用简化资产，要尝试最小化公司里的人员数量。在业务负荷高峰时期雇用分包商进行协助就是一个不错的办法。在很多季节型服务行业里，诸如零售、农场以及酒店服务等，简化资产这一方法已经得到了广泛的使用，否则它们将无法存活。

如果有可能，公司还应该尽量防止员工数量的增长，并且始终都在当前的人力资产基础之上寻求更高的生产力。事实上，也往往存在着这种机会，能在很大程度上提高公司的生产力，这一点在管理结构中尤为突出。很多管理结构中都存在着80:20定律[25]——20%的工作创造了80%的价值。因此，公司需要一直通过施加合理压力来发现哪些活动是可以被取消的；还应该借此找到更好的方法，既能缩短工作时间，又能带来更大的价值。从这个角度来说，花高薪雇用生产力更高的员工永远都比单纯增加员工数量更有实效。

但一家公司总免不了雇用一些员工，因此就需要让人力资产更加灵活。

雇用正确的人能对公司的发展起到巨大的帮助，因为他们总是对改变有着极强的适应能力，而且一直虚心好奇，不断学习。根据业绩制定工资标准对公司是有好处的，这能带来更高的人均产出，而且还能增加公司的可变性——在经历衰退时这一成本就会下降。最终就可以打造出一个开放的环境，促进改变，帮助大家相互学习，进一步提高这家公司的智商。本书将在**第三部分 敏锐的头脑**中对这一话题做更进一步的讨论。

知识资产

知识资产这一概念范围很广。知识产权受到专利保护，属于有形知识资产。但是大多数公司还拥有一系列并未受专利保护的其他专利知识——可能是有关某个生产工艺的技巧，能让公司实现比竞争对手更低的成本；也有可能是物流流程中的某项管理技能；还有可能是掌握了市场和顾客需求的信息。有些公司对竞争对手的了解更透彻，知道它们下一步可能会采取的动作和应对措施是什么。上述的所有例子中，只要能对公司的净现值产生积极影响的，就都是知识资产的一部分。

当一家公司要高度依赖知识资产来实现竞争优势的时候，就很有培育知识资产的必要。因此，高科技公司必须坚定不移地给研发部门投资，才能保证面对未来诸多不确定性时保持自己的创新流程。然而，我们能由医药行业管中窥豹，看出盈利水平和研发之间的关系——人们总是忍不住在年景好的时候多投资，在利润下跌的时候撤出投资。所以，如果把奖励的成本和维持战略资产的成本看作是日常开支，那么其实就是在玩俄罗斯转盘——结果将是致命的。

投资知识资产时存在两个挑战：做出合理预算以及支出的智能管理。公司总是在对现状做出判断之后才确定预算数额，但是既然运营的目标是获得竞争优势，就很有必要看一看竞争对手都把钱花在哪里了。然而，把预算和销售额通过百分比来进行比较却没有太大的意义——应该是支出的绝对数额，而不是百分比。同时，公司也要看看每一美元都买回来了什么，这也是同样重要的。在通信设备的全球市场上，美国思科公司一直在和中国华为公司竞争较量。华为的业绩增长惊人，但是在研发的预算投入上则相对稳健：在2010年只有26亿美元，仅占290亿美元销售额的9%。[26]同年，思科的销售额高达400亿美元，其中13%都花在了研发上，从绝对数额上来说就是华为的两倍。[27]但是华为的工程师团队共51 000人，成本为每人50 000美元，而思科则以每人265 000美元的成本雇用了20 000名工程师。现在看来可能这些数字不存在可比性，思科的工程师的生产力可能并不比中国的工程师高出四倍（尽管他们可能都受过麻省理工学院或者斯坦福大学的高等教育，都是这些名校毕业的高才生）。华为拥有大约18 000项授权专利，其总价值还是低于思科的8 000项。但是近期思科业绩一直停滞不前，可能确实是在一定程度上受到了竞争的影响，而并非因为顾客需求的下降！

开发知识资产通常要花费大量的时间和金钱，但其价值也会在竞争环境中迅速改变——一项专利技术所产生的价值会在下一代新技术出现时消失。同时，学习流程知识的过程也存在着陷阱。随着公司在学习曲线上位置的下降，它们熟能生巧，越来越精于自己的业务，也因此越来越讨厌改变，它们不想经历改变的痛苦，也不想把所有事情重新做一遍。我们在**第八章 正式架构**中会对流程改变的必要性再进行具体讨论。

在知识已经过时的情况下，最重要的就是要学习新的知识。很多公司都把精力集中在自己打造内部知识和技能之上，而完全忽略了第三方——与我无关综合征。毫无疑问，这确实有它的优势——这种知识和技能可以更好地适应公司的做事方式，而第三方出的主意通常都需要一个融合的过程才能发挥作用，也许还会和公司结构及流程产生冲突。但是，会产生与我无关综合征的另一个更大的原因则是自我夸大。在公司内部一旦有人提出建议，他就会千方百计地想证明自己的想法是最好的，因为只有这样他在公司才有存在的价值。

聪明的公司必须打压会引发与我无关综合征的行为，并在其他地方找到有用的知识，抽出一部分研发预算来搞清楚竞争对手的运行模式。Nucor 就非常推崇这个方法。[28]尽管它是在市场上第一个推出迷你型钢厂技术概念的公司，但其实只雇用了一个人进行研发，他的工作就是调查其他供应商都在使用什么样的技术、提供什么样的服务，以及竞争对手的所作所为。从 2000 年开始，宝洁公司（Procter & Gamble）也是由于产品的高度创新而饱受赞誉。它重新把精力放在外部产品开发上，搭起了一个网络以供每个产品开发者提出新想法，因此在五年之内就实现了产品提案 50% 来自外部的效果。[29]

关系资产

对公司来说，关系是一项宝贵的资产，也是竞争优势的一个重要来源。忠诚的顾客总会回来，他们是公司未来利润的有力保障。在公司出现问题的时候，他们的容忍度也往往较高，愿意给公司一些时间解决问题，而不会立刻转投公司的竞争对手。与供应商之间的良好关系也能在原材料供给紧张时保证公司优先拿到补给，或是能保证公司更快地了解新技术。但是这类关系必须要有悉心的培育并维持信任——有付出才有所得，总要适当给予一些小的回报，有来有往才能有效地建立起关系，并且进一步维持好关系。

关系资产当然有利有弊，它也会变成公司的负担。由于 Allstate 的独家代理商拥有一个性价比很高的市场路径，因此在销售汽车保险方面占有多年的巨大优势。[30]但是，随着网络在线营销模式的出现，直接销售的重要性就日益凸显出来。然而，由于担心会破坏自己现有的渠道，Allstate 的在线营销资本化速度非常缓慢。同样地，戴尔的直接分销业务模型也给惠普和康柏两家公司的计算机销售带来了类似的问题。

建立关系的过程中要关注超前思维的重要性，还要明确这种关系未来的走向，考虑这种关系会不会让公司产生依赖性，并且影响公司的灵活度。有很多小型制造商刚开始接到沃尔玛的订单时都会喜上眉梢，觉得这就意味着自己未来巨大的销售额。但是一旦发现自己的大部分销售额都来自沃尔玛时，这种对沃尔玛的依赖就开始令人忧心了，因为此时它们已经完全丧失了市场定价权。

对待业务关系应该像对待一家合资企业一样，而且还需要合资企业中所必需的准则才能顺利实现。通常一种关系的建立都始于双方的相互需要。这种结合能创造一定的价值，这种价值不但可以很明确地衡量，还可以公平地分享。如果一方开始觉得自己受到了不公平对待，那么它的厌恶情绪就会立刻升温，它们之间的关系就会被破坏。长期的收益轮换可能需要重新平衡盈余之间的关系才能保持合资企业的健康发展。最后，很重要的就是，如果双方再继续合作下去已经没有任何意义，也需要有明确的解散法则——"婚前协议"——来决定这段关系将怎样终结。具有讽刺意味的就是，如果在一开始时就有这样的框架，合资企业反而更有可能坚持得更长久、实现更多的成果。[31]

有这样的深谋远虑，供应商和顾客之间的合同关系就会更牢固，提高成本的可变度，也同时降低了风险。比如制铝行业，炼铝的一大成本开销就是用电。由于铝价的可变性非常高，生产商就会面临巨大的电价风险。为了解决这个问题，南非的铝业公司 Alusaf 就寻求签订了电价合同，实现电铝价格联动。[32]这在铝价较低的时期把炼铝的部分成本风险转移到了电力供应商身上，但是在铝价较高的时候也能给电力供应商带来更多的收益。因此，这就保证了发电商可以在铝金属需求疲软时继续发电，而不会在冶炼厂不得不关闭时失去这部分基荷发电量。双方都能从这种关系中受益。

声望资产

从很多方面来看，一家公司的声望都是可以成为股东产生价值的资产的。品牌是最明显的例子。公司和顾客之间宝贵的关系体现在品牌忠诚度上，这能提高顾客购买的规模和频率,并且降低顾客转向公司竞争对手的概率。这就直接等同于提高了顾客净现值。当历史记录中并没有出现某品牌的价值时,很多机构都会对其做出估计判断。BrandZ 的年度百强品牌报告显示,苹果在2011 年排首位,总价值为 1 530 亿美元,几乎是苹果公司(Apple Inc.)市值的一半。BrandZ 排名中百强品牌的总价值为 2.4 万亿美元。[33]

虽然我们无法拿到确切的数字,但是很少有人会怀疑强大品牌的价值。这些品牌会给行业带来极高的入门门槛。大家应该都很难想象一家公司怎样能在北美市场引入一种新品牌的可乐来和可口可乐竞争。光是广告投入一项,就算这家公司能做到和可口可乐一样的水平,每年也都会花去上亿美元的成本,更别说还要再花费数十亿美元的经费打破可口可乐的市场累积效应。2011 年 BrandZ 对可口可乐 740 亿美元的品牌估值就充分反映了这一点。[34]

但是声望资产还远远不止品牌这一项。比如,诚信的名誉也是形成合作伙伴关系时非常重要的一点。像宝洁和微软这样在市场中占有绝对竞争优势的公司会在一定程度上抑制潜在竞争对手的出现,从而给公司更自由的空间赚取更多利润。

建立声望资产需要的时间很长,需要在行为上实现长时间的统一,这通常也会耗费极高的成本。声望资产也是非常脆弱的:需要多年时间才能慢慢建立起声望,可是一旦出了问题就会前功尽弃。强生公司在止痛药行业已有了超过 30 年的赞誉之名。可是有人在 1982 年发现其止痛药泰诺(Tylenol)中含有微量的氰化物,在芝加哥地区已经致多人死亡。本着顾客安全第一的原则,强生公司付出了超过 1 亿美元把所有相关产品撤柜,之后又不惜重金更换防涂改药瓶,重新推出了这款药物。[35]

但有时候错误并不在公司。以保险公司为例,市场的惯例都是通过延迟赔付来降低成本。毫无疑问,这能让公司提高短期利润,但是对长期的品牌形象则会带来巨大的潜在破坏。如果公司提供的产品和品牌的承诺不相符,这就不仅仅是在资产负债表上做手脚,还是在误导消费者。强大的声望资产必须要在危机之时得以严格地捍卫、悉心地培育和精心地保护。

品牌虽是公司宝贵的资产，但同时也会降低公司的灵活度。迪士尼的品牌代表着家庭价值观，这同时也限制了公司能够操作的市场领域。迈克尔·艾斯纳（Michael Eisner）先生在 1982 年接任迪士尼总裁一职后所拍的第一部电影《贝弗利山奇遇记》（*Down and Out in Beverly Hills*）被评为 R 级。得知此事我多少有些意外。[36]当时业界的反应较为沉默，但是艾斯纳先生也因此遇到了一系列的问题，让很多客户都觉得处理不当。当时 MTV 旗下的 Nickleodeon 公司和华纳卡通网络（Warner's Cartoon Network）的股价异常强势，迪士尼也无法就此做出有效的反应。可见，强大的品牌的确是宝贵的资产，但是也会带来局限。

与广受好评的公司成为合作伙伴是强化自己公司声望的一个很好的方法，品牌联合就不失为一记妙招。美国著名食品公司 Betty Crocker 就在其布朗宁蛋糕中使用好时（Hershey's）巧克力酱；美国知名廉价航空公司捷蓝航空（JetBlue）在其飞机上提供星巴克咖啡。还有一些公司希望进入更多的市场来营造它们强大的品牌声望。维珍集团（Virgin Group）就在唱片、图书、新娘礼服、汽车、航空、度假、游戏、饮料、保健、花艺、航空器、移动电话和能源行业成功地做到了这一点。

公司的声望会在很多意外情况下给公司带来极大的帮助，同时也有可能成为公司的负担。比如，有些公司虽然愿意大手笔投入在企业社会责任项目上，但却避免过度公开相关信息，以免太高的曝光度让自己在遭受攻击时变得更加脆弱。相反，它们更倾向于采用"低调行事"以及"轻名誉"的做法。事实证明这并不一定是个坏想法。比如污染问题，一些排放污染物的公司往往并不如大品牌公司害怕被调查，因为一旦出事，对高调品牌的指责往往能吸引更高的关注度。[37]

向固定成本宣战

对资产的投资都是为了给未来提供现金流。只要现金流的净现值大于资产的投资成本，这个投资就是值得的。

与之相比，固定现金成本就意味着未来的持续负担，因为不论是否现金到位，这笔成本都是要支付的。这很明显是个风险敞口。如果收入下降，成本不变，公司就是在一步一步走向灭亡。公司应该努力把所有成本都做成可变成本，从而避免在衰退时无法抽身。制铝公司 Alusaf 将生产过程中的用电成本和铝金属的售出价格实现联动所依据的逻辑就在于此。[38] 公司其实通常都比较倾向于在分散风险的同时分享潜在的利益，这样大大好过独自承担所有风险。这样一来，由于 Alusaf 不太可能在金属价格下降时关闭工厂，发电商也能从中受益，享受到更稳定的基荷发电量。

将资产陷阱变为机遇

公司可能会在发展的过程中逐渐积累出一大堆老旧资产，可是却发现它们当前的战略模式需要另一套完全不同的资产才能实现。虽然可能需要重新构建公司资产，但也可以先看看这些老旧资产是不是能被公司的其他业务所利用。从这个角度来讲，就是结构驱动战略。比如，公司可能会用一个品牌去支持不同的业务部门（维珍集团就是一个强大的实例）；一个分销渠道可能被多个产品使用；通过扩展顾客关系来增加额外产品和额外服务。这样就降低了开展新业务的风险，而且宝贵的资产也得到了更好的使用。

在 2011 年，奢华手链生产商潘多拉就试图以这种方式寻找多样化的发展道路。公司打造出强大的品牌，并建立起了发达的分销系统。旗下品牌手链的市场需求极大，潘多拉的业务规模也在 2008—2010 年几乎翻了一番，已经成为全世界第三大珠宝生产商。但是销售额大部分来自手链，这让公司非常脆弱。销售额的激增到底是时尚界的一时之热，还是珠宝市场的根本性转变呢？公司在 2011 年下半年发布了利润预警，虽然已经主动剔除了其股价上大部分的光环，但还是不清楚这个问题到底是出在物流上还是出在更根本的战略上。不管怎样，潘多拉都没有坐以待毙。为了能将风险分散到其品牌声望和分销渠道上，潘多拉决定把品牌延伸至太阳眼镜和手表等其他奢侈品行业。[39]

小结

若想高效地执行战略，公司就需要适当地投资资产。有些资产将是竞争优势的重要来源，公司应该确保对其进行正确的重点培育，以服务于公司长期可持续增长的卓越业绩。

需要预先投资才能用资产换取未来的现金流回报。当情况发生变化时，现金流可能会受到严重的影响，甚至还会变成负债。可是一旦钱花出去了，就几乎无法改变战略，这时公司就会发现自己已经掉入了资产陷阱之中。通过实行简化资产的业务模式可以避免这个问题的出现，让公司依靠第三方的资产来达到目标；也可以通过找到战略中可能出现的改变之处来缓解问题，也就是避免"可预见的意外"；并且努力提高资产的灵活性，以做好改变的准备——为将来可能会出现的真实情景提前埋单。最后，公司也应该考虑以不同的方式进行资产配置，从而充分利用新商机。

注释

[1] Montgomery 和 Collis（1998）在以资源为基础的战略中，对多种类型的资产做出了详细分析。

［2］ Scherer（2001）。

［3］ 当单个资产和其他资产混合使用时，很难计算其产生的现金流的净现值。到底它贡献了多大比例的现金流？金融型公司通常都按照市值来计算其财务资产的价值，但是由于其资产都可用于交易，市值是很容易估算的。制造型公司只能在资产遭受重大损失的时候——比如在重大重组之时——才能做出此类估算。

［4］《金融时报》2011 年 7 月 23 日："无知的面纱之后；新的看法引发公司文化新问题。"见 2011 年 10 月 30 日 Factiva 公司文件。

［5］ Wells（2005）。

［6］ 2011 年 10 月 21 日亚马逊股价为 234.78 美元。资料来源：纳斯达克。

［7］ 有关香港利丰集团的情况，请参阅 Fung 和 Magretta（1998）。有关公司发展历史的全部介绍，请参阅 Feng（2007）、Fung、Fung 和 Wind（2008）。

［8］ Wells 和 Raabe（2006）。

［9］ Hammermesh，Gordan 和 Reed（1987）。

［10］ Ghemawat（1991）。

［11］ Bazerman 和 Watkins（2004）。

［12］ Siegel 和 Chang（2005）。

［13］ Wells 和 Haglock（2005）；Wells 和 Haglock（2006）。

［14］ Rivkin 和 Porter（1999）。

［15］ Ghemawat 和 Nueno（2003）。

［16］ Wells（2008）；Wells，Lutova 和 Sender（2008）。

［17］ 有关百思买的诸多战略改变详情请参阅 Wells（2005）。

［18］ Wells 和 Anand（2008）。

［19］ Magrath 和 Weld（2002）。

［20］ Graham，Harvey 和 Rajgopal（2005）。

［21］ Wells 和 Anand（2008）。

［22］ 请参阅 Alexandra Fong（2006）的文献调查，网址参考 http://eview.anu.edu.au/cross-sections/vol2/pdf/ch06.pdf. 2011 年 10 月 31 日。

［23］ McNichols 和 Stubben（2008）。

［24］ Wells 和 Anand（2008）．Capital One 考核一切可以考核的元素，包括员

工的价值观。

[25] 请参阅 Koch（1998）有关适用于商业活动的 80:20 原则的论文分析。他也将其运用在未公开发表的著作中。

[26] Huawei（2011）。

[27] Cisco（2011）。

[28] Ghemawat 和 Stander（1992）。

[29] Chesborough（2006）。

[30] Wells（2008）。

[31] 我做出的此类建议是依据我长期以来痛苦的经验得出的。我曾经一直在试图纠正已经出现问题的合资公司双方关系，但事实证明是无用的。

[32] Corts 和 Wells（2003）。

[33] Millward Brown Optimor（2011）。

[34] 同上。

[35] 当时媒体对此事件的报道，我个人也记忆犹新。

[36] Ruckstad，Collis 和 Levine（2001）。

[37] Eesley 和 Lenox（2005）。

[38] Corts 和 Wells（2003）。

[39] 潘多拉（Pandora）的盒子里东西虽多，但是福是祸仍未有定论。很多奢侈品牌都在产品线中加入了大量的时尚饰品，包括手袋品牌 Coach 和钢笔品牌 Mont Blanc，但是却发现很难让其融入品牌核心价值。

第八章

正式架构

破解组织结构迷宫

简介

公司的正式架构由很多相互联系的元素组成，在整合公司资产的同时协调公司运行。[1]我们会关注诸多在战略变化过程中至关重要的元素。组织结构图就能明确反映在公司里谁负责什么工作，给出**职位、职责和上下级关系**（三 R）。**业务流程**定义了工作完成的方式。因为员工对战略成功有着不可或缺的作用，所以我们会把人力资产开发流程单列出来给予特殊关注。**考核奖励机制**也同样重要，它在一定程度上起着决定性的作用。最后，**信息和通信系统**会把所有的事物联系起来，也因此我们做了重点说明（见图 8-1）。

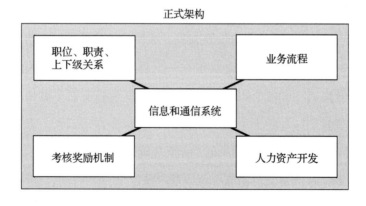

图 8-1　正式架构的组成元素

单独来看，这些正式架构中的每一个元素都能产生惰性，但是由于它们之间的相互依存度很高，因此完全无法在保持一个元素不变的情况下改变另一个元素。其实大型公司就好像是一个整体的老旧 IT 系统，很难做到只改变一个应用程序而不影响到其他程序。即使小幅度的调整都有可能会引发彻底的公司重组。一旦开始，这种工作就又花时间又花精力，会消耗大量人员成本，让经理和员工都不堪重负，而且往往回报还少得可怜。因此难怪公司结构会经常和战略不同步。

鉴于正式架构中各个元素之间的联系甚密，因此很难决定应该从哪里下手。但我们总是要从某个地方下手的，所以在本章会逐一讨论每一个元素，了解它们是怎样创造价值的，搞清楚它们为什么会带来惰性，并且讨论怎样才能解决这个难题。之后在**第十章 走向智能型结构**中，我们将从综合的角度进行探讨。在这之前，我们需要在**第九章 非正式架构**中先来明确一下非正式社交互动的作用。在此，首先从"三 R"入手。

职位、职责和上下级关系——"三 R"

层级关系的必要性

"三 R"特指公司里的正式层级关系。这种层级关系虽然能将多人在工作中进行有效的结构搭配，但只是局限在一定程度内。公司里的大多数工作都是由不同团队完成的，各个团队也都能在团队领导的带领下更加高效地完成工作。好消息就是，人类天生就比较倾向于以这种方式工作，正是团队合作让我们变成了最强大的物种。因此，给予合理刺激之后，团队工作的效率要明显高出很多，团队是公司创造价值的基本单位。

但是随着任务规模的增加，一个团队领导能协调的人员数量也是有限的——控制范围——而且在达到这个极限之后，这项工作就必须要分配给多个团队共同完成。这时就需要在层级关系中添加一层，任命一个项目经理对所有工作进行协调。这样，随着任务规模的增大，层级的数量也在增加；而随着层级数量的增加，工作效率就会不断地降低。

控制范围取决于任务的属性和参与这项任务的员工的经验。任务的不确定性和复杂程度越高，员工的经验越少，这个范围就会越小。范围越小，就需要越多的层级来组织一定数量的员工。通常需要把这个范围限制在 5 ~ 10 人。有些公司的控制范围非常小，所以层级数量巨大。我在 2011 年曾经与一家全球领先的银行合作过，意外地发现它的平均控制范围只有 3.5 人。这么小的范围其实和任务的属性本身已经没有太大关系了，而更多的是公司想创造升职机会而已。但是不管层级数目是出于什么原因而设置的，层级越多，层级关系的反应就越缓慢，公司的工作效率就越低。

层级的数目越多，就意味着信息的流动速度越慢，信息在系统内部向上或向下传递时就越容易出现误差。这不但降低了公司对外部改变的反应速度和反应质量，而且会让层级中的最高一层失去对一线业务的掌控。良好的信息通信系统会有所帮助，但前提也是必须先有正确的数据才行；而且由于它只能按照设计来进行考核衡量，因此也存在着一定的局限性。为了能更清楚地认识现实，高管层亲自去一线看看并且和顾客交流应该是最好的方法了。美国丹纳赫公司是在过去 20 年间全美增长最快、最成功的综合型大企业，它就坚持要求高管们每个月都要以这种方式进行业务检讨。[2] 虽然这并不能替代良好的信息通信系统和快速精确的通信渠道，但它确实能帮助公司得到最诚实的答案，而且能对多层级关系所带来的问题进行纠正。

层级关系的局限性

如果说层级关系是组织工作的有效方式，那么在一家公司里究竟设置多少层才能达到最优效果呢？似乎在真正遇到问题之前就已经自然存在着一个上限。在确定具体规模之前，凡是谙熟小公司打破限制成长壮大过程的人，都能充分意识到其中的挑战。我和众多公司都做过有关过渡期的探讨，也注意到很多共同的问题。管理层总在抱怨他们"无法做到留心每个人的一举一动"，并且表现出对"失去控制"的恐惧。公司员工也在感叹他们"见不到老板的身影了"，而且"领导也不像过去那样了解每个人的具体情况"，同时大家对官僚主义也是越来越反感。基本上所有人都看得到"一切事情都慢下来了"，而且"已经没有做事的乐趣了"。

小公司之所以比大公司更加灵巧高效，就是因为它没有太多官僚主义的羁绊，因此能够充分激发人类固有的能力一起工作，通过合作实现共同的目标。这些社会行为都具有极强的可预测性——社会机制——深深地刻在我们的基因之中，才让我们变成了最强大的物种。[3]人类还都非常喜欢这样的工作方式，因为它能引发积极的情感回应，让我们开心。本书将在第九章中更进一步探讨非正式架构的细节。

一旦公司团队的规模超过了一定的上限，让公司的运营能力无法发挥最大的效果，就需要更多正式结构和流程。构建这样的系统是一个缓慢的过程，而且成本非常高，通常还会降低小公司的盈利水平。只有公司熬过这段艰难时期，突破了这个障碍，成长到足够大的规模，才能够通过规模经济效应抵消掉正式结构所带来的所有附加成本，重新提高盈利水平。

由于社会机制而自然产生的规模上限明显和公司的利益相关。在过去的1 000年之中，人类都在不停地探索这个自然团队的规模，进化人类学家也基本估算出其上限大约是150人。[4]但是，在一个居民社区内完成多个任务从而形成一个村庄和高效运营一家炼钢厂之间还是存在着天壤之别的。那么，是不是说团队规模的上限取决于它们所从事的任务呢？

曾经经历过的人都知道突破这个障碍会带来多大的痛苦。我们能从他们使用的语言中明显觉察出这个界限。层级关系必须使得领导者"看到"每个人，并且对他们施以一定程度的非正式控制。同时，处在决策层的人也需要能看到彼此，这一点也至关重要，否则，他们就无法以非正式的方式来协调他们之间的工作。关于这个界限，我的首要原则来源于个人经验和观察——**如果在层级关系中，领导者和一线监事之间再没有其他层级介入，那么一切事情都能很顺利地展开**。这就意味着没有固定的上限规模，群体的最大规模是由可能实现的控制范围所决定的——范围越大，群体越大。范围也是由任务的特性所影响的。对具有创造性、复杂的工作，控制范围可能仅有两三人。"一个层级"规则主要是指规模极小的公司，通常仅有 15~40 人（1 个高层领导，2~3 个中层领导，4~9 个一线监事，8~27 个一线工人）。以全球最具创新力的公司之一 IDEO 为例，它就有意将办公室的规模限制在 24 人之内，以避免官僚主义。[5]对那些范围更大的常规工作来说，也很常见 8~10 个单元和 500~1 000 人的规模。全美领先的迷你型钢铁制造公司 Nucor 就特意将其炼钢厂的规模限制在 500 人之内，以维持其非正式架构。[6]

自然层级关系中的规模上限对设计职能结构有很重要的意义。如果一家公司的层级数量非常少，那么就不需要太多的正式流程和控制，它也可以很快地适应变化。可是一旦公司达到一定规模之后，高层领导的活动就不再透明，中层领导和一线监事就无法再通过同级沟通等非正式方式协调工作，此时就需要在公司内部建立较为正式的架构。但是正式架构不但会消耗高额成本，还会降低工作效率。这会在快速变化的环境中引发许多问题，需要我们对改变做出快速的回应。所以，公司需要不同的架构。

以目标为出发点的架构

在大多数大型公司里，总裁和一线监事之间都存在着不止一层的层级关系。很多公司都在尝试提高应对速度，期望可以从较简单的层级关系中受益，因此有些大公司实施了"减少层级"的行动。然而，如果只是单纯地减少层级数量，而并没有重新设计工作安排，那么就会让夹在中间的部门经理不得不处理更多工作，反而会进一步降低整个公司的运营效率。因此，随着层级数量的减少，公司高管必须在一线布置更多的战略决策，在全公司内合理分布战略反应的能力。

我们已经在第五章中讨论过，将部分战略决策权下放给一线团队是很有效的工作方式。一线团队通常会在第一时间觉察出改变战略的必要性，而且通常他们也都会乐意实施。那么，为什么还要等到所有事情都报告给高层领导，等待指示一层层下达到基层才开始行动呢？很显然，把权力下放到基层会大大提高决策的速度。但是，这需要精细设计出的结构才能实现。地方行为必须能在总部进行协调，当地方团队彼此依靠时，他们也要能保持同步。然而，如果团队之间的对接面——工作的输入和输出——也设计得很好，那么每个团队的业绩就能够得到提高，也不会影响到其他团队的工作。这些地方上的改变可能是对外改变，比如满足新顾客的需求或者回应竞争对手的动作；也有可能是对内改变，比如提高内部流程效率。这就是以单位为基础的设计理念的关键所在。公司被分成相对独立的单位——在数据处理领域叫作**对象**——每个单元内部以及各个单元之间的相关性都能得到合理的说明。这就是**以目标为出发点的架构**。[7]

通常，一线团队之间都会通过紧密的合作来相互制约战略权衡关系——尤其是在部门团队共同合作时，所以各团队单独行动几乎不太常见。那么，我们就应该聚集多个团队，让它们在统一的管理之下找到关键的相互依存点，于是就创造出了一个可以自己运营自己业务的战略业务单元。只要我们不违背"一个层级"的规则，就可以实现低成本、快速反应的非正式架构，为公司创造价值。

我们再回到全美最大的有机食品连锁店 Whole Foods Markets（参见**第五章 高级战略智慧**）的例子上。在 Whole Foods Markets 的智能战略中，最核心的部分就是为当地居民量身定制每家门店的商品组合，一方面满足顾客的需求，另一方面快速回应当地竞争。公司将决策权下放，让当地门店自主决定它们所供应的产品、销售方法甚至进货渠道。这需要一个以目标为出发点的公司架构才能实现。

Whole Foods Markets 把每家门店都分解为多个部门，每个部门都是由一个团队运营。[8]由这个团队来选择自己的进货内容、商品安排，同时他们要对自己部门的利润负责。虽然相对独立，但是同一家门店中的各个部门之间又保持着良好的团队协调，从而确保整个门店的盈利水平。他们会彼此分享重要的资源，如收银台、货架、仓库、基础设施成本、供热与照明等资源，所以紧密合作是非常必要的，但这不需要复杂的正式流程就能处理好，门店经理和部门主管可以在内部自己解决这些问题。这样，每家门店就成了一个非常理想的战略业务单元。与此类似，Nucor 把迷你型炼钢厂里的员工分成了20～30人一组的不同团队，所有团队的工作活动都保证在工厂一级有严格的协调。从这个角度来讲，Nucor 每间工厂的员工数量几乎都不会超过 500，这也是一个典型的战略业务单元范例。[9]

中央集权化 vs. 分散化 —— 看上去很美的二分法

Whole Foods Markets 在很大程度上是以多种形式的分散化结构进行管理的。与之相比，大部分大型超市都是由总部决定进货内容，为各个门店提供商品摆放的指导平面图。这些超市认为各个地区消费者的需求和购买行为差异并不是很大。如此标准化的方法确实能带来规模经济效益，但是也限制了灵活度，让各个门店无法对当地消费者需求或者竞争对手的行为做出及时的反应。Whole Foods Markets 牺牲了规模经济效益，却充分了解了当地需求和竞争对手行为，从而能够做出快速反应。

每种业务模型都各有所长。事实上，大家通常的争论点都在于中央集权化管理和分散化管理孰优孰劣，而且很多公司也都是在这两种方法之间不停地转换。但是，这种争论的出发点其实就是一个错误的二分法。大多数公司都在同时使用这两种方法。即使一家公司在结构上是分散的，也总是有着清晰的中央集权化规则和正式架构中的不同部门。相反，即使一家公司采取的是中央集权化的结构，通常也留有适当的调整余地供地方灵活变通。香港利丰集团就是个很好的例子。[10]

香港利丰集团的财务、信息技术等部门都是高度中央集权化的。正如公司总裁冯国经博士常说的，"在我们集团里开发票的渠道只有一个"，每一分钱都必须由财务总监亲自批准。集团里每个人都必须使用同样的信息系统，但其他职能的管理都是分散化的。集团的每一个大客户都由一个团队专门服务，他们可以按照这个客户的需求为其量身定制服务方法。定价权在团队手中，若赚取利润，他们也能分享利润的一部分，就好像是在公司的平台上运营自己的小公司一样。

在过去，不论是在不同的行业之中，还是在不同的公司里，大家都采用过分配战略业务单元的方法来提高自己的反应力。比如在医疗行业，强生公司成立了188家子公司负责不同的业务，通过公司领导、专家和高管之间的对话机制协调它们之间的活动。[11]再如在电子制造业，惠普长久以来都是在运营着诸多单独的子部门，并在部门员工数目超过1 000人时再把这个部门细分。又如在工程行业，ABB集团将其层级关系限制在四层之内，拥有5 000个利润中心，每个都不超过50人，而且始终保持分支机构人数在120人之内。[12]

组建战略业务单元的方法不是简单地将战略和执行的责任打包下放，允许战略业务单元去做它们想做的事情，其前提是自己的利润不能遭受损失。这会导致很多资源浪费（很多公司专门设立了中央服务战略业务单元来避免出现这种情况）。这也有可能会导致多个战略业务单元之间争抢顾客或者供应商，对公司来说都是没有什么意义的。高管层受股东之托，有责任确保每个战略业务单元在做出任何决定时都以公司的最大利益为出发点，而且执行方式也要与公司的价值观保持一致。但也要谨记，并不是所有的战略决策都能在一线得到最好的执行。

虽然Whole Foods Markets的门店员工可以决定在当地供应什么产品，但具体在什么位置开设下一家门店却是公司总部的决定。通常来说，每个战略业务单元都要坚持公司的最大利益，围绕着这一核心来协调自己的工作，而且公司总部也有责任监督各门店是否切实地遵守这一原则。

各个战略业务单元之间的协调

公司怎样才能实现各个战略业务单元之间的协调呢？方法有三，需要它们之间相互配合使用。高管层可以决定层级关系中的各个战略业务单元之间的物流和信息流，也就是他们通常在非正式层级关系中使用的"指挥—控制"模式。或者他们也可以创立一个以市场为基础的管理机制，把各个战略业务单元推到市场压力之下，让它们进行自我组织。在这样的结构中，高管层的作用就从"指挥—控制"变为设计和规范高效的内部市场。每个战略业务单元都是一个利润中心，都可以在不同战略业务单元之间达成交易时为自己谈判市场价格。最后，高管层还可以鼓励各个战略业务单元之间建立社会机制，促进协调合作，从而推动改变。在这个模型中，部门经理必须掌握社交改造的技能。我们将在**第九章 非正式架构**中对此进行具体讨论。

大公司之死，还是创新业务模型

如果公司的不同任务能在内部市场上被分解出来，并可以由小团队执行，那么从理论上来讲，公司就没必要持有这些业务单元，只要符合公司内部市场规则，就可以把这些业务外包出去。这样就避免了对不同业务资产的投资，可以让公司在多家供应商之间快速地切换，使公司面对环境的改变时能做出更好的回应。于是，公司的角色就从持有者变成了市场的推动者和管理者。这就是香港利丰集团所使用的模型。

从过去的经验来看，在协调多人工作时，公司的层级关系比市场机制更加有效。[13] 分包的成本太高，能获得的信息又太少，于是自我雇用几乎无法实现。公司和员工之间的社会契约也是不同的，人们愿意为了公司而牺牲自己的利益，也愿意按吩咐办事。

在当今"信息经济"的浪潮下，信息技术——尤其是互联网的出现，使得成本迅速降低，功能迅速增加，让这种平衡关系从公司层级关系转向市场。现在，想要开发一个关键资源市场变得非常容易，跟踪每个市场的表现也不再困难。"社会经济"越来越青睐市场机制。现在人们不太愿意只单纯地听从吩咐，而是更看重自己的个人独立性。

最后，在"物流经济"的推动下，不断下降的成本和日益复杂的物流系统促成了分散化生产的实现，这使得产品可以在全世界顺畅流通，于是在生产的任何阶段都可以充分利用性价比最高的供应商来实现产品增值。

因此，即使不出现大规模转变，也将产生市场和层级关系之间的新平衡点。如果公司坚持要在市场优势的状况下继续实施内部层级关系，就可能会发现自己所处的地位并不利于独立市场运营者。但是，如果公司能张开双臂迎接新科技的到来，就能充分利用其优势来提高市场的内部工作效率，当内部效率超过外部效率时，公司的发展就将蒸蒸日上。其实，公司可以吸引越来越多其他市场参与者来到自己创建的平台上，当数量到达某个临界点时，就能让自己的标准变成整个行业的标准。此时，公司就等于"拥有"了市场。

以机会为出发点的架构

在瞬息万变的环境中，公司应该考虑的另一种架构是**以机会为出发点的架构**。在此，我们要接触到固定结构的概念，为每一个新机会都重新构建结构。这是以项目为基础的组织形式的延伸。若采用以项目为基础的组织形式，就是临时将中心资源池里有用的部分拿出来，以满足每个新任务的需求。在大型工程项目公司和专业的服务公司中都很常见这种组织形式。但是，这一原则已经有了不同的应用方法，也都取得了很好的效果，其中最明显的例子可能就是顾客定制化产品。戴尔公司便是采用了这个方法，让顾客根据自己的需求订购每一件产品，因此成为个人计算机行业中的先锋。香港利丰集团的做法更加与众不同，它为每一批服装订单都建立了新的全球物流流程。虽然使用临时供应链的管理方法可能看起来和直觉相悖，但是鉴于一些公司在调整供应链时所经历的痛苦，这也不失为一种非常有效的手段。[14]Capital One 就在公司内部设立了一个新的部门，专门负责测试新想法——员工每年都会提出超过 50 000 个有关信用卡的新想法，他们一个都不会放过。这也是相当激进的做法。[15]这些公司之所以能够成功地使用这种方法，是因为它们的业务模型设计之初就是完全从零开始、为了支持这种业务模型而精心构建的，IT 系统也在模型的实现过程中起到了决定作用。

我们在本书中暂不对以机会为出发点的架构进行过多的讨论。任何一家公司如果想要深究这一点，就要先问问自己：如何能做到为每一个客户服务时都为其专门构建单独的业务？这么做能给自己带来多少附加价值？要设计一个什么样的业务模型来确保得到的附加价值高于所投入的成本？

业务流程

流程的优势和成本

业务流程决定了公司完成工作的方式。流程中包含很多步骤，每一个步骤都涉及不同的设备和员工，都是在信息技术的支持下完成的。公司的业务流程若设计得好，就能大大提高公司的反应速度、效率和效果，也能有效地降低生产成本、提高生产效率、改善工作效果。

虽然业务流程有助于我们更好地完成工作，但具有讽刺意味的是，它也可能阻碍公司进行改变。一部分是因为作为个体，我们都会主动拒绝使用另类的方法做事。一旦我们找到了某种合适的做事方法，就不愿意重新再经历一次痛苦的学习过程（参见**第三部分 敏锐的头脑**）。因此，除非确实值得，不然我们都很厌恶做出改变。而且即使做出了改变，也不一定能得到相应的奖励。相反，在改变的过程中，我们会有更大的工作量，这其实是一种变相的惩罚，所以没人喜欢改变也就不足为奇了。由于一个业务通常需要很多人的参与，大家需要一起做出改变，因此惰性也往往会在业务流程中被放大，由此产生的集体抵制力量将会非常惊人。除非一家公司真正对改变抱有极高的热情，也有能力和资源来实现改变，否则一切都是枉然。

由于流程的再设计通常需要修改信息技术才能完成，而信息技术正是结构惰性的一个常见来源，因此为整个过程又增加了不少难度。这一点我们之后会进行具体的讨论。

克服相互依存度

由于改变一个流程通常意味着需要同时调整很多其他流程，因此各个业务流程之间的相互依存度也在一定程度上限制着公司的改造计划。慢慢地，改造的范围就越来越大，直到失控。除非出现一个无所畏惧的人或者准备充分的人，不然没有人会愿意接受这个挑战。咨询公司的顾问们都非常钟爱重大的流程改造，但它的成本之高也确实令人咋舌，同时还会带来极大的破坏性。

然而，相互依存度的大小也取决于业务流程的类型。有些流程相对**在小范围内更加适用**，一个经理就能控制大部分步骤。比如，吸引大批客户、制造一批产品等活动都是非常本地化的事情。这些都很容易改变，因为经理"掌握"这个流程，而且任何流程的改善都能让他获益。**分散流程**则跨越了多个部门的责任范围，也和很多其他流程交错相关。战略规划和产品创新就属于这个范畴。要改变分散流程则更加困难，而且与所经受的麻烦相比，它能给每个参与部门带来的利益增量也相对较小。若想对这样的流程做出改变，就需要一个强大的动力支持，提供充分的资源和能力，还要能说服所有部门都参与进来。

解决相互依存度带来的问题方法众多，我们之前曾讨论过以目标为出发点的公司架构就是其中之一，它能有效减少分散流程的数量，同时增加局部流程的数量。这种结构能简化各个战略业务单元改善自身当前流程的过程，有助于它们适应竞争环境中的变化，同时不会干扰其他战略业务单元的工作。

在一个战略业务单元之内，经理也应该采取同样的设计流程来鼓励一线团队进行自我提高。这个方法已经在 Nucor 得到了成功的实践。[16] Nucor 的每间迷你型炼钢厂都是一个战略业务单元，有效运营着该厂的全部业务。每间炼钢厂的员工也被分成许多小组，分别对生产的每一个阶段负责。每个工作小组所需的资源和所带来的产出都是由其所属制造工艺的性质决定的。但是，每个阶段的生产力却取决于这个工作小组的工作效率。Nucor 会根据不同的生产力效率制订集体奖金比例。这会在一个工作小组内部制造一定的群体压力，让每个人都愿意主动提高合作效率。由于实施这种奖金制度，工作小组总是在积极探索提高生产力的方法，这逐渐让 Nucor 成长为全球生产力最高的钢铁制造商之一。不断地探索进步的空间就意味着每个工作小组也要熟悉如何管理改变。事实上，Nucor 已经变成了一部创新机器。每当出现一种可以提高生产力的新技术时，它就能快速适应并找到进一步改善的方法。这样一来，流程改进的能力就能在全公司内得到平均分散，而且也不需要再设计官僚结构严谨的业务流程，有效地避免了这一成本高昂、冗长烦人的过程。

业务流程再设计的结果

虽然业务流程改变起来并不容易，但是一旦得到改善，结果却是非常好的。对不同的子任务可以做出不同的处理——修改、自动化设计或是删除，使整个流程不断趋于再平衡。这就是美国著名管理学家弗雷德里克·温斯洛·泰勒（Frederick Winslow Taylor）的科学管理理念，[17] 它在 20 世纪早期极大地推动了工业制造业的高效发展，到现在也仍然适用于所有业务流程。20世纪 90 年代，业务流程再造的迅速崛起就说明，即使在环境未发生改变的时候，也仍有可能从改善复杂的流程中得到快速的回报。如果管理到位，这种能力就可以在稳定的时间内给战术进步带来回报，同时也能在环境需要时全力支持重大的战略改变。

缺乏改变的能力通常意味着公司需要借助外部资源才能完成工作。但是把改善流程这么重要的任务交给外人显然不是明智之举。在这个不断进步的世界里，发展永不停歇。因此，把控制权交到外人手上其实就等于把他们变成了所有者。要打造诸如产品创新等具有重要战略意义的流程竞争优势，公司就需要有强大的内部开发者。外部专家给出的建议确实会有一定帮助，但是使用公司内部机构提出的方法能让公司独享这份成果。例如，美国通用电气公司的"黑带六西格玛顾问团队"（Black Belt Six Sigma Consultants）就是这方面出色的公司内部咨询部门。美国最成功的大型综合集团之一丹纳赫公司更是超前一步：公司组织具有某项专长的经理开展在职培训项目，培训其他业务部门的同事学习这项技能。丹纳赫公司在公司内部开发了超过50种不同的培训项目，课题范围广泛，从及时性会计到精益供应链等，内容丰富多彩。[18]令人惊讶的是，丹纳赫公司已经成功地把这个流程技巧多次用于同一家工厂，而且总是能神奇地提高生产力。[19]

关注资源进行改变

在培育改变的能力时，比较容易实现的成果都出现在战略业务单元中。这是因为真正做实事的人都分布在各个战略业务单元里。如果给予部门经理丰厚的奖金刺激，他们将有足够的动力去寻找提高当前业务模型生产力的最佳机会。但是，我们之所以会从战略业务单元着手，还存在着另一个原因。通常来说，都是工作在一线的员工能最早发现需要改变的信号。因此，为了能做到尽早回应，就必须要重点在一线部门培养改变能力。另外，那些战略业务单元的领导者也都拥有很多本地流程，因此他们有足够的动力来做出改变，并且也有权力来促成改变的实现。

战略业务单元和一线团队都需要经过培训才能有效地支持改变。但是，我们并不清楚他们是否需要复杂的业务流程再造工具才能做出改变。正如我们从 Nucor 的团队身上看到的，大多数的改变都可以通过非正式的手段来实现。Nucor 的员工不需要业务流程图的指导就能找到新方法实现生产目标。[20] 但是，诸如全面质量管理（Total Quality Management，TQM）、六西格玛方法（Six Sigma）、事后审视项目（After Action Reviews）[21] 以及通用电气公司的群策群力项目（Work Out）等"改进流程的流程"都能带来不小的帮助。再辅以专家指导，就能迅速提高公司的运行效率，向丹纳赫公司看齐。

人力资产开发

我们单独把有关人力资产开发的流程提出来研究，就充分证明了员工是良好战略执行的关键。另外，一家公司若想在整个公司内部平均分散战略改变能力，就必须要求其员工具备相应的能力来承担责任。因为一旦做出战略改变，员工也必须要进行改变。一家公司能否快速在劳工市场上雇用新员工、能否快速开发新技能并淘汰过时技能，都在一定程度上决定着公司改善战略的效果。

从某些角度来看，由于我们可以通过培训学习新的事物，所以人的灵活度要远远高于资产。和工厂以及设备有所不同的是，雇用员工并不牵扯长期投资的问题。雇用和解聘从理论上来说都是比较容易的，但是雇用和解聘员工实际花费的时间通常都要高于本该花的时间，而且会产生财务成本、情感成本及社会成本，这些都是不可忽略的因素。但是，如果公司想要提高适应速度，就必须不断地雇用和解聘员工，这是公司不得不面临的一个事实。

成为最佳雇主

不要把雇用员工和解聘员工看成一次性事件，好像一旦签订劳动合同，就是建立了终身雇佣关系一样。公司应该认真改变这种思维模式。大多数的新进员工都会在五年之内离职——其实很多专业服务公司的业务模型都是建立在这个基础之上的。因此，公司不应该把自己当作员工的终身雇主，而是应该给这些选择加入公司的人提供职业道路上的上升台阶，帮助他们增加自我价值。新进员工加入公司之后如果能得到绝佳的培训、丰富的工作经验和公司知名品牌的支持，就能在他离职时获得自己非常宝贵的价值砝码。公司吸引最佳人才加入，在几年之内就能从他们身上获得大量价值，然后挑选几个最好的人继续培养，鼓励剩下的人继续努力，也会帮助他们向前迈出更重要的一步。少数几个留下来的人如果能禁受住考验，就会升职成为高管。正是因为有这样的流程，才能有效避免员工离开公司时所产生的情感上的和社会上的负罪感，还能避免终结合同所带来的经济损失。新人才也会因此看中这份工作能提供给自己的职业优势，愿意加入公司，充分利用这个机会。

全球领先的战略咨询公司麦肯锡（McKinsey & Company）采用的就是这个方法。新加入麦肯锡的员工人人都想最终能成为合伙人，但是公司的业务模式却并不支持这种梦想。但是大多数员工离职之后都能在其他公司出任管理职位。如果没有在麦肯锡的工作经验，他们不太可能如此快速地实现这一职业转变。另外，从麦肯锡出来的人大多数都会表现出极高的咨询才能，新员工进入麦肯锡之后就等于在整个职业生涯中实现了很高的净现值。因此，麦肯锡才能够雇用到全球最好的人才，并且愿意给他们提供最好的培训。

有关战略和改变中的培训

在智能公司里，每个人都有责任对战略改变做出回应。因此，有关战略和改变的培训就显得非常重要。行为学习流程是一种行之有效的实现方法：接受辅导、开发战略、执行改变项目，同时保证将行为落到实处。由于高战略智商公司总是在不停地审视自己的战略，所以它们始终握有这类机会——事实上这就是日常管理的一部分。丹纳赫公司用来进行业务审查的方法其实就是在鼓励这一点。战略计划要和公司的长期、中期、短期目标相结合，与这些目标配套的流程还需要做出月度考核，考核结果也要再返回到战略上去。另外，考核标准要从公司高层开始执行，从上至下，一直延伸到一线团队，每个员工的办公室门上都张贴他们的业绩考核标准。公司里上上下下每一个人都要对战略成功负责，每个人都是至关重要的一员。[22]

人力惰性

但是，不论是个人还是群体，都是非常不愿意做出改变的，甚至连非常微小的变化都会遭到人们的抵制。这已经变成了一种坚定的信仰，人们对它的热情可以持续长达几个世纪之久，完全超出了大多数公司存在的时间。**第三部分 敏锐的头脑**中就对这些问题做出了具体阐述。至此我们可以暂做归纳，认为公司应该重点关注两种战略回应：一是应该找寻既有好奇心又有高实践智商的个人——集分析能力、创新能力、社交能力、好奇心、求知欲、高情商为一体的人，同时这个人还有帮助他人实现自我的强烈意愿；二是应该在公司里创造良好的环境，鼓励每一个人都展现出自己的高实践智商，随时准备迎接改变。

考核系统——战略打分板

公司考核的内容会决定员工的行为。这标志着公司看中的是什么，并且能时刻激励公司上下具有好奇心、决心和毅力的人努力进步。为了能把全公司的人都紧密团结在战略周围，公司需要一个战略打分板——在每一层上都设置有意义的考核标准，借此推动会影响战略成功的行为。[23] 我们在**第三章 竞争战略**中已经对具体的考核内容进行了详细讨论，现在要把注意力放在开发流程上。

设计战略打分板需要从最细节的角度出发，在全公司发布公司的战略目标。公司总裁首先要与董事会就公司的战略目标达成一致意见，然后再和下一级部门主管沟通，将这一目标分为不同模块下放给不同部门。之后部门主管还需要再和他们的团队具体沟通，将目标进一步下放到一线团队。

这个逐步下放的执行方法可以对战略层次和结构智商带来至关重要的影响。一个极端就是采用"指挥—控制"方法，团队领导只是把必须完成的任务交代给下属。这种方法的确速度很快，但却不能得到员工的真心投入，也无法取得他们的理解。在这样的运营模式之下，每件事都要依靠领导自己去发现什么时候需要改变，再发出指令，因此公司对于改变的回应速度就比较缓慢。这种方法不能将战略智商平均分布在整个公司内。

另一个极端则采用的是"参与法"，团队领导会告诉大家上一级领导已经做出了什么决定，他会把这些决定和公司的整体目标联系起来，并向大家解释其中的原因。然后，领导会询问团队中的每一个人，了解团队目标对他们来说具有什么意义。这样一来，就能确保每个人都能透彻理解他们工作的原因，并且能把自我发展和公司的整体目标联系起来。

有了这样的理解，他们就能为自己、自己所在的团队更好地找到有意义的衡量标准，并能在需要时进行调整，同时还和公司的整体目标保持一致。这就给衡量标准带来了更多的责任和决心，也在需要改变时能有更强的适应力。虽然参与法花的时间更长，但是结果却带来了一家更智能的公司，而且能让公司在需要的时候更快地进行改变。

在绝大多数情况下，公司都是采用"指挥—控制"方法来设置战略打分板的，然后对得到的结果十分失望。它们这是又掉进了另一个陷阱——考核标准扩散。我曾在一家公司里发现，在战略打分板上对某些一线监事的考核标准有70条之多——这超过了他们能够真正集中注意力的合理范围的10倍还不止。其实，我们只需要几条来确保当前的业务能够正常运营（正常运营业务），再要几条来确保能做出重大改变（做出改变）就足够了。

奖励系统

根据战略业绩表现制定工资标准

公司考核的内容可以决定员工行为，但是根据战略业绩表现制定工资标准则能更进一步地推动员工行为。人类作为一个物种，一切所作所为都是为了积蓄资源，我们也时刻都做好了行动的准备。由于智能结构能把个人和群体的行为与公司的战略目标统一起来，奖励系统就成为每个公司结构中至关重要的元素。

然而，奖励却并不总是能带来满意，而且还有可能引发不满——尤其是当公司要求一个人完成一个任务，而奖励系统却往反方向指的时候。这在现今的商业世界中出现的频率可能远超过你的想象。当奖励系统和工作要求之间出现冲突的时候，奖励系统将毫无疑问地获胜。

我们在**第三章 竞争战略**中已经提到过英国第三大电信运营商 Energis 的例子。它的战略目标非常明确，就是要为大型顾客提供利润率高的服务，以满足他们复杂的通信需求。但是建立这样的顾客关系需要花很多年时间，而且从销售团队的角度来说，高销量、低利润率的商品和服务则更容易实现他们的销售目标。由于提成是由销售收入来决定的，和对公司整体利润率的贡献并无关系，所以他们都很乐意把自己的精力放在高销量、低利润率的商品和服务上。而且管理层也没有做过多干涉，因为快速增长的销售额带来了股票价格的飞涨和期权的升值，他们完全不愿意去阻止这一切。可以想象，公司在初始战略的道路上越走越偏，最终破产。[24]

公司必须要小心处理根据战略业绩表现制定工资标准的行为，但这并非易事。这种制度也会在无意间带来许多后果。公司可以试着猜一猜员工对不同的奖励制度会做出什么反应，但是不如直接询问来得更有效。要跟员工分享公司的战略目标，和他们讨论怎样能做出最好的成绩来实现这个目标，询问他们到底什么样的工资结构最能鼓励他们付出最多的努力。这类沟通只会有百利而无一害。

驱动战略改变的工资体系

如果设计奖励系统本身就有很大难度，那么改变这个系统就会是噩梦一场。其实结构变化的最大障碍往往是政治化程度最大的因素。没有任何人会拍手称赞一个降低自己工资的改变。因此当公司做出改变时，每个人都在密切观察着，确保自己不会比同事失去得更多。所有小的细节都会被每一个相关的人严密地注意着，他们会夸大现实，也会随时提出批评意见。除非董事会能同意加薪，不然对所有参与者来说，这都是既耗时又劳心的情感过程。

与其每次在发生战略变化时都来改变奖励系统，倒不如反过来思考，为每个战略改变的出现设置相应的工资体系。Capital One[25] 和 24 Hour Fitness[26] 一直都在坚持使用这个方法，并因此在业绩上分别超过它们的竞争对手。一个智能战略能带来的是可持续增长的卓越业绩，而非立竿见影的财务效益；而且采用这些战略的公司关注的是公司未来现金流的净现值，并不是短期利润。如果公司的工资体系设计之初就看中的是每个员工能实现的净现值，那么就一定能鼓励他们去找寻新的方法为公司创造长期利润，员工也就不太可能会做出为了短期效益而牺牲长期利润的行为。一家公司的净现值等于当前每个客户的净现值和未来每位潜在客户的净现值的总和。不走寻常路的公司都会关注公司员工与当前客户已经构建好了哪些有价值的关系，并努力鼓励他们发掘更有价值的客户关系。这类公司会鼓励自己的员工随着环境的变化调整公司的战略，充分适应在不断变化的环境中的产品线和顾客群的需求。

信用卡供应商 Capital One 雇用员工的目的就是为公司寻找高净现值的客户，为此每年都会进行超过 50 000 个市场测试。一旦某一市场部门出现吸引力下滑的征兆，公司就会自动转移到下一个更加具有吸引力的领域去。这都要归功于上千员工同时寻找新机遇的集体努力。借助这一机制，公司在整个经济周期一起一伏的大背景下已经成功实现了业内的最高回报。

健身俱乐部连锁 24 Hour Fitness 每个月都会根据顾客留存率对每间健身房的经理进行奖励。保留会员资格的顾客数目直接决定着他们的工资状况。留存率是另一个与顾客净现值高度相关的考核标准，因此，当地健身房的所有者总是在不断调整自己在当地的战略来留住顾客。24 Hour Fitness 现在已经超过 Bally Total Fitness，成为全美最大的健身俱乐部，而 Bally 则在竞争中败下阵来并因此倒闭。[27]

沟通

为了学习而沟通

信息通信系统能把正式架构中的所有元素组合起来。由于战略改变从本质上来说是临时行为，因此尤其需要通信系统的支持。

在协调多人工作时沟通是必不可少的。在"指挥—控制"方法中，必须要发出指令、得到反馈，才能获得我们预想的效果。在这样的情况下，沟通就是为了协调和控制一个已经决定好的战略。

智能公司的战略永远处在改变之中，战略决策权也分散在整个公司里。这样，战略业务单元之间、战略业务单元和管理层之间就能不断产生各种新的观点和想法，沟通也因此变得尤为重要。但是现在，沟通已经从单向进行变为双向进行，沟通的目标也从通知变成了学习。在这样的环境中，部门经理都是在**为了学习而沟通**。[28] 他们会在疑问和利益之间进行平衡，每个人都可以表达自己的观点，解释其中的逻辑和理由，并鼓励他人来验证。这是一个双方都在学习的过程，结构也会因此变得越来越智能。

为了启发而沟通

劝说性质的沟通比较能鼓舞人心，而且能把大家团结在一个共同目标的周围。有了这个共同目标之后，人们的使命感就会增强，会相互合作来实现目标。员工能在更长的一段时间之内带来更多的产出，而且他们也觉得提高生产效率的感觉很好。如果他们相信这会给自己带来长期利益，那么也会愿意在短期内去适应、去改变。但是，如果他们缺乏目的性，就会很快灰心丧气，生产效率也会随之降低，甚至出现内部功能失调。目标感是团结大家进行改变的重要因素。我们将在**第十五章 利用人们永不满足的需求**中对此做出具体分析。

沟通有助于建立共同的目标，也能打造公司的价值观。共同的目标来自一个能指导每个在路上的人实现梦想的愿景和共同价值观，它时刻都在激励人心。仅仅简单地把管理层的想法告诉员工永远无法达到这个效果。我们的目标就是要搞清楚什么才是最能激励人心的，人们最看重的价值观是什么。管理层就需要创造这样一个平台，供大家讨论并测试可能会引起共鸣的想法。为了让每个人都能和别人分享自己认为重要的事情，我们就需要多多促进同级沟通。很多公司都采用了整套的跨部门会议和工作坊讨论模式，还有一些公司会求助于互联网。IBM 在 2003 年经历了一场身份危机。在过去的百年间，它终于第一次感到重新定义使命和价值观的必要性。IBM 通过使用在线平台，和超过 30 万名员工进行在线交流，发现了统一的新价值观。"鉴于我们所处的时代，到处都充满了可以和我们比肩的公司，它们具有智能战略、走全球化路线、独立思维、拥有大批 21 世纪的新兴员工。我不认为像价值观这种不但重要而且非常私人化的事情是公司高层领导可以拍板决定的。" IBM 总裁萨米尔·J. 帕米萨诺（Samuel J. Palmisano）曾在公司主页上这样写过。[29]

信息系统

虽然通信系统可以促进改变，但信息系统通常却在起反作用。每个人都经历过信息科技带来的灾难。管理层也十分害怕出现成本大规模超支或者延迟交付。一项近期的研究表明，几乎有20%的重大IT项目都比原始预算超支300%。最终交付的结果也不能令所有人完全满意。不愿意解决大的系统改变问题是产生惰性的一个重要原因，在将IT系统外包出去的公司里，这一点尤为明显。每年外包费用高达10亿美元的公司不在少数，大多数小规模的改变也往往需要耗费上亿美元的成本。但是，即使公司拥有自己内部的IT系统，也会出现同样的问题。

产生问题的原因来自很多方面。最常见的问题出在蹩脚的设计上，这种设计仅仅是总结了过去的失败教训而已。公司的首席信息官接手的遗留系统是在很长一段时间内不断打补丁凑起来的。由于构建系统时就没有想过维护或者改善的问题，所以每个系统自己本身就是一团乱麻；而且公司在经历了多次兼并收购后，随着不同公司的不同系统的介入，就更进一步把问题复杂化了。这其实很常见，如某个大公司里有上百个独立系统和无数不同版本的客户文件及产品文件，这些全部都必须用不同的方式才能统一接入。全美第二大个人汽车保险商 Allstate[30] 所运行的赔付系统实际上是由 95 个子系统拼凑而成的，到最后它也不得不彻底改造赔付业务。

为改变而设计

改变或维护如此复杂的遗留系统，难度极高。为了能更好地开发、维护和修改信息系统，我们就必须在设计之初坚持使用以目标为出发点的架构，并采用相对独立的单位。[31] 只要各个单位之间能进行很好的沟通，那么每个单位内部的工作方式就可以和整个系统的运营方式保持相对独立。这能让工程师单独针对每一个单位做出维持并改进，从而能相对较快地设置新目标或者修改旧目标，而不会影响到整个系统。老旧的遗留系统可以在一个中间件上"兼容"当前的应用程序，借此和其他应用程序实现通信，朝着一个以目标为出发点的架构逐步"演化"。在一段时间之后，被兼容的应用程序就可以被替换下来了。这个过程不但痛苦缓慢，而且代价高昂，但即使这样，也可能比在公司彻底垮掉之前重头来过的成本更低、风险更小。这个方法也能创造持续智能进步和改变的能力，是公司取得长期成功的关键。

管理者通常可以得到他们应得的信息，但信息系统经常由于具体规格不明而屡出问题，因为管理者并没有投入足够的时间来寻找他们真正需要的信息。如果被问及他们到底需要什么样的数据，怎样组织这些数据才有助于他们的工作，大多数部门经理都会是一头雾水。但是，如果公司中有一名既了解公司战略又通晓技术的工程师，高管们就可以快速地找出对自己有用的关键信息。只要通过实例给他们讲明白怎样组织信息，他们就可以找到最有用的那部分信息了。快速做出虚拟原型能让部门经理和知识工程师及时得到反馈信息，了解需求已经得到满足。这一系列快速的反复有助于部门经理设计出自己部门所需要的知识系统。快速的原型设计是非常灵活的系统构建方式，借此，在相关数据库结构的基础上就可以构建出以目标为出发点的架构。

灵活的开发方法能帮助公司避免增加新的系统。人类生来就会抵制变化，如果把变化强加在他们身上时，他们就会大声表达自己的不满。因此，必须让大家深信这种改变值得他们付出，自愿投入时间学习新的方法。如果系统本身正是由它的使用者为了简化自己的工作而设计的，那么适应新的系统显然就不会存在太大问题了。其实判断系统是好是坏的标准很简单。如果一个系统在测试阶段被少数人接触之后就能立刻扩散，而且其他人闻讯后也纷纷要求使用，这就是一个很棒的系统。

为打造竞争优势而存在的信息系统

信息系统是创造竞争优势的巨大动力之一，它是能降低成本并增加差异化的秘密武器。[32]正是出色的信息系统让香港利丰集团在时尚服装行业中创造了全新的业务模式，让它能为每一批顾客订单都建立专属的供应链。从信息系统中受益最多的公司都在利用它支持自己的新业务模型，构建支持快速变化的平台。

当信息系统已经成为公司的核心竞争优势时，再让外部供应商来负责系统的构建和维护就非常危险了。Capital One 当初决定用信息技术作为公司战略的基础之时，就接受了 5 000 万美元赔款的代价，结束了和 IT 供应商 EDS 的合同，把 IT 控制权收回公司。[33]对创业型公司而言，这会是很了不起的一步。但是 Capital One 不能够形成对"行业最佳实践"的依赖，它需要打造自己的专属竞争优势，让竞争对手无法迅速效仿。而且 Capital One 在 20 世纪 90 年代时开始采用以目标为出发点的编程理念，而这在当时还只是更多留于纸面的一种理论形式，并非主流实践方法。由于这个技术在当时才刚刚兴起，市场上并没有太多合格的程序员，所以公司甚至不得不培训自己的员工学习这门技术。这就充分显示了 Capital One 的决心，坚持要构建起一个自己专属的灵活信息系统来打造公司的竞争优势。

小结

一家公司的正式架构是由很多相互依存的元素所组成的。每个元素都能产生惰性。由于各个元素之间存在着极高的相互依存度，以至于很难在不动全局的情况下改变其中任何一个。因此，正式架构是公司结构惰性的一个主要来源。

在本章中，我们探讨了一系列正式架构中的重要元素，研究了每个元素创造价值的方法以及产生惰性的原因，也讨论了克服这些问题的方法。本章首先从公司的组织结构图着手，探讨公司的正式层级关系。层级关系是一种行之有效的管理方法，可以提高公司组织工作的效率，但是随着任务数量和规模的不断增加，层级也在增加，随之而来的就是效率的降低和惰性的增加。相对于使用大型单一结构和中央集权化的"指挥—控制"方法进行战略改变，我们推荐**以目标为出发点的组织方式**。可以把公司分解成多个小型、半依存的业务——战略业务单元——让它们自行设计内部的工作，并对当地的战略变化做出自主回应。这样，战略和结构智商就能平均分布到整个公司。我们也提出了以项目为单位的灵活结构——**以机会为出发点的组织方式**——在瞬息万变的环境中，这种方法也值得大家仔细思考。

之后，我们讨论了业务流程。流程虽然能提高公司的效率，但因为很多流程之间都是相互关联的，所以也会同时产生惰性。我们建议减少各个流程之间的关联性（以目标为出发点的公司）来简化流程，并对任何改善流程的行为施以奖励而不是惩罚。由于流程改变能力能在环境不发生变化时带来很好的投资回报，并在环境需要改变时也能提供资源以支持改变，所以对这种能力的投资绝对不可以吝啬。

接下来，我们探讨了公司的人力资产。要在全公司范围内分散更多的战略和结构智商就意味着要招到正确的员工，并且还要教给他们正确的技能。与此同时，改变也意味着解雇那些技术陈旧、不思进取的员工。但是如果公司已经将自己打造成为市场上最受欢迎的雇主，那大可不必为这种问题担心。

我们坚持必须要谨慎设计考核和奖励制度，要让它和公司的长期战略成功保持高度一致。公司不应该总是在痛苦地调整奖励系统来不断追赶变化中的战略，而是要奖励促进战略改变的行为。

之后，本章又重点提出了沟通在推动战略改变中的重要性。我们认为，若想在全公司范围内分布战略智商，公司高层管理者就必须和员工进行沟通和学习，而不是简单布置一项工作任务。管理层也必须要能在沟通中引导员工积极进行同级交流，帮助他们找到共同的奋斗目标，才能确保改变的顺利进行。

最后，提到的是公司的信息系统。信息系统有助于公司变得更加智能，

能以更智能的方式回应变化。事实上，在本书提到的诸多案例中，这些智能
公司都是依靠信息系统才实现了过人的智商。但同时信息系统也可能成为阻
止改变的巨大障碍。因此，最初设计出来的信息系统必须要能灵活变通，适
应以目标为出发点的架构和灵活的编程方法。另外，我们也要谨记，永远不
能把公司中枢神经系统的控制权交给外部人士，这会让公司处在信息架构失
控的风险之中。

注释

[1] Mintzberg（1979）。

[2] Anand，Collis 和 Hood（2008）。

[3] Clippinger（1999；2007）。

[4] Robin Dunbar 有关大脑原始容量的研究报告（Dunbar，1992）指出，人类
社会群体的成员数目上限为 148 人。这和"Dunbar 数目"的 150 相差无
几。从进化人类学的角度对人类物种的具体分析请参阅 Dunbar（2004）。

[5] IDEO（2011）。

[6] Ghemawat 和 Stander（1992）。

[7] 有关以目标为出发点的设计理念的具体内容请参阅 Taylor（1998）。
Veryard（2001）将其大胆应用于商业。Fairtlough 详细描述了他是如何将
这些原理应用在实践中的，并且对群体人数规模的上限做出了分析，请
参阅 Fairtlough（1994）。

[8] 请参阅 Wells（2005）"Whole Foods Market，Inc"。

[9] 同 [6]。

[10] Fung，Fung 和 Wind（2008）。

[11] Meyerson（1996）。

[12] Zich（1997）。

[13] Williamson（1975）。

[14] 同 [10]。

[15] Wells 和 Anand（2008）。

[16] 同 [6]。

[17] 请参阅 Taylor (1911)。100 年前的科学管理学派就展现出改善制造流程的潜力。美国综合性军事战略研究机构兰德公司（Rand Corporation）起步于第二次世界大战时对飞机造价的研究，它于 20 世纪 50 年代认证了改善制造流程的学习曲线效应。

20 世纪 70 年代，波士顿咨询集团（Boston Consulting Group）对学习曲线这一概念做出了扩展，认为其包含所有由公司产生的成本，将其称为"经验曲线"。

20 世纪 90 年代，市场上涌现出了一批业务流程再造顾问，是他们"重新发现"了优化流程设计的好处，也给自己提供的服务带来了丰厚的经济回报。这是对于《哈佛商业评论》 （*Harvard Business Review*）上 Michael Hammer 先生于 1990 年发表的一篇颇具影响力的文章的回应。他认为经理应该借助信息科技，以较为激进的方式重新设计他们的工作，而不仅仅是实现现有流程的自动化。Hammer 先生提倡一次革命（请参阅 Hammer 和 Champy，1993），这一观点也得到了诸多专业顾问的大力推崇。我记得，当我在 20 世纪 90 年代中期任职于百事可乐公司的时候，几大咨询公司都保证通过业务流程再造可以实现至少 20% 的成本节约，甚至有几家公司还愿意把自己的咨询费用和客户业绩表现挂钩，进一步说明它们对业务流程再造的绝对信心。

但是，近十几年来，由于业务流程再造项目产生了大量的失业人员、高额的咨询费用，也对公司造成了巨大的破坏，因此惨遭失败。然而，不久之后，它又以"业务流程管理"的名义重出江湖，宣称能实现更大的增量和持续的改善。这一领域的综合阐释请参阅 Vom Brocke 和 Rosemann (2010)。不论打着什么样的名号，业务流程再造或者业务流程管理现在都在全世界各大公司得到了广泛的认可，这也从一个侧面反映了它能节约成本。

[18] 同 [2]。

[19] 同上。

[20] 同 [6]。

[21] 美国陆军使用事后审视项目进行部队训练的详细状况，请参阅 Wells、

Hazlett 和 Mukhopadhyay（2006）。

［22］ 同 ［2］。

［23］ Kaplan 和 Norton（2000）；Kaplan（2010）。

［24］ Wells（2003）。

［25］ Wells 和 Anand（2008）。

［26］ Wells 和 Raabe（2005）"24 Hour Fitness"。

［27］ Wells 和 Raabe（2005）"Bally Total Fitness"。

［28］ 请参阅 Argyris（1990；2004）。

［29］ IBM 总裁 Samuel J. Palmisano 曾致公开信《IBM 人的工作价值观》，请
参考网址 http://www.ibm.com/ibm/values/us/，2011 年 10 月 31 日。

［30］ Wells（2008）。

［31］ Brown（2000）。

［32］ Michael E. Porter 认为，降低成本和提高差异化之间存在着一个平衡
（参阅 Porter，2008），但是科技创新通常能同时改善这两个方面。

［33］ 同 ［25］。

第九章
非正式架构

利用社会力量

简介

在第八章中我们已经讨论过正式架构，知道其复杂性能够扼杀公司做出的改变。但其实公司里的大部分事情都是通过非正式的形式完成的。[1]一家公司的非正式架构——不成文的规定、权力经纪人、造谣生事之人——既可以是公司独有的有效帮手，也可以是公司最大的敌人。在本章我们就来深入研究非正式架构的作用，看看它怎样导致惰性的出现、怎样促进智能改变。

有些人觉得非正式架构是一个不利因素，是一个"政治魔鬼"。之所以会有这种观点，是因为总是有人会牺牲公司的利益追求自己的目标。通常来说，如果员工没有帮助公司成功的动力，倒还真是这么个情况。但也有不同意这个观点的人——快速涌现的非正式渠道和安排通常意味着"群体福利"。尽管正式架构总是在制造麻烦，大家也往往能共同合作，把公司带向成功。人类生来具有创造力，也擅长自我组织，我们会自发使用社交网络实现一个共同目标，这个技能也可以被公司利用。

非正式架构可以为公司的战略改变做出重大贡献——不需要开发成本，不需要正式运营支持，还可以迅速做出调整。但它也可能给公司变革带来巨大的阻力。

我们必须首先完全弄明白非正式架构，而后才能利用其所长。为此，本章将从神经系统科学、进化生物学、社会学和人类学的角度出发，探索我们做事的方式和原因。

社会机制和大脑进化

大多数人都认为我们对命运的控制是在依靠选择的力量，但其实我们绝大部分的行为并不受意识的控制。我们挑选伴侣、信任陌生人、选择朋友、保护亲属或发现爱人出轨的方式都早已深深根植在大脑中。人类与生俱来就拥有一套能让我们比其他物种更聪明、对社会机制更具有适应力的技能，它也在无意识中控制着我们的行为。这种技能的预见性极高——社会机制的一种形式。[2]但是，我们也有能力思考自己的身份是什么、自己在做什么等问题。我们可以学习改变。对于那些与生俱来的行为，我们能够努力使其变得有意义，压制无法帮助我们成功以及可能会阻止我们成功的行为。

小型群体的协调技能

在大脑进化的过程中，我们逐渐形成了一整套社会协调技能，在它的帮助下我们成为最强大的物种。大脑在最早期的社会发展阶段形成了小型群体，以及可以协调规模在 5 ~ 20 人的群体的社会协调技能，这通常是以家庭为单位进行的。群体协作可以为捕食者提供更强大的保护，使他们获取更多食物和更大竞争力，并且提高他们捕获更大猎物的能力。被群体排斥可能就意味着死亡。群体协调技能在很多较低级的哺乳动物中也有不同程度的体现。这在狼群的行为模式中非常明显：一个大狼族的群居生活增加了它们的生存概率——这种行为模式也会随着基因世代延传。

狼群是由公狼首领和它的配偶母狼紧密合作领导的。公狼首领只是单纯使用原始的身体力量和诸如恐惧、恐吓等简单表情来控制狼群成员。狼群成员也会给出屈服于首领的信号来避免伤亡惨重的相互厮打，否则会削弱整个狼群的力量。在狗打架时我们也能看到类似的行为，战败者会身体蜷曲做臣服状，而不是至死抵抗。协调是通过身体动作、眼睛运动和原始语言进行的。这些机制在管理小型群体时非常有效。可能这些行为在人类看起来确实非常原始，但有时——尤其是面对危机时——也会在小型业务团队中表现出来。在重压之下，人类的原始本能就会重新浮现。

大型群体的协调技能

一段时间之后，随着群体规模的增加，人类需要处理更大规模的群体事务时，小型群体的协调技能就开始演变。我们增加了专门的角色、协调技能和复杂的情感控制。如今，人类大脑已经演化到可以在无意识的情况下处理复杂的跨群体社会协调任务，其中每个群体都有大约150个人。[3]这就是社会机制的上限。我们可以把这看成是社会的自然分组——一个**社会机制单位**或者一个**社区单位**。[4]

在这样的一个单位中，仅有一层层级关系——首领领导、每个人服从——是远远不够的。首领应该由很多中层领导协助；"组织者"能有效组织资源协助完成工作；"联络人"来召集正确的人；"预想家"构想并发布想法；"身份审查员"决定群体成员资格；"真相大师"确保每个人的诚信诚实；"执法者"确保每个人都遵守规则。有了这些角色，就等于共同创立了一个群体的层级关系，扩展了首领的领导范围，可以影响更大规模群体中的个人行为。

群体成员的自我身份认同感来自他在一个社会群体中所扮演的角色。出色地完成任何一个角色的使命都能让该个体在其他群体成员中建立良好的声望。而良好的声望价值在群体之中是非常宝贵的——它比财富更重要。

在大型群体中，自然的力量、恐惧、恐吓都太过原始，不能成为主要的社会控制工具。我们需要一套更广泛的社会情感来控制行为，这就包括了同情、尴尬、耻辱、负罪感、骄傲、妒忌、猜忌、感激、仰慕、愤怒和轻蔑等，它们都可以通过人类的姿势、言语和面部表情表达出来。

情感是具有传染性的，它能从一个人快速地传染到另一个人身上。有时候一个人的情感可以引发不同的情感作为回应（比如，生气引发恐惧）。所有这些都是通过快速向大脑深处的杏仁核发出信号，在潜意识的控制下实现的。我们其实都在毫无意识的状态下控制着他人，也同时被他人控制着。我们一直以来都在追求情感上的满足，找寻适合相处的人，避免相聚不欢的人，设法满足我们与生俱来的需求，希望自己能成为对群体有价值的成员。

大型群体的协调行为

人类天生就能做出诸多促进大型群体协调的行为，也因此让这个群体更加具有活力。

礼尚往来。人类天生都是交易能手。我们交换货物和服务，这是每个人在生活中都司空见惯的。我们交易收藏品、食物，互相帮助；我们会用任何有价值的事物来交换对我们价值更高的其他事物。它能带来社会分工，这在群体成长壮大的过程中是非常重要的。

信任。在我们相互信任的时候，交易才能更加顺利地进行。信任是大型群体中最重要的协调机制之一。[5] 如果你我之间相互信任，今天我帮你的忙，也会期望着你在将来的某一天能帮到我，这就是物物交换。随着时间的延迟，或者做出的"许诺"，极大地提高了交易的机会——这也在提高市场的效率。在现代社会，物物交易和许诺已经被我们用金钱和贷款取代了，但是这两者也还是许诺的某种形式。当金钱或贷款的固有价值受到质疑时，就会破坏信任，交易也会停止。2008 年的全球金融危机就是因此而造成了市场崩盘。在2011 年，美国和欧洲又因为巨大的债务贷款而陷入了严重的信用危机。

信任比交易更重要。我们必须信任群体里的其他成员有能力完成各自在群体里的角色，能共同努力保证群体的生存，他们也必须相信我们同样有能力履行自己的职责。当群体领导要求我们做某件事时，我们必须信任领导，相信他的要求是从群体最大的利益出发的，而并不是为了一己私利。我们要从对他人的信任中享受化学快乐感，这能激发大脑中的多巴胺，给我们带来幸福的感觉，于是进一步促进相互信任。[6]因此，我们都喜欢和自己信任的人相处。

人类都是识别骗术的高手。大脑有专门的部分负责这个功能。实验表明，当一个人大脑的这一部分受到物理损坏时，他就难以察觉骗术。[7]在我们感觉到骗术时，就会立刻失去信任，也会感觉不舒服。因此，我们不喜欢和自己不信任的人相处。

交换礼物和小恩小惠。陌生人通过交换礼物开始建立信任。交换礼物是最古老也是最普遍的人类行为之一。这样做的风险很小，但是象征意义却十分巨大。可以通过这种方法建立起互惠互利和信任的网络。这也标志着大家愿意一同合作。随着双方达成了越来越多的成功交易，彼此之间的信任也会更上一层楼。在财务方面，信用评级也能同样增加。

互相的小恩小惠和交换礼物类似，能够建立具有生产效率的信任关系。虽然互相的小恩小惠可能不容易量化，但人类生来就很擅长给别人打分，也时刻都能记得谁欠他一个人情，或者是他自己欠谁一个人情。另外，群体的大部分成员也都能随时发现谁是他们之中的"索取者"——总是接受别人的好处而自己少有回报和付出，以及谁是"给予者"，也就是那些付出多于回报的人。往往到最后，那些爱占便宜的人会被集体孤立，没人想和他们再做交换了。

介绍。给他人做介绍是很重要的一种群体社会行为。当群体中的一个成员介绍另一个人给其他成员时，他们其实是在给这个人进行担保，暗中为他做出保证，表示大家可以信任他，也同时在扩展他的信任网络。这能促进原本陌生的人之间做成交易、建立新的信任关系，并扩展群体的有效规模。

诚实和正直。诚实和正直的人品能增进信任。当人们诉说真相并能做到言行一致时，就很容易产生信任。如果有人撒谎，我们不会去相信他们的许诺。我们会认为他们对我们的意图不纯。

群体成员之间的偷窃行为不但破坏了群体的运行，还会威胁到其稳定性。因此从逻辑上讲，这是无法容忍的行为。人类对偷窃的反应往往是情感战胜逻辑，而这种情感又不仅仅是针对窃贼一人。窃贼会遭到大家的集体鄙视和放逐，素来与窃贼亲近的人也会倍感罪恶和羞耻。于是，这就在一个群体之内产生了社会压力，让大家都能保持诚实。

公平。公平也能促进信任。在一个相互依存度高的环境下，资源如果无法得到公平的分享，往往就会导致内部出现争执，还会破坏群体的实力。人类天生就能对不公平和不公正的现象做出强烈的情感反应。我们会产生愤怒和厌恶的情绪。这在诸多人类种族文化中都有所表现。[8]一些猿类身上也表现出了这种行为。我们以棕色僧帽猴为对象进行试验，如果在完成同一项任务之后，看到同类得到的奖励比自己的更好，那么被试会拒绝接受自己的奖励。[9]

透明度。这是产生高效群体合作的另一个重要条件。显然，如果每个人都可以看到其他人的所作所为，就比较容易协调活动。这就能让那些表现不好的人暴露出来，也能有效制止那些只占便宜的人。我们不能信任总是有所隐瞒的人。群体的规模以及分布状况会带来该群体的透明度上限。如果一个群体中有150人，成员也都在同一个地方，那么隐藏的余地就很小，因为"每个人都认识所有人"，而且每个人都能清楚地看到其他人的所作所为。如果一个群体的规模超过了150人，或者成员分别处在不同的地方，那就会给透明度带来一些问题。一旦透明度出了问题，信任度也会大打折扣。

责任。责任也是群体生存能力的重要因素。每个人都必须履行职责；如果无法完成任务，则要接受处罚或被开除出局。这才能充分体现公平性、促进信任。执法者在此就扮演着重要的角色。

利他主义。这是对群体行为的一个更高要求。利他主义是群体的一位成员为其他成员做了某件事情并且不图回报时的一种表现。有些人认为，群体成员会这样做的唯一原因就在于他们相信其他人也会做出同样的举动——利他主义互惠互利的一种形式。但是，利他主义互惠互利本身就是一个矛盾词。这无法解释在战时士兵为什么愿意牺牲自己的生命来换取群体的利益，这才是真正的利他主义。实验表明，大脑的某个部分在我们无偿帮助他人的时候会"亮起来"，同时给我们带来快乐感。[10]

上述行为都是深深刻入大脑中的。就算没有意识的控制，在遇到共同目标时我们也能自发进行组织，建立起高效的群体来利用这些技能并对挑战做出回应。因此，仅有 150 人的小型公司不需要太多正式的控制机制。只要有一个共同目标，就会出现一个非正式组织，它也能非常高效地实现这个共同目标。

旨在从自然行为中受益的公司必须要注意到激发这些行为的条件，并且给这些行为提供奖励以示支持。互惠互利和利他主义行为对群体的生存起着至关重要的作用。透明度、责任、诚实与公平都能促进相互信任，还会提高群体的效率。任何与此相冲突的事情都有可能产生反作用。

大型群体之间的关系建设——群体间社会机制

或许 150 个人就能依靠自然本能顺利形成一个群体单位，实现共同合作，但是怎样才能防止不同群体之间的相互竞争，保证不会威胁到彼此的生存呢？这个巨大的社会是我们亲手创造出来的，它的存在就已经证实了人类这个物种的集体智商要远比我们想象得更高。在有需要的时候，人类社会机制的单位是怎样配合的呢？

大家也许不太相信，其实有些较低级的物种也能做到这一点。蚂蚁的领地感非常强烈，它们会攻击其他蚂蚁的巢穴。但是，有些蚂蚁的亚种通过后天习得可以探测出和自己来自同一基因库的蚂蚁，与它们合作，去攻击其他亚种蚂蚁的巢穴。于是就会逐渐出现具有攻击性的大型蚂蚁群体，它们会消灭当地的亚种蚂蚁以及动植物群落。近期在澳大利亚墨尔本就发现了一个分布超过 60 英里的大型蚂蚁种群。[11]

人类目前建立起来的结构规模已非常庞大，远不止 150 人，大大超过了可以由群体内社会机制控制的人数上限。

人类也表现出了搭桥行为，也就是个体愿意转移到其他群体并且在群体间创造连接。年轻人尤其希望能更多地接触外部事物，并且愿意去发现新的世界和其他群体。虽然存在基因多样化，但是人类整个物种的基因合力还是为了这个物种整体的最大利益，因此在接近生育年龄时，人类会很自然地表现出这种行为。接近一个新的群体永远都存在着一定风险，但是在很多文化背景下，大家也都对陌生人抱有欢迎态度——这能促进吸引新的基因进入他们的基因库中。而且新成员也会仍然和他们之前所在的群体保持联系，这也就从另一个侧面降低了群体间发生冲突的可能性。事实上，如果这种联系足够多，群体领导就算想挑逗群体成员发生群体间冲突，难度也是很大的。这时就会形成联盟——比单个群体更强大的集体。不能参与到这种联盟中的群体很快就会消失。早期的部落和封地就是以这样的方式逐渐演变成为国家的。

有些个体在不同群体之间跳来跳去，并没有忠于任何一个群体。他们就是"交流者"。他们这种摇摆不定的行为也给自己带来了不少猜疑。因此，出于自我保护，好的交流者必须懂得如何避开威胁，而且还必须总能表现出自己对每个群体都有价值的一面。他们的目标就是要在双方之间建立一个信任的桥梁，这就需要卓越的社交智商。

交流者通常会使用群体中常见的社会交换机制——交换小恩小惠来建立信任，从而获得被人介绍的机会——但是频率更高。他们在自己所连接起来的群体里的名声并非来自于自己在层级关系中的位置，而是来自于他们所构建的网络的质量，因此他们需要非常谨慎地保护自己。事实上，团结更多的群体在一起并不符合他们的利益，因为这样一来交流者的个人价值就会降低。

但是从群体本身来看，如果能从群体间的合作中获益，他们就会非常支持出现更多交流者来降低相互威胁的能力，并期望能给自己带来更紧密的群体间合作。

虽然有些人天生就比他人更擅长建立社交网络，但其实凡是人类就具有这种能力。像客户关系经理这种传统意义上的组织者角色，尤其需要依靠这种能力在自己公司和客户之间搭起桥梁。

每个人其实都认识一个出色的交流者，但是直到近期才有为数不多的人意识到自己在建立关系网络上耗费了多少时间。社交网络网站就揭示了交流者的作用和他们网络的范围。在职业社交网站领英上，有一小群人把自己变成了职业的交流者。他们花了无数个小时来建立成千上万的联系人网络，希望能借此高效履行自己的职责。这些都是出于本能的行为，有些人甚至无法自控。

公司里的交流者有助于在正式架构和非正式架构之间搭起桥梁。随着公司日益积累有关社交网络方面的专业技能，这种交流也就越来越多地依靠精心设计来完成，而不像以前纯粹出于各种巧合。关于这一点我们下面还会进行讨论。

非正式架构的形成

非正式层级关系

社会机制有助于形成非正式架构，它与正式架构存在着诸多类似之处。

公司的正式层级关系可以通过组织结构图表示出来；非正式层级关系虽然不很明显，但能更好地体现出谁是这个群体的真正领导者，这种领导者也通常会得到人们的拥护和跟随。

天性使然，人们都会尊重领导者的领导能力，仰慕他们为人处世的方法，信任他们会把集体利益放在自己个人利益之上。合法合理管理下的社区通常更具适应力，也能发展得更长久。这是因为人们有选择的权利，能够寻求更积极的情感环境和社交环境，让他们更愿意进行改变，并且更愿意改变他人。高压型的领导会使用奖励和惩罚措施来驱动这些行为，他们依靠的只是比较原始的人类本能。一旦人们有选择余地时，他们就会尽量避免，甚至奋起反抗。监护型的领导则更愿意一切保持现状，他们也通常都会被这个群体视为不合适的领导人选。[12]

公司必须要指派合理的领导出任层级关系中的正式职位，否则就会有员工忽视领导或反对领导的风险。公司里还存在着不少有能力但未被委以重任的人。管理层必须要明白，这些人都天生具有领导才干。虽然没有正式头衔，可是他们却能给公司带来很大的无法被忽视的影响。

非正式流程

正式流程决定了公司里的工作方式。很少有哪家公司能以文件的形式完整记录整个流程，就算有相关的文件，也不太可能全面反映现实，因为公司员工很快就会发现更快更好的工作方式替代原来的。如果没有良好的奖励机制鼓励员工分享所得，他们即使会主动提高工作效率，也完全是出于自身利益——比如获得更多的业余休闲时间。但是，如果公司能够提供正确的激励措施，社会机制就能找到新方法提高公司的战略智商，盈利水平也会得到相应改善。正式培训和流程改进措施可能会有所帮助，但是如果一个团队干劲十足，就一定能自己找到合适的方法，并在这个过程中得到很多社会满足感和情感满足感。在 Nucor 的迷你型钢厂里，丰厚的团队奖金就是员工提高生产力的强大动力。不需要复杂的正式流程，所有团队都在不断地寻找改进方法。[13]

非正式人力资产管理

非正式架构也可以在开发人力资产的时候带来有效帮助。Capital One[14]

和 Progressive Insurance[15]两家公司都发现，公司现有员工介绍进来的新员工取得成功的概率更大一些。有些公司十分唾弃这种方法，它们觉得这会鼓励裙带关系。但是，它们其实完全忽略了社交网络的作用。一个人如果在群体中的价值很高，他绝对不会犯傻介绍完全无法胜任这个工作的亲友进入公司。原因有二：其一，他会破坏自己的信用度；其二，一旦出现失败，他就会被相关负责人连带责怪。因此，个人推荐是非常有效的选人利器。

非正式网络也会更加不留情面地排除无所作为的人，这一点在 Nucor 已经得到了很好的证明。[16] Nucor 的团队奖励制度给每位员工都带来了强大的社会压力，那些无法完成工作的人只能选择离开。

非正式的开发系统也是非常有效的。大部分成功的部门经理都能记得自己的指导老师或师傅，都非常感谢他们为自己职业生涯做出的贡献。指导老师不仅仅帮助他们学习了相应的技能，还把新员工介绍进他们的社交网络中。这就帮助"被指导的人"更快融入这家公司的非正式架构中，开始通过交换社交货币完成工作。通常来说，做出指导行为都是出于比较自私的目的——你帮我，我就帮你——但是很多资深的部门经理却是为了实现自己情感上的满足感来做这件事的——利他主义互惠互利——基本上就像父母无私地为子女奉献一样。

非正式考核和奖励

社会和情感奖励都能在非正式的组织形式中带来极大动力。大部分正式的奖励系统都把重点放在原始的经济奖励上，但其实如果能满足员工的社会和情感需求会更有效果。士兵在战场上并不是为了抚恤金才牺牲自己的生命，他们是为了自己的战友。如果他们不这么做，将要承担太大的社会压力。对公司而言，就是要把内部的社会压力和战略成功统一起来。在 Nucor，这是通过定期发放团队奖金来实现的，公司以此奖励炼钢成本较低的团队。结果就是没人敢拖团队的后腿，不然责备声会不绝于耳。[17]

象征意义的奖励比经济奖励的成本更低。公共认知度会带来社会的尊重，成本也非常低，但这却是一个非常强大的动力。公开不同业务单元的业绩也是非常有效的方法。位列榜首的会备感荣耀，而垫底的则会深感耻辱，这在我看来就是"荣辱游戏"。耻辱能带来极大的痛苦，甚至还具有破坏性。所以通常来说，比较温和的方法是只公布榜上的前几名以示激励。单独列出表现欠佳的单位或个人都有可能付出巨大的代价。

非正式的通信和信息系统

在所有公司里，非正式沟通的力量——不论是好是坏——都非常强大。由于高效沟通在改变的过程中至关重要，所以学习开发非正式沟通渠道也是非常重要的。

非正式沟通渠道如闪电般快速，这都是由那些"消息灵通"的秘密交易造成的。由于秘密不会保密太久，每家公司都会努力在别人也能达到"消息灵通"地位之前完成交易。聪明的领导者会和这些交易员建立紧密的联系，为自己提供早期预警系统并且广泛地散播消息。

由于信息并不属于某人专有，也无法记录在案，因此完全没有必要顾全人们的脸面，没有举证责任，也没有诽谤的法律危险。也就是说，信息通常比官方消息更准确。虽然恶意造谣的风险的确永远都存在，但公司内部也有一个自我规范系统，鼓励交易员核查信息来源的真实性。恶意交易数据不但会导致丧失信用度，还会破坏他在网络中的名声。

但是，非正式沟通网络也有自己的问题。它总是会放大相对较小的信号，夸大现实；在没有真实信号的时候，它也会创造信息或放大噪声。因为在非正式沟通中大家都是匿名的，所以它也能被道德败坏的人所利用，伤害他人。避免这些问题的最好方法，就是首先要确保在网络中输入准确的信息。一旦出现很小的误导性信号，就必须立刻用更强大、更准确的信号替换下来，这样就不会给噪声留下任何余地了。如果公司的全体员工都清楚公司的目标以及他们自己的作用，那么故意散布恶意谣言的人就是在自取其辱。这种具有破坏性的把戏之所以有时会成功，其实就是因为缺乏信息。

非正式架构也建立起了关键实用信息的复杂数据库，广泛分布在集体思维中。它涵盖众多数据领域，包括谁认识谁、谁知道什么等，这些都是完成工作的关键因素；也能依靠社会尊重的程度找出备受尊敬和爱戴的人，为那些可能被忽略或者被责骂的人平衡负面影响；也可以通过声望的高低看出我们可以信赖、指望的人是谁；还可以看出哪些付出者愿意帮助集体，而哪些索取者只是爱占便宜。所有完全融入社会系统的人都能看到这些公开信息。这是完成工作非常关键的一点。

跨社会单位的融合——从部落到国家

多数大型公司都被划分成了不同的职能和部门，这些职能和部门也能快速形成社会机制的单位，在本地实现规模，服务于更大的公司。由于跨部门的正式机制很少能提高信任、互惠互利、个人可靠度以及透明度，它通常也会最终分解，变成职能孤塔。[18]公司被分成了诸多相互竞争的"部落"，每个部落都有自己的身份和目标感。尽管每个职能部门中都存在着强有力的协调和合作，但是跨职能部门间的有效合作能力仍然不尽如人意。

很多业务流程都是多年前开发的，希望能更好地统一正式划分出来的不同部门，消除职能孤塔。但是不论花费多少努力，职能孤塔依然存在。人类因为想要战胜本能而发明了具有官僚主义色彩的流程，但是很明显，本能的力量远比这个流程的力量强大得多。在有了正确的流程和动力之后，部落就可以围绕在共同目标周围，形成国家。

智能公司利用非正式网络的力量来实现跨部门的协调和合作。比较常见的例子有：共享咖啡间、公司食堂、周五下午的啤酒节、团队建设练习和其他社交事件。这些都是鼓励社会交换的妙招，但也并不总是有效——通常只会增加关系较好的同事之间的交流，而并没有建立新的关系。

世界上最大的能源服务供应商哈里伯顿公司（Halliburton Company）[19]采用了更加系统化的方法。它做出了自己的社会关系图[20]，明确指出社区成员间的相互联系，希望可以打造出更高效的非正式网络。公司发现有些人在调动到一个完全不同的部门之后，仍然会和之前的同事保持很好的联系。管理层因此得到灵感，把一些部门经理在不同的地域之间进行调动，来促进跨部门的合作。果然这一进步举措反映在了良好的业绩之上。与之类似的，某大型金融机构最近也发现了公司后台和前台的运营合作效率不高。究其原因，是因为两者之间仅仅是通过一个交流者来完成大部分沟通的。因此，公司目前正在花大力气构建一个更强大的前、后台连接桥梁。

定期团结部落首领，鼓励他们为了公司的整体战略而互相帮助，并且开始建立信任和互惠互利的关系，这样就能建立起部落群。强生公司从1993年开始采用这种方法，希望通过结构性的对话将公司做出战略选择的方法民主化。[21]在部落群中，国家级领导人的合法合理性就是最重要的。他们必须要到访当地部落，表现出对部落的尊重，不断强化集体愿景和共同目标，强调共同合作的利益，显示能力和正直的态度，并且帮助大家增进了解。丹纳赫公司的月度政策部署审查就是为此而设计的。[22]这样的访问也使得每个部落的成员能和国家领导人直接见面并交换意见。因此，部落领导必须做到诚实正直，因为他们知道自己的部落成员可以和高层直接接触。

定期的多部落会议、跨部落工作小组，以及非正式的部落间访问都能极大地增进沟通和信任。通常，部落之间的人员调动也有助于这两个部落之间的网络构建和理解信任——部落间联姻。于是就诞生了国家，并且关系日益紧密。没有任何正式的官僚主义能带来同等的效果。

因此，公司最大的挑战并不在于回避部落制度，而是要在接受它的同时避免因此产生职能孤塔现象。公司的目标就是要养育那些按照战略业务目标行动的部落，推动公司在本地的战略安排，同时通过各个部门之间的通力合作，为公司的整体福利而团结努力，使之成为"一个国家"。

非正式架构和正式架构的统一

如果要依靠社会机制的特点来调整公司当前的结构，那么为什么不采取更激进一点的思路，想办法彻底统一正式架构和非正式架构呢？我们可以对公司进行重组，将其改造成为一系列战略业务单元，每个单元的规模都限制在一个由社会机制约定的范围之内。这就能鼓励社会机制的单位形成一个自我组织的状态。然后，我们可以系统地找出可以连接各个战略业务单元的人，并在他们身上做出投资，借助他们的力量把诸多战略业务单元团结成为一个超级战略业务单元——部落群，它本身就是规模受到社会机制单位限制的小型社区。这能让公司充分利用人类与生俱来的全部特点，创造出更高效、更具适应力、成本更低的公司。

有些公司已经利用这样的结构取得了不错的效果。早年的沃尔玛就是一个很好的例子。[23] 与其他大型零售商不同，沃尔玛拒绝建立一个地区结构；相反，却是将地方副总裁集中在本顿维尔（Bentonville，沃尔玛的全球总部，位于美国阿肯色州），与买家和公司员工协同合作。沃尔玛要求地区副总裁每周一早上飞去他们所负责的门店召开例会，在每周结束之时带着一个点子回到本顿维尔。这个点子产生的价值要能值这趟飞机的票价才行。公司召集他们每周六上午召开例会，和同事分享自己的观点。这种社会压力就能保证很少有拿不出好主意的人！每到周六下午，各位副总裁的电话就会响起，每家门店都会打电话来询问需要在下周尝试什么新点子。如此形成了一个良性的快速学习循环。周六上午的例会为所有高管层（超级战略业务单元）的成员都带来了透明度和可靠度，也给他们施加了巨大的社会压力。地区副总裁也是高管团队的关键成员，是他们搭起了门店和分销中心之间的桥梁。每个分销中心其实都是一个战略业务单元。

社会机制不仅仅只是服务于沃尔玛的协调机制。事实上，沃尔玛拥有全世界最复杂的信息系统。但是这个信息系统的目的并非是让公司替门店经理经营各个门店，而是为门店经理提供大量数据，协助他们做好自己的工作，同时也让公司能对他们的工作进行监管。有效的信息对公司的透明度和可靠度起着至关重要的作用。但是，到了要做出改变的时候，正式流程和系统也就只能反映出公司已经知道的内容；非正式结构才是大家快速学习的平台，帮助每个人了解需要改变什么和怎样做出快速改变。沃尔玛正是这样充分利用了社会机制，做到了正式架构和非正式架构的统一。

这种结构的结果显而易见。1962 年，沃尔玛和 Kmart 在同一年开始做折扣零售。10 年之内，Kmart 所拥有的资源强大，销售额曾高达沃尔玛的 10 倍，是不折不扣的行业领头羊。而沃尔玛在早期阶段其实就是一场悲剧。但是沃尔玛知道学习，而 Kmart 却没有如此到位的学习机制。在 15 年之后，沃尔玛的规模已经赶上了 Kmart，而且增长速度更快，盈利水平更高。Kmart 经过多年的挣扎想要恢复昔日辉煌，但最终还是在 2002 年宣布破产。

增强非正式架构——社交网络技术的许诺

长久以来，人们已经认识到非正式架构和公司成功之间千丝万缕的联系，但是由于本质所限，也很难使用一个系统的办法来衡量其效用具体有多大。非正式架构永远都不会被存档或者在哪里记录下来，它所依赖的社会机制也是依靠潜意识、直觉和自动形成的。虽然我们意识不到自己的行为，但我们都是组织非正式架构的高手。然而，社交网络技术的出现，为我们提供了一个强有力的工具，能让这些隐形的东西"浮出水面"。

早期的工具就包括社会关系网络图，通过使用类似电子邮件这样的替代物试图绘出社会交换模式。尽管隐私问题也在某些领域被提出来，但是有些公司在使用这样的技巧之后确实得到了很好的效果。如今，Friendster、

MySpace 以及时下最流行的 Facebook 等类似的社交网络平台已经将社交网络工具带到了一个全新的水平上。它们的出现，让我们能用更加复杂的方法描述出社会交换，同时衡量社交货币。它们能支持很多必要的行为，促成我们之前提到的有效的非正式协调和控制，并且还创造了必要的可靠度和透明度的条件。

社交网络技术可以增强非正式架构，它可以让社会单位实现跨地域、跨时区的高效运营，还有助于将自然形成的社会单位的范围扩展到150～200人。同时，它也提供了一个有效的平台，让交流者们能在更多的战略业务单元之间搭桥。

由社交网络技术带来的透明度也能有效解决公司在依靠非正式交换时所产生的治理问题。公司的管理层受股东之托，必须确保公司上上下下都以全局最大利益为出发点，每个人的工作方式也和公司的价值观保持一致。

社交网络技术也能支持大公司里以社会单位为基础的新结构，从而克服结构惰性。这也同样适用于那些已经从社会机制中获益的小型公司。

规模小于社会单位上限的小公司并不需要过多使用社交网络技术就能够顺利运行正式系统和流程。但是随着公司规模日渐增大，非正式协调和控制就会出现分解，此时就需要更加正式的结构。这是一个缓慢而且成本不低的过程，通常也会让公司牺牲一定的利润。只有在公司改变所带来的规模经济效益大于构建正式架构所需要的额外成本时，财务状况才能恢复。正是因此，我们才会看到在很多行业中都有一些大型公司远超行业门槛，而众多小公司却在夹缝中求生存。这些小公司的生存也仅是依靠着良好的外部经济状况和非正式架构的快速反应能力。那些希望能打破规模界限的小型成长型公司，则可以借助社交网络技术，通过融入更大的社会单位来实现行为延迟。这样就构建起了一个以目标为出发点的公司，能够完全避免阻止改变的障碍。

社交网络技术应用的历程

Friendster[24]、MySpace 和 Facebook[25]等早期的社交网络站点一开始都是为年轻人提供了一个突破现有交际圈子的平台，促进他们互相接触并交换信息。但是 Facebook 则更进一步，做到了平台的迁移，让不同圈子里的人一起互动。Facebook 于 2004 年上线，到 2010 年已经有 5 亿活跃用户，这个数字的确非常惊人。截至 2010 年 12 月 9 日，在 Facebook 上点击率最高的 30 个主页中不乏知名人物——迈克尔·杰克逊和 Lady Gaga 都名列前茅，当然也还有很多电视节目的主页。[26]但是，有四个著名品牌也非常引人注目：可口可乐、星巴克、奥利奥和迪士尼。如果加在一起，迪士尼的所有品牌在 Facebook 上的粉丝量高达一个亿。[27]

Facebook 给我们带来了非常有趣的角度来审视社会秩序，并让每个人都能积极地影响他人。虽然每个人在 Facebook 上的好友数量存在巨大差异，但是在 2010 年的平均数约为 200 人——接近社会机制的上限。仿佛我们每个人都是自己社交世界的中心，这个社交世界是一个含有大概 200 人的社会单位，其数量和规模都是由人类天生的社会能力所决定的。虽然这个自然规模限制了我们的非正式直接影响力，但由于我们的朋友都广泛分布于其他社会单位中，我们能实现的间接影响也会更深远。一个人在各种各样的群体中拥有的朋友越多，他的影响力也就越大。现在，我们完全可以通过 Facebook 对这个影响力进行跟踪。同时，Facebook 也让每个人都能更容易地在全球范围内维持相互关系。在过去，每当搬家就不得不跟老朋友告别，然后在新地方重新建立新的朋友圈。如今这种日子已经一去不复返了。有了 Facebook，我们在世界上任何一个角落，都可以和他人取得联系。这就带来了一个全新的社会秩序。

领英定位为职场人士的社交网络，但实际上这个网站被广泛用于招聘目的。[28]和 Monster.com 这类简单列出求职人信息的网站不同，领英上满是潜在员工的信息。这些人都在现有的职位上做得风生水起，但是也不排除跳槽的可能性。因此，领英极大地丰富了招聘人士的目标资源池，也无可争议地提高了整个资源池的质量。职业社交网络的最大优点就在于每当雇主发现其现有员工已经注册时，都只能得到一个"否认跳槽意愿的借口"，而且这个借口还看起来非常合理。

很多采用创新业务模型的新公司都在充分利用社交网络技术，比如 eBay 的卖家/买家信誉打分、亚马逊的用户推荐和目前在美国促成 30% 婚姻的婚恋交友网站 eHarmony。[29] 开源软件和维基百科也是在依赖社会交换。凡是做得成功的大公司都非常欢迎社交网络技术的出现，但很少有利用其特点改善自身非正式架构的。

在商业世界里，社交网络技术所带来的早期影响就赋予了小型利益集团反击大型公司的力量。美国某大学里名为"热带雨林行动网络"的小型学生群体曾试图设法叫停南美一家林业公司的伐木行为，但是他们并没有攻击这家伐木公司，而是把目标放在了给它提供信用担保的花旗银行。[30] 大公司现在都越来越看中社会对其的指责和批评，希望在事件超出自己控制范围之前就能及早做出回应。

某些积极分子的高调行为会很容易伤害到大公司的利益，因此他们也就成了一些大品牌关注的对象。[31] 但是环保积极分子一般不太会选择最大的排污公司作为他们的攻击目标，因为它们往往并不是家喻户晓的公司，这也比较具有讽刺意味。拥有大品牌的公司现在也逐渐失去了对民意的控制。过去公司可以只发布有利于品牌的信息，相对来说也不容易受到指责批评。但如今社交网络平台则提供了一个强大的渠道，不但能让消费者表达自己的意见，还能有效帮助他们聚集抗议。美国第二大折扣超级市场 Target 就在 2011 年 9 月经历了一轮强烈的公众"袭击"。当时公司向市场推出了一系列由意大利著名时尚设计师米索尼（Missoni）设计的全新服装品牌，赢得了消费者的强烈欢迎，以至于其购物网站在几个小时之内就完全瘫痪。虽然产品全部被销售一空，但很多在网上完成的交易订单在第二天都被无故取消了。公司公关失败之后，随之而来的就是消费者在 Twitter 和 Facebook 上铺天盖地的攻击。[32]

害怕消费者的报复行为已经催生了一门新学科——在线声望管理。[33] 大品牌、大公司目前已经为顾客提供了多种表达意见的渠道，并且都会仔细倾听。宝洁公司的网站 Pampers Village 就做得非常成功，年轻妈妈们可以在那里畅所欲言，因此她们在有需要的时候就能有分享问题和经验的平台，还能互相支持帮助。毫无疑问，这个平台也是宝洁公司重要的广告门户。[34]

虽然现在大公司越来越多地在使用社交网络平台和外部世界交流，却没有几家公司会用它作为公司内部的沟通工具，也不太懂得使用社交网络技术增强自己的非正式架构——忽略这一点是很危险的，因为员工不会等到公司主动提供平台之后才开始批评，他们会使用 Facebook。Facebook 早就不再是一个专供年轻人娱乐的平台了，越来越多的父母和爷爷奶奶都已经有了自己的账号。忽略社交网络技术威胁的公司其实是在拿自己的命运开玩笑。很多公司都在 2011 年的"伦敦骚乱"⊖中受到了不小影响，而这起骚乱正是通过社交网站组织发动的。

公司必须欢迎社交网络技术的到来，并且用它来充分融入自己的主要关系网——消费者、供应商、员工、股东和政府。使用社交网络技术不但能增强公司的非正式架构，而且能提高公司的结构智商。

一个重要的警示：很多应用社交网络技术的公司还都试图沿用旧有的"指挥—控制"思维模式。它们想要明确知道可以发生什么样的交换，并且给这个内容不停设限。还有一些公司鼓励其员工自由建立自己的社交网络，想做什么就做什么，公司要做的就是给他们提供一个灵活的实现平台。事实上，现实是要在两者之间找到平衡的。我们需要一个适度自由的社交网络来保证

⊖ 伦敦骚乱，2011 年 8 月 6 日在英国伦敦开始的一系列社会骚乱事件，一度扩散至伯明翰、利物浦等英格兰地区的大城市。——译者注

工作能高效地完成，其关键就是要在社交网络中输入有价值的内容，才能吸引用户、淹没被无限夸大的噪声和恶意谣言。很显然，公司鼓励与其结构智商背道而驰的社会交换是毫无意义的。当然，另外还应积极打压那些会让人后悔的社会行为。

因为员工不论如何都能够使用类似 Facebook 或者 Twitter 这样的平台发表自己的意见，所以公司绝对不能忽视社交网络技术，否则后果将难以承受。另外，公司也不可以让员工自行选择交流平台，否则他们可能会使用这个社会机制的力量跟公司对着干。

小结

社会交换可以将整个社会联系在一起，这是一股强大的力量。天性使然，这在无意识中塑造着人类的行为，将我们团结成为一个整体，成为一个更强大的物种。我们有能力下意识地思考并利用这股力量，也能借用社交网络技术的力量来进一步发挥它的强大作用，创造出更强大的社会单位，组成更复杂的社会结构。我们之前把这个世界当成相互竞争的独立单位，而当今社会却已经演化成为由相互依存的社会单位组成的网络，各个单位之间既相互合作，又在同时竞争。

公司是这个复杂的社会系统中重要的单位。它们创造着巨大的社会价值。没有公司，整个社会就无法运作。我们也都依靠着公司。虽然我们总是在自欺欺人，以为正式架构才是公司成功的关键，但公司成功在很大程度上是依靠社会交换的力量才得以实现。那些欢迎社交网络技术的公司需要充分利用非正式架构提高自己的应变能力。凡是忽略这一点的公司，也会发现自己的员工其实一直在使用非官方的交流平台。Facebook 和 Twitter 都是可以免费使用的平台，而且如果他们不高兴的话，更可以利用这一平台损害公司的利益。当然，顾客、供应商、管理人员和公众也完全可以做出同样的事情。

注释

[1] 有关公司行为理论的严格分析，请参阅 Cyert 和 March（1963）。

[2] Clippinger（1999；2007）。

[3] Dunbar（1992）。

[4] 我有意绕开"公社"和"社区"这两个词，是为了避免它们的形象给大家造成误解。

[5] Covey（2006）。

[6] Lehrer（2011）。

[7] Young（2002）。

[8] 在一个被称为"最后通牒游戏"的实验中，被试甲拿到了一笔钱，实验要求他把这笔钱分一部分给另一个被试乙。如果被试乙接受了这部分钱，双方均能保留自己的钱。但是如果被试乙拒绝收下，双方则均不能保留自己的钱。从逻辑上来讲，被试甲给出任何数额，被试乙都应该欣然接受，毕竟聊胜于无。但是，大多数情况下，如果数额太低，被试乙都会拒绝接受，以此惩戒被试甲的不公正。这个门槛一般是总金额的 30%。最后通牒游戏在全世界的众多文化背景下都有实验，结果表现出惊人的一致。请参阅 Kagel 和 Roth（1995）。

[9] Brosnan 和 Waal（2003）。

[10] 在 2006 年 10 月 17 日的《美国国家科学院院刊》（*Proceedings of the National Academy of Science*）上，Jorge Moll 等人发表文章指出，经济奖励和慈善捐助都会激活中脑边缘奖赏通路——人类大脑中的一个原始构造，它会在受到食物和性刺激时"亮起来"。这表明利他主义是根植于我们大脑之中的，也会给我们带来快感。慈善捐助也会激发与社会依附感相关的亚属皮质/脑隔区。

[11] BBC News（2004）。

[12] Ansoff 和 McDonnel（1990）。

[13] Ghemawat 和 Stander（1992）。

[14] Wells 和 Anand（2008）。

［15］ Wells, Lutova 和 Sender（2008）。

［16］ 同［13］。

［17］ 同［13］。

［18］ 有关职能孤塔这一问题的详细解释请参阅 Gulati（2007）。

［19］ Laseter 和 Cross（2006）。

［20］ 社会关系图是"在群体环境下描述人际关系的图表"。请参考网址 http://www.merriam-webster.com/dictionary/sociogram，可用来研究并分析社交网络。

［21］ Meyerson（1996）。

［22］ Anand, Collis 和 Hood（2008）。

［23］ Wells 和 Haglock（2006）。

［24］ Piskorski 和 Knoop（2006）。

［25］ Piskorski, Eisenmann, Chen 和 Feinstein（2008）；Piskorski（2011）。

［26］ http://pagedata.insidefacebook.com/ 2010 年 12 月 9 日。

［27］ http://mashable.com/2010/12/05/disney-100-million-facebook-fans/，2010 年 12 月 9 日。

［28］ Piskorski（2006；2007）。

［29］ 这是由美国最大的婚恋交友网站 eHarmony 赞助、由网络民意调查公司哈里斯互动（Harris Interactive）开展的一项为期 18 个月的研究调查结果所得出的。请参阅美国商业资讯网（Business Wire）2010 年 8 月 16 日的文章，其中提到"研究表明，美国平均每天有 542 对夫妇通过 eHarmony 的牵线搭桥喜结连理；超过 100 万的未婚人士表示他们都通过 eHarmony 的平台找到了伴侣"。

［30］ Baron, Barlow, Barlow 和 Yurday（2004）。

［31］ Eesley 和 Lenox（2005）。

［32］ D'Innocenzio（2011）。

［33］ Gaines-Ross（2010）。

［34］ www.pampers.com。

第十章

走向智能型结构

让智能型结构更上一层楼

简介

我们之前已经讨论过公司的结构元素产生惰性的机制。本章将从全局的角度出发，向更高一层结构智商迈进。

由于不同的公司表现出的结构智商不尽相同，我们可以据此把结构智商分成不同等级，并且能给出一个固定模式，帮助每家公司设定规划，在结构智商方面更上一层楼。要达到这个效果，公司必须接受更加智能的资产管理方式和正式架构，同时也必须加大非正式架构的作用。

低级结构智商

低级结构智商的公司总是很盲目，按照惯性坚守着自己多年间积蓄的资产，任何人若对现状有任何质疑，得到的答案无外乎都是"我们这里就是这么做事的"。它们的思维模式已经僵化，认为必须要先拥有资产才能控制资产，而且所有的想法都必须要依靠自己的力量来得出——这就是"非我不对综合征"。虽然它们也会将业务外包，但仅仅是出于削减成本和传统意义的思考，绝不是战略行为。这种思维运行下的公司通常都比较容易被供应商套牢。

结构智商几乎为零的公司永远都无法意识到统一结构元素的必要性。由于它们的正式架构中各个元素之间通常都无法做到彼此协调一致，因此它们也看不出其中存在何种关联性。公司内部总是起着各种各样的冲突和矛盾。每个人都被分配负责自己可控范围之外的事情。流程会带来重复性工作，也会引发对公司业绩毫无贡献的工作。员工不得不去完成不符合自己专业背景的工作，也无法得到任何相关的培训。新员工的招募是根据标准化的流程完成的，公司根本不会去思考到底什么样的人才能真正胜任这项工作。员工所参加的培训项目都是为了那些"细小而无用的事情"。公司的考核奖励系统也只是在鼓励员工做好分内的工作，并不在乎他们是否能发展相关的知识和技能。

这种公司里的考核系统要么让大家变得更迷惑，永远理不清头绪，要么就是在非常明确地以牺牲长远利益为代价而换取眼前利润。给员工的工资也只能反映出对直接效益的肯定，而完全不看重员工对知识和技能的贡献和对长期战略成功的付出。没有正确的激励政策也就罢了，更糟的一种情况就是，公司给员工布置的任务和这一职位的实际需要完全背道而驰。更有甚者，这样的公司即使具有信息系统，也只是产生了大量的不相关数据而已。

当这样的公司决定要做出组织改变时，它们往往是采用碎片化的方法，并没有任何战略参考，也没有考虑到这种改变会对公司的非正式架构带来什么影响。有些公司还因为人言可畏，不论过往业绩如何，都迫使公司所有高管重新申请各自的职位。另一些公司把管理团队中的层级打开，重新调整其中的两层或三层；对部门经理更是大玩特玩"听音乐抢椅子"游戏：音乐停止时，给自己找到新椅子的人就留下，找不到椅子的人就必须退出游戏；对公司里其他人来说，一切业务照旧。

低级结构智商的公司总是希望在旧有流程上添加新流程就能解决问题，但实际上这却带来更多问题。引入新的考核系统之后，看似有了一个均衡的评判规则，其实这反而给原本就很迷茫的员工又增添了许多其他事务。公司斥巨资购买新的 IT 系统，期望能借此创造一个为公司量身定制的整合方法，但结果却是在迫使员工不得不去适应供应商的标准化解决方案。传统思维统治着公司中的每一个结构元素，没有任何一个人会去思考它们之间是怎样协调的。因为通常来讲，每个结构元素分属不同的职能部门管辖，每个经理所追求的只是自己部门的最优业绩，并不在乎公司的整体利益。

有一些低级结构智商的公司往往会忽略非正式架构，有一些则认为它是伸向公司政治的魔爪。如果员工意志消沉、毫无干劲，仅凭着与生俱来的习惯工作时，就会和公司的初衷背道而驰。

有些公司终于意识到了公司内部统一的重要性，但却不具备将结构和战略统一起来的能力。它虽然走在了正确的方向上，但仍然是一家具有低级结构智商的公司，而且往往会最终执行了一个完全不同的战略。我们在英国电信运营商 Energis 身上就能看到这种现象：它的战略目标定位在需求复杂的电信客户，实现较高利润率，但公司的奖励系统则是在鼓励每个员工去追求低利润率的业务。[1]Gap 是美国领先的专业成衣零售商，在过去 10 年中曾多次试图将自己的定位推向时尚，但却从来都没有成功过。这是因为 Gap 的公司结构只能允许它生产基本款的商品。[2]

中级结构智商

具有中级结构智商的公司大多都已经采取了一些措施，希望简化公司的资产。它们会把投资集中在可以提供高回报或者专属竞争优势的业务上，并进行适度的战略性外包。比如，Zara 只在西班牙生产 20% 的服装，而且在这 20% 之中，它会把缝纫的工作分包给很多位于加利西亚地区的缝纫公司；还会选择使用第三方货运公司来运输，而并没有组建自己的货运车队。这是因为缝纫和货运这两项业务的利润率和入行门槛都非常低，而市场上又存在诸多优秀的供应商可以使用。

具有中级结构智商的公司会把自己的结构和它们需要的战略统一起来。

由于公司结构本身就相当复杂，能实现这一点也是个不小的成就。但是，具有中级战略智商的公司架构在设计时就已经注定不易被改变，而它们通常也都采用从上到下的方式，从而带来较大的改变难度。只有在认为绝对有必要时才会改变，这会给具有中级结构智商的公司带来很大的惰性。

"指挥—控制"方法的逻辑具有欺骗性，尤其是对工程师而言。第一，要绘出当前的结构——初始阶段；第二，要设计出理想的未来架构来支持这个战略——目标阶段；第三，要找出现状和理想状态下的差别所在，并把必须做出的改变列为首要任务。虽然这些看起来都是合理步骤，但在最开始的时候就已经出现了问题。就算是结构简单的小公司，如果想要完全绘出一张结构图，复杂程度都已经可以想象；更不用说大多数公司当前使用的正式架构要么没有完整的记录，要么记录早已过时，而非正式架构更是无从描述。由于架构中大大小小的元素太多，就算最终绘出具体结构，也往往又到了需要改变的时候。咨询公司都非常想帮客户绘出结构图，这能给它们创造无限的潜在费用。但是，即使投入这么多的额外资源，也很少有真正能解决问题的。[3]

在大多数自上而下的架构中，改变的动议往往都是相对肤浅的。一般就是让公司员工——尤其是那些一线员工——拼拼凑凑各种方法，期望能有一些作用。在这个过程中一线总是被忽略的，非正式架构也是被人轻视甚至还会遭到质疑。然而，一旦正式的伪装失效，公司反而要依靠一线员工和非正式架构来拯救局面。用这样的方式给一线员工增加新的结构很少能鼓励他们主动进行改变，而且员工一旦被激怒，决定跟高管层对着干的时候，就会后院起火。

这也并不是说高管层就不可以明确指出公司的利益何在。"指挥官的意图"必须是清晰的才行。同时，必须也要让一线员工在一开始的时候就参与其中，让他们知道自己需要做什么，相信自己能做好，而且会因为做出了成绩而得到奖励。之后，他们才会安心地去做好自己分内的工作，精于细节，优于结果。

高级结构智商

如果你的公司处在结构智商阶梯的中间位置，但是却着眼于顶端，那么就要特别留意下面提到的路线图——它能带领你走向新的高度。如果你的公司可以掌握更智能的资产管理方法、拥有更智能的正式架构和非正式架构，那么在给公司的 DNA 中刻入高级战略智商的道路上，你们就已经走完了 2/3 的路程（剩下最后的 1/3 将在**第三部分 敏锐的头脑**中具体阐述）。这时你已经走在了实现可持续增长卓越业绩的康庄大道上。

更智能的资产管理

中级战略智商的公司清楚自己需要什么资产来实现战略成功，但是更智能的公司会不遗余力地保持"简化资产"——若非完全必要的资产，绝对不会轻易投资。它们会把剩余的资产需求都外包出去，其目标要么是为了"商品化"，要么是实现对它们的"控制"。

"商品化"意味着确保市场上存在诸多供应商能提供这项外包服务，而且公司在不同的供应商之间转换的成本也非常低。香港利丰集团建立了一个由 15 000 家制造商组成的供应网络来满足自己的订货需求，而且它还能做到在不同的制造商之间随意转换。[4] 如果可用的供应商太少，智能公司就会鼓励新公司进入这一行，尽管它们可能自己需要先投入一部分，等到供应商的基础正式确立之后再撤出。比如，智利的纸浆制造商 Arauco 在设法说服其他公司进入这一行当之前，必须自己先对运输做出投资。[5]

"控制"则来源于确信每个外包商都对自己公司有着高度的依赖。为了达到这个效果，香港利丰集团只在每个制造商那里购买其全部产出的 30% ~ 70%，但永远不会全部购买。[6]

香港利丰集团并没有把所有业务都外包出去。它在自己竞争优势的关键点上做出了大手笔的投资——强大的财务控制系统、世界级的现代物流系统以及领先的信息科技。它并没有把这些关键内容外包出去，这才是真正做到了战略运行。

百事可乐和可口可乐在历史上也曾采用过简化资产的战略。它们把资产密集型的罐装业务和复杂的物流业务都外包给了多个地区罐装商，把自己的精力放在相对简单的配方业务和市场营销业务上。原因很简单：公司大部分的利润来自配方业务。但是一段时间之后，它们却走了一招错棋——鼓励多个罐装商合并。随着合并之后的罐装厂规模越来越大，最终成了它们利润的重大威胁。作为回应，百事可乐和可口可乐现在已经收购了这些罐装公司。但是，罐装业务的利润率还是远远低于具有品牌价值的配方业务。这些超大公司以后究竟是会把罐装业务再次分包给小型地区罐装商，让自己重新变成简化资产公司呢，还是会在罐装业务上做长期的投入呢？我们只能拭目以待。

如果公司出于战略考虑，必须要持有某项资产，那么就需要努力提高资产的灵活性从而防止自己进入资产陷阱的死路中。预先做好规划能有效扭转局势。部门经理必须知道如何在环境可能会发生变化时提高自己的灵活性，巧妙应对可能出现的状况。聪明的公司会不断探索怎样根据自己的竞争优势来创造需求。韩国三星公司就采用了这个方法，投资数十亿美元在硅谷建立了制造工厂。[7]

最后，聪明的公司会向固定成本宣战，通过重组最大限度地提高自己的灵活性。根据工作业绩计算工资的公司制度和合同体系就是很好的例子，它们能把输入成本、市场价格和公司的盈利水平联系起来。

更智能的正式架构

奖励战略成功。正式架构的元素决定了改变的杠杆手段。但是公司领导应该先使用哪个杠杆手段呢？不如就从**奖励系统**入手吧！适当的奖励能促成强大的行动，不适当的奖励则会在和公司目标不统一的情况下产生巨大的反作用。聪明的公司会在内部各个层级上都对战略成果做出奖励。即使与当前的正式流程和公司架构存在冲突，也能促使员工做出适应环境改变的行动配合，他们会主动修改非正式架构来帮助公司保持领先。

改进流程的流程。然而，如果公司长期以来的运营形式都和正式流程存在冲突，那么工作效率也是极低的。最好能想办法把这些流程和新的战略统一起来。为此，聪明的公司都会避免自上而下的设计方法，而是使用持续改进的项目，鼓励自下而上的行为。比如，通用电气公司的"群策群力"项目就能够调动每一位一线员工参与到架构重组中。其实市场上存在着众多改进流程的流程，通用电气公司的这个项目只是其中之一，它能有效帮助公司把结构智商分散到整个公司里，鼓励公司在内部进行战略统一。

以目标为出发点的架构。不论怎样，想要对一家复杂的公司进行重大结构重组都是一件相当具有挑战性的任务，因为公司内部的相互关联性很高，所以修改任意一部分都会给其他部分平添不少麻烦。聪明的公司会把整体的层级关系分解成不同的战略业务单元，尽量将各个战略业务单元之间的依存度降到最低。这样一来，公司就可以在需要的时候对一个战略业务单元做出改变，而不会影响到其他战略业务单元，这就是**以目标为出发点的架构**。

这时，各个战略业务单元就可以专注不断改善自己内部的运营，并且能够自主地对当地竞争环境中发生的变化做出战略回应，任何变动都不会对其他战略业务单元带来太大影响。从效果上看，各个战略业务单元就变成了小型的业务模块。最聪明的公司会限制它们战略业务单元的规模，充分利用社会机制，对环境的变化做出更快、更有效的回应。届时，每个战略业务单元都可以非常自然地发展成社会机制的单位。这样也就做到了正式架构和非正式架构的统一。

虽然区分出各个战略业务单元的初衷就是要它们彼此相对独立，"战略业务单元—战略业务单元"和"战略业务单元—总部"之间还是需要进行一定程度的协调。这可以通过公司机制、特定市场机制或社交协调机制的规则来实现，而且大多数公司都是在同时使用这三种方法。

当使用市场机制时，战略业务单元就变成了利润中心，具有完全权力来设置转让价格，ABB 采用的就是这个模式。市场机制也可以受到更多实现战略统一的约束。比如，Zara 的门店经理会因为带领门店创造了盈利而得到奖励，但是每家门店里服饰的价格都是由公司总部定价的，他们没有任何的议价和定价权；他们只能决定进货的服装样式和每款服饰的进货量。这种机制就是在鼓励各个门店经理挑选当地销售速度最快的服饰进货，同时避免大量囤积某一种服饰，以免在季末不得不进行成本高昂的打折出售。这充分鼓励了门店经理根据 Zara 的快消时尚战略采取完全统一的步调行事。[8]

有了以市场为基础的协调，战略业务单元在公司内部的设计市场也需要因做出良好的业绩而得到奖励。这个内部市场必须比外部市场的效率更高，有着更高的信息透明度和更多的信任，高管的角色也从"指挥—控制"变成了设计和规范高效市场。另外，原有的职能层级关系也会颠倒。市场将以战略业务单元为单位来运行业务，公司内原有的职能部门变成了服务部门来提供业务支持。

公司也可以使用社交协调来统一各个战略业务单元，鼓励有能力在公司内部促进协调的员工将各个战略业务单元紧密地团结起来，或者安排非正式的聚会来分享知识和技能。Whole Foods Markets 就提供了大量机会让员工在不同的门店之间拜访，充分发挥每个人的优势。

为战略业务单元建立专家业务团队。公司要想让战略业务单元高效地运行，在招聘和培训每个战略业务单元的主管时就必须根据开发战略、管理改变和培育员工的概念来执行。聪明的公司会给新招募的部门经理进行培训、设置战略目标，组织他们实现结果、做出调整以适应改变、努力进步、培育每个团队成员，并且要求他们灵活工作，充分和其他部门配合。

IT 系统要为改变而设计。每个战略业务单元的结构都始终需要一个信息架构来支持，它要能够实现多个目的，并且以目标为出发点。这个 IT 系统需要能为各个战略业务单元提供完成工作所必需的正确信息，使得其他各个战略业务单元能看到这边发生了什么事情，以便于它们之间相互学习，相互协调活动。另外，它还能给高管层提供足够的信息履行股东托付给他们的责任，保证能向股东或监管人员交差。

鉴于各个战略业务单元之间相对独立，公司完全不需要拥有所有的战略业务单元。只要它们遵守由高管层设置的市场规则，其他独立的战略业务单元可能就会被邀请加入公司内部市场。这就为公司实现简化资产铺垫了道路。在香港利丰集团的结构中，15 000 个制造商中每一个都是独立的战略业务单元，集团并没有拥有任何一家。[9]

更智能的非正式架构

非正式架构是由人类与生俱来的合作能力自然形成的。我们不需要下意识的行为，就可以很高效地实现这种合作——很多小型公司都证明了这一点。大公司也必须认识到这种天生能力的重要性，并且根据自己的优势来塑造这种自然合作。但应注意不要忽略正式结构，任由非正式架构发展，否则就会有可能对公司的工作形成潜在威胁。

聪明的公司会使用社会机制的力量设计出更加灵活的正式结构。如果能把战略业务单元的规模限制在可以自然形成社会单元的人数范围内，公司就能充分利用社会机制的力量和速度，同时还能避免很多复杂的正式架构。它能确保社会机制维持良好的运行，并且还能鼓励创造这样社会机制的行为。互惠互利和利他主义对于群体的存在都意义重大。透明度、可靠性、诚实和公平不但能带来信任，还能让群体合作更加高效。

战略业务单元的具体规模受到"一个层级"规则——在领导和一线监事之间只有一层层级关系——的限制。这就意味着群体的最大规模取决于可能控制的最大范围，而这又是由任务的本质来决定的。如果一项任务复杂度高、不确定性大，而且允许的控制范围非常狭窄，那么其中的限制就会非常多，IDEO 就是一个典型的案例。[10]一致性更高的任务可以有效扩大战略业务单元的控制范围，能够支持大约 500 人——Nucor 的迷你型炼钢厂就是一个很好的证明。[11]

　　聪明的公司还会使用社会机制帮助实现各个战略业务单元之间的连接，作为对市场规则和市场机制的补充。有很多方法都能达到这个目的，比如在公司不同部门之间调动人员、定期召开审议会议、啤酒派对和公司聚餐。但是要注意，这些社会机制不可以随意乱用，要努力保持它以积极的一面保留在公司里。公司必须要先找到真正需要这个桥梁的地方在哪里，然后再去搭桥。社会关系网络图——公司内部沟通指导图——就能协助解决这个问题。

　　随着社交网络技术的出现，非正式架构在社会机制中的利用效率得到了很大的提高。社交网络技术能打破地域和时间的限制，让各个战略业务单元之间进行高效合作。它能扩展群体自然人数规模限制，也能提供一个有效的平台，使得有能力促进沟通合作的员工在公司更多的部门之间牵线搭桥。社交网络技术也能对任何问题的处理做出适当的记录和跟踪，这就能有效帮助公司解决依靠非正式架构时出现的治理问题。

　　因此，智能公司会充分抓住这个机遇，投资构建属于公司的专属社交平台，而不是让员工在 Facebook 上自己随意开辟。

注释

［1］Wells（2003）。

［2］Wells 和 Raabe（2006）。

［3］我的个人经验表明，通常它们都会制约正式架构中的"行业最佳实践方法"，也会完全压制非正式架构。

［4］Fung 和 Magretta（1998）；Fung，Fung 和 Wind（2008）。

［5］Casadesus-Masanell，Tarzijan 和 Mitchell（2005）。

［6］同［4］。

［7］Siegel 和 Chang（2005）。

［8］Ghemawat 和 Nueno（2003）。

［9］同［4］。

［10］IDEO（2011）。

［11］Ghemawat 和 Stander（1992）。

Strategic IQ:

Creating Smarter Corporations

第三部分

敏锐的头脑

第十一章

公司为什么需要敏锐的头脑

揭秘人类与生俱来的惰性

简介

一家公司在改变战略和结构时是否能够做到目标明确、行为智能，其实最终取决于公司员工愿意为此付出的决心和能力——必须要让公司里的每一个人都接受这个改变。本书的第三部分就是在讨论如何发现敏锐的头脑——那些具有好奇心、适应力，永远不放弃自我提高并能帮助集体进步的人。有人说，有一部分人就是比其他人更能适应改变，所以挑选员工是非常重要的。但也有人说，在正确的环境下，每个人都能够适应改变。对于公司，最大的挑战就在于如何才能创造出这样的环境，使其成为可能。

作为个体，我们常常对改变抱有抵触情绪，这种不情愿做出明智改变的人仅具有低级个人智商。那么我们为什么会有这样的表现呢？我们都天生具有想象美好未来的能力，而且也表现出了坚定的决心可以实现改变，为什么还会抱有抵触情绪呢？到底是什么驱使人们做出更聪明的行为？

显然个体会抵制改变，而作为一个群体，我们的抵制情绪通常更加强烈，会表现出更低的智商。但是，在动力十足时，群体可以表现出的智商又会远远高于组成群体的个体。那么，到底什么才能让群体做出更加聪明的举动呢？

什么是思维

答案就在于我们大脑的进化方式。在百万年间的一系列进化中，很多个体行为和社会行为已经变成了我们基因的一部分，对于这类行为，我们是无法做出任何有意识的控制的。这些行为看起来是在满足我们的诸多需求，有些是非常典型的人类需求，有些则更具人类的爬行动物祖先的特点。总体而言，人类原始的本能会让我们对改变产生恐惧感，而更加复杂的情感又会让我们把改变看作是可以满足好奇心、学到新东西的机遇。因此，这两者之间就经常会发生冲突。在某一个特定时间节点上哪个占了上风，就会直接决定我们对改变的欢迎程度。对于公司来说，最大的挑战就在于能否为了实现更高的战略智商找到两者之间的平衡。

但是，我们的一切行为并不是都与基因有关。大多数行为依靠后天习得，是一个逐渐培养的过程，并不是与生俱来的。人类大脑其实具有惊人的学习能力。这对公司来说是个好消息，因为改变就意味着学习新的知识和技能。但是我们的学习方式却早已由基因决定，往往会让我们意识不到自己已掌握了什么知识，从而阻碍改变，做出愚蠢的行为。不论是作为个体还是群体，我们都会表现出一系列反对学习的技能。因此，如果我们想更加聪明地做事，就必须学习克服它们。

若想充分利用人类天性，我们首先就必须对它有深刻的了解。为了达到这个效果，本书在**第十二章 探秘充满矛盾的思维本质**中会从进化生物学、神经科学、行为心理学和社会心理学的角度入手，解释天性和后天培养将怎样影响我们的行为方式。我们的目标就是找出哪些行为能够帮助公司提高战略智商，并大力鼓励这种行为；同时发现哪些行为在拖公司的后腿，还要找出克服这些问题的方法。

招募敏锐的头脑

我们都喜欢适度的改变：太少了会无聊，太多了会有压力。这就是我们对安全感的需求和渴望获得新知之间永不停歇的斗争。对每一个人来说，都存在某一个最优的平衡点。但是总有些人比其他人更容易接受改变，他们展现出的**实践智商**就是对大千世界的好奇心，会不断努力为自己和所在群体带来最优业绩。公司应该找到这些个体，并且说服他们加入公司——他们才是真正能实现卓越战略和结构智商的人。

在**第十三章 有人，才有可能**中，我们会讨论到公司怎样才能系统地招募到更易接受改变并愿意学习的员工。

在寻找未来战略改变的领导者时，我们可以从广义上来考察所需的智商。[1]理性智商、创造力智商、情感智商和社会智商都是非常重要的元素，它们都能提高个体和群体的学习能力。我们也看重对学习的投入，这需要好奇心、勇气和坚定的信念才能坚持下来。它是学习能力和学习决心的结合，可以增强我们的实践智商。这些都应该是公司的测试内容，但是也要谨记，在正确的环境下我们都可以表现出更高的实践智商。

公司招募潜在领导者时，总是在找寻"原始人才"和一套知识技能。对应届生等职场"新人"来说，公司的首要关注点就是原始人才。这就是实践智商。

公司招聘高级管理人员时，也是在寻找经验丰富、能力充分的候选人来胜任这份工作，希望他们在公司里的表现能和过往的业绩一样好。公司的目标往往是招到立刻就能投入工作的专业人才。但是，如果我们连自己已掌握了什么知识都不清楚，经验多了反而是坏事。如果我们想要熟练应用自己的专业知识并能传授给他人，就必须保持好奇求索、永不满足的心态，并且始终保有高涨的学习热情。我们必须要乐意接受质问，随时准备为自己的所作所为做出解释。总之，我们必须要展现出实践智商。

公司也需要测试一下招来的员工是否"合适"，这种测试常常是以非正式的方式进行的。新来的员工必须能够和前辈同事高效合作，所以融合度非常重要。但是，太过于关注融合度就会导致一致性，而一致性又是很危险的——它会让公司变得盲目，看不到改变的必要性。[2] 相反，公司应该要求自己去雇用多样化的员工——有不同背景和观点的员工。他们能够因此做出更好的决定。但是，多样化也就意味着可能出现意见不统一的状况，这时很多意见就会被忽略。公司雇用的员工应该可以使用建设性的方法来表达自己的观点、解释自己的逻辑和理由，并且愿意接受质询，从而能帮到每一个愿意学习的人。这同样也需要实践智商才能实现。

解决人类的基本需求

早在神经科学和进化生物学可以解释清楚到底是什么在驱动人类的需求之前，美国人本主义心理学家马斯洛（Maslow）就于 1943 年率先提出了人类需求层次理论。[3] 据他观察，人类对生理和安全的需求与人类在发展到较为原始的爬行动物阶段时基本一致，对社会和尊重的需求与小型族群中较低等的哺乳动物的行为相似，而对自我实现等较高级的需求则与高度进化的人类大脑有着更紧密的联系。马斯洛把较为基本的需求归类为可满足的需求，更高级的需求归类为不可满足的需求。只有在较为基本的需求得到满足的前提下，我们才会去思考更高级的需求。

由于人类不可满足的需求能驱使人们进行自我提高并互相帮助，因此能为提高公司智商带来巨大的潜力。但是，必须首先满足人类的基本需求，如果它们因为公司的改变而受到威胁，那么人们就会激烈反抗。对公司来说，最重要的就在于给自己的员工提供强大的安全基础，让他们能在这个平台上放心尝试新的事物。

在**第十四章 满足人性的基本需求**中，我们将重新审视马斯洛的需求层次理论，并且讨论它与公司和社会的相关性。我们发现，雇佣关系只能满足最基本的需求，但同时能够创造完成众多高级需求的潜力。然而，公司的改变往往会威胁到员工的工作安全，引发剧烈的抵抗。因此，公司需要在变化的世界中找到避免解雇员工的方法，或者找到更好的方法来同时降低公司和员工的痛苦。

这时我们会想到团队合作，当然这也是公司成功的基本条件之一，它创造了很重要的机会来满足我们对归属感和尊重的天然需求。公司的目标应该是在满足这些天然需求的同时，也能激励业务团队实现最好的业绩，与此同时适应改变。我们会讨论哪些工具能有效帮助团队工作提高效率，并找出怎样设定给团队的奖励才能把社会压力疏导至合适的地方，促进团队的持续进步。

最后，我们会看到对个人和社会尊重的需求。为了满足这个需求，我们需要重新看看以目标为出发点的架构（参见**第八章 正式架构**），它能增加人们对自己的工作和战略方向的控制。接下来，我们还要研究怎样利用非正式奖励系统来补偿由于改变正式架构而导致的裁员和社会尊重问题。

利用人们永不满足的需求

我们的基本需求一旦得到了满足，就会开始去追寻更高一层的需求。这对于公司来说就意味着巨大的机会，员工都会努力适应这个瞬息万变的世界。人类生来好奇，并且也都愿意学习。我们喜欢创造事物，寻找新的经验。我们寻找能实现最佳自我的满足感；在完成一切任务的时候，我们也希望能够帮助他人实现同样的目标。毕竟，我们对共同目标的渴求已经超越了自我利益，而是期待能服务于大众利益。不论是作为个体还是群体，这些行为都让我们变得更加智能、更能适应改变，并且还能根据自己的竞争优势来打造环境。如果公司可以利用这些需求，给出一个让员工共同奋斗的目标，那么公司自己也可以变得更加智能。

在**第十五章 利用人们永不满足的需求**中，我们将再次研究马斯洛有关更高级需求的内容，希望能发现哪些需求最有可能帮助公司提高智商。[4]

我们突出强调**学习**在提高公司智商中的重要性，讨论到公司怎样才能鼓励更多的学习行为，并发现了诸多人类反学习的技能——必须要逐一克服才能更高效地学习。我们也会借助人类与生俱来的创造力，并且研究怎样放大这些因素才能有效帮助公司提高战略智商。

之后，讨论的重点会转向**自我实现**，要辨识出到底是什么才能推动人们最大限度地实现自我，展现出自己最好的一面。

我们看得到人类对共同**目标**的探寻，并且会讨论怎样才能把它转换成推动公司发展长期竞争力的愿景和价值观，同时还能充分利用群体高效合作的力量。

最后，我们会谈到人类助人为乐以充实自我的欲望，看看通过什么方法能在满足这些需求的同时提高自我，还会讨论到人类最伟大的天赋——教授学习方法。

注释

［1］有关多元智能理论请参阅 Howard Gardner（1983）的著作《心智的结构》（*Frames of Mind*）。

［2］Irving Janis（1983）讲述了其经典的群体思维一致性的危险。

［3］Maslow（1943）。

［4］Maslow（1969）。

第十二章

探秘充满矛盾的思维本质

为什么我们如此渴望变化却又惧怕改变

大脑的进化

尽管神经学已经开始慢慢揭开它神秘的面纱，我们也已能对它有所了解，但大脑对我们来说依然是个神奇的器官。我们曾一度认为它是一个万能的计算器，但它其实是由在进化过程中高度分化形成的一套功能区域所组成的，大部分基本功能区域位于脖子后方的脊柱顶端，较复杂的功能区域位于头颅的前端，形成了一个体积较大的额叶皮质，负责人类有意识的逻辑推理。我们可以认为大脑是一个"长在"脊髓神经末端、能够满足人类较为复杂的需求的器官。[1]

虽然大脑的结构高度复杂，但可以大体分为三大部分：原脑皮层，是比较原始的爬行动物脑；古脑皮层，又称间脑，见于简单哺乳动物；新脑皮层，又称高级脑，只存在于灵长类动物中，包括人类（见图 12－1）。

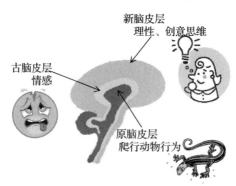

图 12－1　人类大脑

资料来源：Rocha Amaral and Martins（2010）。

原脑皮层

原脑皮层负责基本反射和自卫本能。由原脑皮层引发的行为都不带有感情色彩，是非常明显的个人主义行为。在这一阶段，食物、水、住所、性等生理需求最为重要。人类会表现出对这些基本需求的渴望，在它们无法得到满足时，就会忽略更高级的需求。因此，当我们饥饿难耐时，就会有暴露原始行为的危险。

作为一个物种，我们在原脑皮层控制下的所作所为是最低级的表现，仅仅是为了满足生理需求和安全需求。一旦这些需求受到威胁，我们就会表现出明显的个人主义并且积极反抗。因此，除非公司能确保满足员工这些古老的原始需求，不然由此产生的人类惰性将是致命的。

古脑皮层

古脑皮层控制着很多有助于小型群体协调和学习的行为。从物种生存的角度来说，一个协调的群体的生存概率要远远高于个体，因为群体协作不但可以捕获更大的猎物，还能相互保护。狼群就是一个很好的例子——一个大的狼族群在首领公狼的带领下共同合作，从而提高了它们共同生存的概率。古脑皮层控制着对哺乳动物来说至关重要的行为，比如哺育、保护幼仔、玩耍等，这都能鼓励它们去实验和学习。它的结构成分是能给我们带来诸如愤怒、恐惧、爱、恨、喜悦、悲伤等一系列情感的边缘系统，所有的一切都有助于我们合作和共同学习。

随着时间的推移，人类大脑的体积也在不断长大，小型群体的协调技能逐渐进化，发展到能协调最大为 150 人的稍大型群体（参见**第九章 非正式架构**）。[2] 在这种群体中可以自然形成"一个层级"关系：一名首领，多名具有特殊职责的中层领导辅佐。群体成员从自己不同的角色中也找到了自己的身份；每个人的优越表现都会带来更高的声望，也会被所有成员高度肯定。分工专业化需要通过开发群体流程和社交货币这种互换的方式来记录每个人的所作所为。在大型群体中，人类用来控制行为的是一套更广泛的社会情感，包括了同情、尴尬、耻辱、负罪感、骄傲、嫉妒、感激、羡慕、愤怒和轻蔑——通过姿势、言论和面部表情来表达。[3]

信任是将不同群体团结起来的最关键因素。我们都愿意信任别人，因为从中能得到化学快感；它会激发大脑中生成多巴胺，让我们有幸福感。[4]人类也都是觉察骗术的高手，我们的大脑中有专门的区域为此而生。一旦这个区域受损，就很难再觉察到欺骗行为。[5]当我们被欺骗时，就同时失去了信任，觉得不舒服。因此，我们不喜欢和自己不信任的人在一起。

透明度、可靠性、诚实和公平都能促进信任，提高群体的效率。人类天生具有倾向于公平和诚实的特性，这能充分支持群体的生存。

人类是社会性的动物，基因决定了我们的做事方式——社会机制——具有高度的可预见性，为了自我生存彼此高效合作。如果有一个共同目标，我们合作的效率就会高得惊人，能够以最高效的方式自我组织，从而实现这个目标。我们会构建结构并塑造价值观来指导行为，并且可以严格执行自我设定的标准。

当这个共同目标和公司的目标一致时，社会机制就是一个价值无限的帮手。但是当群体的生存受到威胁时，社会机制的全部能量将被完全释放出来，会抵制变化，直到消除威胁来源。

新脑皮层

新脑皮层由一套高度复杂的神经元细胞所组成——细胞数目超过1 000亿个——负责具有象征意义的语言和推理技能。具有象征意义的表征能让我们进行更强有力的沟通，得到新想法并快速学习，它们都是推动改变发生的强有力工具。新脑皮层也能产生自我意识，可以提出诸如"我们是谁"和"我们存在的意义是什么"等深刻的问题，从而引出自我实现的需要，并激发我们去发现更大的目标。公司所要做的就是让这些强大的需求和公司的长期业绩得到统一。

神经科学和行为心理学——个体思维

早在神经科学能够做出任何科学解释之前，我们就已经认识到大脑的不同皮层在控制着不同的行为。行为心理学家观察小鼠、猴子和人类的行为已经百年有余，希望能借此了解大脑的工作原理。其中最著名的就是美国社会心理学家马斯洛。他的前辈西格蒙德·弗洛伊德（Sigmund Freud）等是通过对心理缺陷的研究来了解人类大脑的，而马斯洛所专注的则是健全的个体。他试图从一个更加全面的角度研究人类大脑的工作方式。这一独创性的想法于 1943 年首次以题目为"人类动机理论"（A Theory of Human Motivation）的论文公开发表。[6]

马斯洛认为，虽然个体行为可能存在较大差异，但却全部是由相同的内在基本需求所决定的。另外，他还将人类的需求分为不同层次（见图 12-2），必须首先满足最基本的需求之后，个体才会去考虑更高级的需求。他写道："想作诗、想买汽车、对美国历史感兴趣、想买一双新鞋……这些欲望在最极端的情况下都会被遗忘，或者至少不会成为首要需求。"他也认为较低级的需求都是有缺陷的需求——一旦被满足，就不再会被关注——但是较高级的需求是永远都无法被完全满足的。

图 12-2 马斯洛需求层次理论

资料来源：Maslow, Abraham H., A Theory of Human Motivation, *Psychological Review* 50（1943）：370—96。

虽然学术界在过去 65 年[7]间对马斯洛模型的准确性也是众说纷纭，尤其是在需求的层级属性上。但是他有关不同级别的行为的观点和大脑进化水平惊人地吻合，这也让这个模型更具说服力。[8]他对基本需求和高级需求之间的论述也在启发人们研究不同的管理风格。[9]其他诸多需求模型的分析结果也基本上和马斯洛的分析结果吻合。[10]由于大脑各层高度关联，并不是单独运行，因此这些需求并没有严格按照层级表现出来也就不足为奇。但是，直觉和个人观察显示，层级也发挥着重要的作用。一个人在饥饿难耐的情况下几乎不可能再去学习新事物。虽然也有与之相悖的实例发生过——有些人可以把自己饿死，只为实现崇高的理想。然而，需要有极高的意志力才能在基本需求尚未得到满足时忽略我们最原始的渴望。

基本需求

马斯洛把人类最基本的需求定义为生理需求（见图 12-3），基本等同于爬行动物，包括了对食物、水、居所、衣服和性的需求。直觉显示，由于求生本能十分强大，这些需求都有可能战胜更高一级的需求。

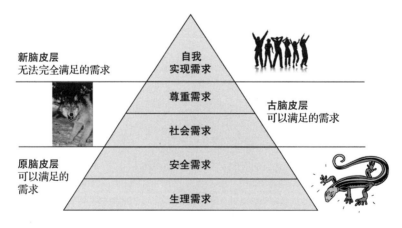

图 12-3　马斯洛需求层次理论及大脑

资料来源：Maslow。

再高一级的需求被马斯洛定义为安全需求。这时，人们渴望摆脱恐惧，这可能也是在间脑中发展出的第一种情感。稳定性、结构、规矩、法律、界限、传统和仪式都能得到高度认可。

在安全需求之上，马斯洛认为是对爱和归属感的需求，这些行为都是由旧哺乳动物大脑来控制的。此时的重点是要实现家庭归属感和当地社区归属感。社会需求的进化动力非常强大。正是具备在小型群体之间进行行为协调的能力，才让我们这个物种存活的概率更大。

在马斯洛的理论中，位于归属感和爱的需求上一层的是尊重需求。马斯洛将尊重需求分为两层。较低一层是社会尊重，通过他人的认可、身份或名望得以实现。较高一层是自我尊重，以自我满足、自信、独立和自由等形式实现。

社会尊重的需求和大脑中社会机制的进化相关，它的复杂程度更高，能负责协调更大规模群体的活动。在这种群体中，专业角色分工是非常重要的，每个人都不能因为适应的过程而感觉到不适。如果一个人能在任意的角色分工上都有出色表现，他就能得到所有成员的尊敬和认可。这就是我们对认同感和社会尊重的一个衡量标准。我们在潜意识中都会根据别人对待自己的方式来判断自己的名望，同时也希望自己的社会名望能不断提高。这会让我们更加努力扮演好自己的角色，也因此能让整个群体更有可能赢得适者生存的进化游戏。

自我尊重又是更高的一个境界。它由我们期望自己能对群体产生价值的欲望驱动。事实上，有些人认为这是一项特殊的技能，能让个体衡量出自己在一个群体中受尊重的程度。但是，很多自我尊重感较差的人仍在承受着自我怀疑给他们带来的痛苦。这种痛苦的能量比社会机制更大，即使不存在群体压力，也会让他们不断寻求进步。

马斯洛的理论认为，这些需求都是"有缺陷"的需求。我们会努力去满足，而它们也是可以被满足的。

无法完全满足的需求

在马斯洛的理论中，位于有缺陷的需求之上的需求被定义为无法完全满足的需求，即自我实现。这在很大程度上是高级脑活动的产物，从而带来了自我意识、鼓励学习行为、制造自我满足感、引发好奇心和创造力、激起帮助他人的渴望、发掘自身最大潜力并追求更高的目标。

如果员工的自我实现和共同利益能够和公司实现可持续增长的卓越业绩的目标保持一致，将对公司大有裨益。然而，若从马斯洛的需求层次理论出发，就会发现人们很难在原始需求尚未满足时就去考虑更高层次的需求。情感和反射行为会压倒认知能力。但是，如果能了解自己所作所为的原因以及感受自己情感的方式，我们就能更多运用意识的控制，放大有益的情感和反射，同时也压制有害的情感和反射。

对个体来说，这一切对接受改变的意愿又意味着什么？人们都非常真实地存有对学习的心理需求，也期望能更多地感知新鲜事物，因此我们都愿意看到一定范围之内的改变。但是这些都是高层次的需求，只有在基本需求得到满足后才会表现出来。

如果因为改变而威胁到了人们的生理需求或安全需求，就会遭到坚决的抵抗。人们显然都害怕失业，更不要说现代社会里再就业问题已经日益凸显。归属感会在社会群体被打扰时丢失；当人们害怕失去在社会单元中的地位和声望时，社会尊重就会受到威胁；当人们接到新任务却自认为能力不足时，自我尊重就急速下降。在过去百万年的进化过程中，人类的本能都会不停提示着我们改变重组的威胁，所以就算它不受欢迎也不足为奇。

于是，公司要做的就是为员工提供一家公司和安全基础，让他们在这个平台上实现自我，并由此持续支持公司的战略改变。

神经科学和社会心理学——集体思维

群体智慧

大脑的进化方式对人类的群体行为有着深远的影响。人类具有社会属性，自我生存的欲望决定了人与人之间高效合作的必然性。本着共同的目标，我们可以展现出惊人的自我组织能力，以极高的效率完成各种任务。有了正确动力的激励，群体的集体智商远比个体智商更加出色，所做出的决定也往往优于个体的平均水平。[11]虽然大家普遍认为群体的决策时间较长，但其实恰恰相反。群体能够更具战略眼光地看待问题，[12]因此即使能力最佳的个体单独行事，其效果也往往不如团队协作的表现。[13]形成一个群体之后，我们的确会变得更加聪明。我们会掌握更多的知识，产生更强烈的好奇心，还会做出更多的投入。因为群体能够分散风险，所以我们就有了更大的勇气。因为拥有人数优势，就更容易做到集思广益。众人拾柴火焰高，集体的力量不单单能够让我们变得知识渊博，更有助于我们看到改变的需要。

只要方法得当，就能激发无限的群体智慧。每个人对事物真相的认识都掺杂着个人偏见和误差。从统计学的角度来看，只要偏见和误差的影响范围不大，一旦最终得到了高效的解决方案，它们就会自动消失。[14]但是，这有可能在激发集体智商的过程中引入系统偏见和误差。比如，一个人对某个问题的看法很可能会影响到他人的判断，他自己的判断也有可能被别人的看法左右。人们有可能因为之前听到别人的论调而产生偏见。在最理想的状况下，应该在完全私人的环境中询问每个人的观点，这样才能保证得到绝对真相。

群体偏见

群体偏见具有很大的破坏性。它由一致性而生——可有心为之，亦可无心生出。有心为之——群体看法——是每个人以同样方式看世界所得到的结果，因此可能有很重要的变量会被忽略。公司只有发掘员工的多样化才能避免这种情况的出现。在少数群体的观点被压制时，我们看到的就是有心为之的一致性。[15]此时，"以正确的方式认识事物"的社会压力就会充分显现出来。有些人尽管认识到了一致性是真实存在的问题，但不愿意承认。因此，公司要做的并不是避免雇用持有不同观点的人，而是要确保他们有勇气表达自己的观点。但是，表达观点的方式也应该谨慎选择，一定要采用有助于他人学习的表达方式，否则就算说了也没人能听得进去。

群体愚蠢

然而，群体智商有可能大大低于个体成员的智商，也有可能犯极度愚蠢的错误。没有动力的引导，群体就会无目的地乱逛，一事无成；又或者会盲目前进——选择一个对任何人都毫无意义的方向。[16]在动力不足时，他们就给自己埋下了毁灭的种子，终将会走上集体自杀之路。

群体行为不易理解，更难预测。若认为群体和个体的"思考"方式相同，则是大错特错了。群体行为多是自然发生，它是诸多个体行动的总和。每个个体都是这个群体的一员，但是群体的整体目标又可能和其成员的个体目标相差甚远。美国著名认知科学教授道格拉斯·霍夫斯塔特（Douglas Hofstadter）对此解释得非常巧妙，他描述了一只食蚁兽和它最好的朋友蚂蚁"希拉里阿姨"之间的对话：虽然一只蚂蚁可能把食蚁兽视为死敌，但"希拉里阿姨"却能懂得食蚁兽吃蚂蚁的意义。[17]

在这个蚂蚁案例中，蚁群的突现行为的复杂性和个体蚂蚁行为的相对简单性之间呈现出鲜明的对比。在公司里表现出来的却恰恰相反——个体都很敏感，集体行为却看起来比较愚蠢。但是，人类可能会根据个人认知能力来对自己所创立的极度复杂的社会结构做出回应。我们都非常想解释清楚一座城市的运行方式或者经济的运行方式。甚至是突然出现的交通拥堵，不知高速公路为何会严重堵塞、不知为何堵塞又同样快速地消失，其中原因也让大多数人很费解。

突现行为也可能与直觉相去甚远，所以如今公司也都在进行大规模的行为模拟，纳入了成千上万个样本，希望能预测可能会出现的结果。[18]纳斯达克（Nasdaq）就曾琢磨是否要将最小报价单位由 1/8 美元改变为 1/16 美元，但最后却降到了一美分。它认为这能有效减少市场上的买卖差价，提高效率。但是，一个纳入了上千家市场代理的行为模拟结果显示，实际可能出现的结果会与期望相反。这就让纳斯达克对其计划做出了调整。

把逻辑当成群体决定的产物是非常危险的。[19]动因合乎逻辑并不意味着突现行为也合乎逻辑。每个人都会为了自己最大的利益而采取行动（爬行动物模式），但其结果却可能具有政治意义，这就取决于动因的相对力量和它对结果的影响力。

在和人类打交道时，把逻辑归结于个体动因也是非常危险的。人类是一个集体物种，存在情感需求和社会需求，因此就会驱动保护自我社会单元的行为产生。然而，虽然看起来群体结果的逻辑性更高——个人为了群体的生存牺牲自我，但也会出现例外情况。

群体有时极度聪明，有时也极度愚蠢。这种巨大极端差异的产生是个体需求被情感和社会关系所放大的效果。当某些群体成员开始担心自己的安全时，情感因素就会凸显出来，因此只能感觉到恐惧。帮助他人的行为受本能驱使，人类生来就懂得彼此保护不受外部威胁。因为我们懂得付出和回报的依存关系，所以认为帮助他人是自己的义务，这样别人才会感觉到对自己有亏欠之情，才会在自己处在相同境地的时候也能同样施以援手。这样，群体就能表现出一致的情感和社会属性，依靠本能保护成员。虽然个体愿意为群体牺牲自我，但也并不总见得能提高群体的生存概率。有时候某些社会单位甚至宁可集体自杀也不愿意接受改变——这绝对不乏先例。很多公司之所以破产，就是因为员工的集体行为明显没有考虑到公司的存亡。

那么，公司该如何应对这种貌似无法抵抗的力量呢？唯一的答案就在于情感和本能，并非逻辑。要把改变的正、反两面都提前和员工充分沟通。一方面要让大家相信，改变一定能给所有的参与者创造出一个更具吸引力、更加充实的未来；另一方面也要把改变失败的结果告知，这种威胁要能足够唤醒每个人的爬行动物本能，让他们为了自己的生存主动奋斗，必要时也愿意以牺牲少数群体成员为代价。到那时，即使百般不情愿，也不得不和被淘汰的同事道别。

大脑是一部学习机器

并不是所有的人类行为都是天生的。人类大脑具有巨大的后天学习能力，能通过大量习得知识和技能形成新的行为，让我们智能地适应变化，成为当今最强大的物种。

适应改变是一个学习的过程。有时我们在明白应该采取哪些具体做法之前就已经能预见到一系列将会发生的事件。但我们往往并不了解某一改变的方方面面，为了适应新情况，就需要对之前的回应方式做出适当修改，有时甚至要重新设计一个全新的回应方案。寻找新的解决方法的同时也扩展了我们的知识和技能，更进一步提升了专业水平。于是，就可以在我们所掌握的知识信息的基础上做出具有战略智商的行为，这就是学习的关键。

但是，人类的天生行为也在我们学习新行为的过程中起着重要作用，潜意识的情感反应也对学习过程有所帮助，充分理解这些过程将有助于我们搞懂人类抵制改变的原因。

有意识的学习过程

学习的方法多种多样。人类通过触觉、味觉和互动来了解周遭的环境，婴儿的行为就能充分证明这一点。为了搞清楚某件东西是用什么做的，我们会把它拆开。我们会在大脑中建立一个模型，在想象中运行它，预测结果，然后再测试。我们从自己的经验中学习，也向他人咨询学习。随着学习的深入，我们逐渐建立起这个代表自己真实认知世界的模型——个人的框架。我们发现的事物越多，就越容易激发大脑中的积极情感。因此，我们都喜欢学习。[20]

情感其实才是学习的关键。当我们经历某事时，会在生理上和情感上同时做出反应，再遇到同样情况时，就能感觉到同样的情感。如果这个情感是快乐的，我们就会尝试重复这个行为；如果不是，我们就会避免。可以看出，人类天生就在"追求幸福"。

对幸福的追求经常会引发拖延症。有时虽然明明知道不作为的结果可能更糟，但是我们仍会拒绝不喜欢的任务。除非确定不作为一定会带来痛苦，而且痛苦的程度和做自己不喜欢的事情几乎相当时，我们才会最终采取行动。[21]

虽然我们会发现越来越多的做事方法，但在真正采取行动时却越来越谨慎。世界很复杂，所以我们希望只需要关注最少数量的所需变量就能解决问题。当我们发现一个对自己有用的方法时，就愿意记住这个方法，不会再去寻找其他出路。人类都生性容易满足，并不会积极寻求优化，[22]这样才可以解放大脑中的前额叶皮质，用它来解决其他问题。因此，我们就构建好了一个世界的简化模型，能从中快速找出所需的相关问题，然后不假思索地把之前的方法生搬硬套到当前的问题之上。在使用这种简化模型的过程中，成功的次数越多，我们就越相信其正确性。

盲目的专业技能

我们对过去的行为重复得越多，有意识的思考就会越少。控制这个过程的任务则会慢慢地转移到大脑的另一部分，直到它彻底变成自动的无意识行为。[23]大多数人在开车时都经历过这个过程。在我们沿着熟悉的路开车回家时，大脑就会自动关闭，开始想些其他事情；只有出现了一些不熟悉的事情时，我们的思维才会有意识地再跳回到驾驶本身。我们已经逐渐让自己变成自我行为的"盲目"专家，而能解决这一问题的唯一方法通常就是重新学习。

很少有人会刻意提高自己的驾驶技术。一旦达到了一个比较满意的水平之后，我们就更愿意把时间花在别的事情上。如果真的想再精进驾驶技术，我们就需要回到最初，学会忘记某些行为。这通常都非常痛苦。

很多高尔夫球手都在试图提高挥杆技巧时遇到过这个问题。刚开始会很困难，感觉又奇怪又尴尬，就好像自己刚开始练球时的样子。在这个过程中，得分肯定会先下降才能上升。这肯定是一种不愉快的经历，它会让我们本能地回避负面情感。初次学习的痛苦跟重新学习比起来，就是小巫见大巫了。我们必须要问问自己这到底值不值得——学习新事物所带来的满足感是不是能超过学习过程本身所带来的痛苦？正如美国心理学家 K. 华纳·施（K. Warner Schaie）和 詹姆斯·盖维茨（James Geiwitz）所说："老狗学起新花招几乎毫不费力；通常它们说服自己值得花这个工夫才是难点……"[24]

所以，作为"盲目"专家，除非我们能说服自己主动提高专业技能，不然就不会意识到自己已经掌握了什么，而仅仅是在不停地重复过去的行为而已。

由于我们并不完全了解自己做事的原因，所以在帮助他人学习的过程中也存在着局限性。我们可以鼓励他人模仿自己的行为，但是在被问及原因时却无法做出解释，只能出于自我防守，简单地说出"根据我的经验"或者"就按我说的做"这样的话。这其实就是在传播"盲目"的专业技能。

通过隐喻进行无意识的学习

在我们无意识地"学习"怎样解决一个问题，但不知道自己实际上在做什么时，这种盲目性就表现得更明显。面对新的问题时，大脑会在潜意识中自动搜索之前遇到过的类似情况，然后机械套用当时的解决方法——如果继续有用，我们就自动将其储存为"正确的"方法，但其实也还是不知道其中的原因。法国心理学家爱德华·德·波诺（Edward De Bono）曾说过："思维就是一部制造僵化思维、使用僵化思维的机器。"[25]

为什么大脑会以这样的方式运作呢？如果我们不得不处理每一条进入意识思维的信息，那么大脑很快就会不堪重负。大脑是一个非常复杂的过滤器，它会根据过去的经验找出最相关的部分，从而防止所有信息都能到达我们的意识之中，因此也就能让我们把更多精力花在解决新问题上。比如，我们坐在餐厅里通常都能无意听到很多同时进行的背景谈话，但是我们会自动过滤掉所有自己没有兴趣的内容，只关注自己想听到的部分。但是，即使在这么纷杂的环境下，我们还是能够辨识出一个熟悉的噪音或者不熟悉的声音。与此类似，我们在高速公路上开车时也会在潜意识中看到成千上万的物体，但只会注意到路标位置的变化。

奇怪的是，人类大脑的本来状态其实并不是工作，它总会尽量避免进行有意识的思考——这太费精力了。有意识思考真的可以用尽我们的精力。玩填字游戏会消耗我们身体总能量的40%，这会让人筋疲力尽。[26]然而，有些事情虽然看起来会需要大量的精力才能实现，但只要是做自己熟悉的事，比如下班开车回家，我们的大脑却能开启自动导航功能，耗费的精力也因此会减少很多。

通过模仿来学习

学习的另一个有效方法就是模仿专家——要么通过观摩，要么通过听取他们圣贤般的建议。除非他们主动对自己的解决方法的原因做出解释，否则人们完全不可能了解这个方法背后的逻辑，只能机械模仿。如果有用，我们就相信已经找到答案了。若再出现同样的问题，这的确有它的效果；可是一旦问题出现细小改变，我们就不懂得如何变通，不清楚该怎么解决新问题了。如果这时专家不在场，就没人能解释清楚最初的逻辑，情况就会比较麻烦。这就是迪士尼电影《幻想曲》（Fantasia）中**魔法师学徒的问题**。[27]魔法师在的时候，米老鼠一直都模仿得很好；但是魔法师一走，没人帮它的时候，它就事事出状况。

通过无意识的模仿来学习

我们通过模仿来学习的频率其实远远超过了大家的想象，这是因为这种行为一般都发生在无意识的状态下。每个人天生都是模仿专家。我们会不加思考地模仿自己的偶像。在模仿时，大脑中的镜像神经元[28]会被激发，让我们感觉到好像是自己在做这件事一样。这的确能让我们不用弄明白真正原因就可以先学习掌握解决问题的方法。

通过情感来学习

人类可以通过情感对他人产生强大的影响力，也会因为情感严重被别人左右——我们可以充分利用这一点在潜意识中学习和教导。我们可以通过讲话的音调、肢体语言和面部表情来传达情感信号。其实表达幸福、悲伤、惊喜、恐惧、恶心和生气等情感的正是 42 块面部肌肉。这让我们能够帮助他人学习。当我们还是孩子的时候，妈妈经常会冲着我们大喊大叫发出警告。比如，如果我们不会游泳却走向泳池，尽管从来都没有经历过掉进泳池的痛苦，我们也会感觉到恐惧，不再重复这个行为。虽然不知道为什么，但是在以后的日子里，每当我们接近水的时候，可能都会感到同样的恐惧。我本人就来自一个三代无人会游泳的家庭，我非常能意识到其中强大的情感因素。

学习之谜

不管是忘记了已学会的东西，还是无意识间习得了知识，我们都同样面临着古老的学习之谜：不清楚自己知道什么，也不清楚自己不知道什么。另外，伴随学习而来的情感痛苦也会让我们避免再去探索发现。只有在更强大的需求的驱使下，我们才会愿意付出努力。这可能是出于诸如生存等比较基本的需求，也可能是出于类似实现个人最佳状态等更高层次的需求。

然而，我们的学习能力存在着一定的上限，这正是由于大脑试图通过提高自己的效率去处理影响我们生存的新问题，而不是去关注常规生活中的事情。我们需要充分理解这个机制之后才能克服它，并且有意识地学习学习的方法。

反学习技巧

这还不够，为了把学习变得更加复杂，人类还形成了一套非常有效的反学习技巧。[29]

我们总是会**责怪别人**来逃避自己的责任。之所以会这样，部分原因在于我们希望能极力避免由失败引发的情感痛苦。在孩子幼年时期，父母总是溺爱孩子，明知是孩子的过错，还一再强调"这不是你的错"。他们以为这是在对孩子好，其实是在压制孩子学习的能力。我们必须首先接受自己的错误，才能从中学习。

在解释自己的观点时，我们总是不给人留任何质疑的空间，也不会提供任何支持的数据或理由。这种行为的产生，通常是由于我们害怕自己并没有真正准备好，不能做出完美的解释，也不想在被问住时让自己尴尬。如果受到质疑，我们都会找一些废话搪塞过去，比如"从我的经验来看"或者"在我之前工作的那家公司里"。这就意味着我们的工作模式从来都没有被质疑过，因此，我们也就不可能知道这个模式到底是什么，也肯定无法改善它。

别人的观点我们都听不进去，总觉得这些观点并没有反映自己的经历，所以都很愚蠢。我们都对自己的模式深信不疑，很少有足够的耐心愿意投入时间去思考别人是不是有更好的方法。我们一听到自己不同意的意见，就会立刻产生负面情感，还会把这种厌恶感转移到提出这个想法的人身上，觉得他们很傻，然后否定他所说的一切。这样一来，我们就完全无法从他们身上学到任何东西。

不论是作为个体还是群体，如果我们想学到东西，就必须要训练自己克服这些反学习的行为。这需要一定的外界辅导才能实现，教会我们该做什么，不该做什么；还要有一套考核标准让我们能看到进步（通常会使用类似360度反馈等工具），并且还要设置适当的奖励，达到鼓励正确行为、打击错误行为的目的。

我们将在**第十五章 利用人们永不满足的需求**中对此进行更具体的讨论。

群体学习障碍

个体学习中遇到的挑战也会被群体学习的过程放大。由于一件任务分到了很多人身上，整个群体很容易就会忘记了自己知道什么。只有流程设计者才有整体概念，知道整个流程的运作方式，因此，只要设计者继续向前，这个流程就能保持自动运行。在这个过程中，每个参与者都逐渐熟悉自己的业务，变成相关领域的专家，但是也往往会忘记自己究竟是用什么方法完成自己的工作的。任何想要改变这个流程的人都是站在了一大群人的对立面，他们没有一个愿意去学习，更不愿意做出改变，因此改变的阻力会很大。只有整个群体都能重新发现这个流程的逻辑，个体成员才能理解改变的必要性。而且只有在他们相信这个改变所带来的个人利益会超过学习所带来的成本时，他们才会考虑行动。但是，即使让每个人都相信改变能带来个人利益，也并不意味着他们就会接受这个改变。改变会带来痛苦，所以群体会选择拖延，不到被逼无奈绝对不会采取行动。因此，慢慢渗透一种紧迫感才是解决问题的关键。只有当群体能立刻感受到不改变的成本时，他们才会积极做出行动。

群体也会受到其他学习障碍的困扰。我们之前曾提到偏见和一致性会让群体产生盲目性，无法认识到改变的必要性。多样化的观点能有效帮助避免这个问题的出现。我们在**第十三章 有人，才有可能**中会讨论这一点。分散兴趣能防止出现集体性观点。必须要鼓励公司成员的目标和公司保持一致，不然这个问题就会一直困扰着公司——为了能实现更大规模的统一和战略智商，每个做出战略贡献的人都应受到奖励（参见**第八章 正式架构**）。另外，个体的参考框架也会阻碍建设性对话，因此公司必须培训员工，鼓励大家交流学习，在**第十五章 利用人们永不满足的需求**中我们也会提到这一点。

小结

人类大脑经过百万年的进化已经能让我们进行建设性的合作，并习得海量知识。但是，我们与生俱来的行为和学习方式通常会阻碍战略改变和结构改变，产生人类惰性。因此，一家公司能否以智能的方式对其战略和结构做出有目的性的改变，取决于公司员工的行动意愿和能力。

作为一个物种，在我们被爬行动物脑控制时（见图 12 - 4），表现出来的是最基本的行为，只是为了满足生理需求和安全需求。在高度个人主义的驱动下，每当这些需求受到威胁时我们都会积极抵抗改变。除非公司能保证满足员工这些古老、原始的需求，否则由此产生的人类惰性将会给公司带来致命的后果。

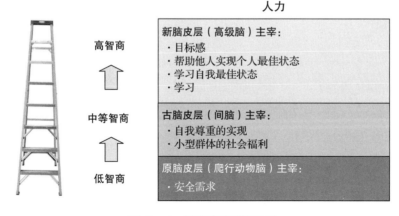

图 12 - 4　攀登战略智商阶梯

一旦爬行动物级别的需求得到满足，主导我们的就变成了低级哺乳动物脑。我们会努力满足自己对归属感和尊重的需求，并在这个过程中变成效率更高的物种（见图 12-4）。这一天性其实就是在鼓励团队合作，让我们有能力接受更大的挑战。但是这些需求也很容易因为战略改变和结构改变而受到威胁：重组会打破社会聚合力；一旦人们失去了自己很看重的社会地位时，社会尊重就会受到伤害；当被调换工作时，我们对自己能力和自我尊重的感觉就会打折；如果面临失业，社会尊重和自我尊重就都会被摧毁。除非公司可以有效减轻这些负面效果，不然肯定无人拥护改变。

在挑战面前，公司会想方设法满足这些基本需求，与此同时也释放了巨大潜力，因为它能解放思想，让我们去追求高层次的需求（见图 12-4）。我们开始好奇，想要尝试新事物，更愿意去学习。我们努力做得更好，实现自己的全部潜力，并且也会帮助他人达到同样的境界。不论是作为个体还是群体，这些行为都让我们变得更加聪明，更能适应改变，也更有能力根据自己的竞争优势来改造环境。我们也在努力让自己的需求和更高层次的社会秩序保持一致，与更大的目标进行统一。如果公司可以利用这些需求，并给员工设置一个共同目标，那么它的战略智商必将得到极大的提高。

注释

[1] 有关大脑结构的详细介绍，请参阅 Amaral 和 de Oliveira（2011）。

[2] Dunbar（1992）。

[3] Clippinger（1999；2007）。

[4] Lehrer（2011）。

[5] Young（2002）。

[6] Maslow（1943）。

[7] Mahmoud Wahba 和 Lawrence Bridwell 等批评家认为，虽然马斯洛的需求层次理论被广泛采纳，但是并没有太多支持性的证据存在。请参阅 Wahba 和 Bridwell（1976）。

[8] 我将需求和人类大脑进化发展阶段中不同的区域联系起来。大脑的各个

区域之间具有极高的关联度，因此它们分别控制的需求之间不可能存在明显界限，但是神经科学所揭示的大脑结构也给人类行为做出了有效的解释，这些行为大多数在大脑的秘密被完全揭示之前就早已被心理学家观察到了。

[9] 美国心理学家道格拉斯·麦格雷戈（Douglas McGregor）有关 X 理论（权威领导、严格管控）和 Y 理论（充分互动、积极参与）的管理风格是马斯洛需求层次理论的一个实践应用，极富影响力。X 理论和 Y 理论假设人类行为存在两种完全不同的模式：X 理论反映了马斯洛理论中更基本的需求；Y 理论反映的是更高级的需求。

[10] Clayton Alderfer（1972），Eugene Mathes（1981），Richard Ryan 和 Edward Deci（2000）以及 Michael Thompson、Catherine O'Neill Grace 和 Lawrence Cohen（2001）等多人有关三层基本需求的著作均与马斯洛的理论大致相符。另一份由 Nitin Nohria、Paul Lawrence 和 Edward Wilson（2001）所做的研究使用了社会生物理论，将基本需求分为四大类。卓越国际学院也参与到了这场学术讨论之中，认为需求可分为九大类。有关卓越国际学院相关研究的详情，请参阅 William Huitt（2004）。

[11] Blinder 和 Morgan（2000）。

[12] Cooper 和 Kagel（2005）。

[13] Lombardelli，Proudman 和 Talbot（2002）。

[14] Surowiecki（2004）。

[15] Asch（1951）。

[16] Harvey（1988）。

[17] Hofstadter（1979）Prelude…Ant Fugue。

[18] Bonabeau（2002）。

[19] 有关决策的三个方面——理性决策者、组织者和政治因素，请参见格雷厄姆·艾利森（Graham Allison）的著作《决策的本质》（*Essence of Decision*）。

[20] 有关学习类型框架的内容请参阅 Garvin（2000）。

[21] 拖延症会导致可预见的意外。请参阅 Bazerman 和 Watkins（2004）。

[22] 有关理性的限制和牺牲行为的讨论，请参阅 March 和 Simon（1958）。

［23］Rettner（2010）。

［24］Schaie 和 Geiwitz（1982）。

［25］De Bono（1977）。

［26］大脑会比人体其他器官消耗更多的能量，虽然质量仅为人体重的2%，但大约占人体消耗总能量的20%。研究显示，在我们认真思考的时候，大脑对能量的需求更高。详情请参阅 Larson、Haier、LaCasse 和 Hazen（1995）。

［27］《幻想曲》于1942年由迪士尼公司出品发行。它由八幕动画组成，其中一幕便是米老鼠做魔法师的学徒的故事。电影音乐由列奥波德·斯托科夫斯基（Leopold Stokowski）指挥，费城管弦乐团演奏。

［28］Rizzolatti 和 Craighero（2004）。

［29］Argyris（1990）。

第十三章

有人，才有可能

如何找到合适的人才，并使之乐意
为了公司的战略改变而努力改变自我

有些人天生比其他人更易接受改变，这种能力其实取决于基本需求和高级需求之间的平衡。那些不断学习并追求自我实现的人，可以做到压制基础本能的同时更加欢迎改变。这一部分是年龄的原因。在人的成长过程中，早年所付出的大量精力都是用来满足对安全、归属感和尊重的需求；只有到中年和晚年，自我实现的地位才日渐重要。但同时这也是环境作用的结果。如果一个人生活在极端环境之下，他也很难按照这种方式成长，而是会一直处在情感需求发展的较低水平。

更易接受改变的个体能表现出被我称为**实践智商**的素质——对世界运行方式的好奇心，并总会为了自己及所在的群体努力将事情做到最好。这些人就能帮助公司实现卓越的战略和结构智商。

招募新人

在招募具有领导力潜力的"新人"时，公司看重的是他们的天生能力，这有助于他们成长为工作效率很高的部门经理。公司应该着重发掘他

们的实践智商——理性智商、创造力智商、情感智商和社会智商的结合
（见图 13 - 1），以及强大的好奇心和对学习的投入。[1]

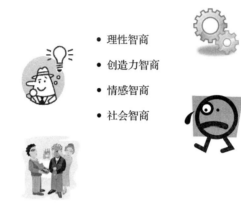

- 理性智商
- 创造力智商
- 情感智商
- 社会智商

图 13 - 1　部门经理应具备的智商

理性智商是以逻辑的方式通过推理解决问题的能力，它包含了模式识别
能力和逻辑推理能力，这两项都是大多数智商测试的重点。类人猿也能在某
种程度上表现出这种能力，尽管它们的测试分数一般会低于人类。智商的高
低在人的一生中不会发生太大的变化——笨人笨一生，因此对公司来说，找
到高智商行为、挑选高智商的人就变得尤为重要。

创造力智商帮助我们"跳出盒子思考"和"创造"问题，并且探寻新
知。这需要好奇心、想象力和创造力的配合，需要人类在进化的过程中依靠
后天习得。这些属性在促进变化的过程中起着至关重要的作用，也会影响标
准智商分数的高低。

虽然最新的神经学研究表明，人类左、右脑的明显分工其实是一种谬误，
但大家还是通常认为推理和逻辑思维是左脑的活动，而创造力和想象力则是
右脑的活动。[2]但是，在现实生活中的确有些人先天就比较擅长理性思维，另
一些人比较擅长创意思考。当理性智商和创造力智商分开的时候，它们虽然
各有各的用处，但作用有限。可是，两者一旦结合，就能形成非常强大的力

量——达·芬奇（Leonardo de Vinci）就是一个很好的例证。我们需要非常广泛的智商思维才能找到各种新的道路，并且在它们之间做出合理选择，解决今天的问题，预见未来的问题。

较高的智商得分意味着高理性智商和高创造力智商，但这并不能保证这个人有能力成为一名出色的部门经理。很多高智商的部门经理其实在公司里的效用很低，因为他们缺乏做事的决心和投入，或是不清楚自己和同事的能力。出色的部门经理也需要有较高的情感智商和社会智商。

情感智商是心理成熟度的衡量标准，它是指一个人的自我意识高低、对自己的满意程度和自我情感管理的状态。高情感智商能带来适度的自信、积极的性情，能鼓励自我激励、提高个人可靠度和学习意愿。当情感智商与理性智商和创造力智商相结合时，它就能为个人带来学习和改变的巨大能力。现在有很多可以衡量个人情感智商的工具，而且公司也很有必要测试新员工的情感智商。[3]

社会智商是社会成熟度的衡量标准，它是指个人对自己能给他人施加多大影响的意识、在群体里的舒适度和管理他人情感状态的能力。高社会智商能带来良好的人际技巧和激励技巧——安排他人完成一件事情的能力——个人正直的名誉和作为一个优秀团队成员及优秀团队领导的能力。具有高社会智商的人在非正式架构中通常都具有较高的声望，也展现出提高社会机制单位效用的行为（见**第九章 非正式架构**）。

社会智商加上情感智商、创造力智商和理性智商，就等于一个人有效推动公司改变和自我学习的能力。[4]

情感管理是情感智商和社会智商的共同核心。情感虽然处在潜意识中，但是也能迅速传染。所以，情感智商的关键衡量标准——自我情感管理能力，是管理他人情感的第一步。

负责理性智商和创造力智商的区域位于大脑额皮质的中心，大部分都受意识的控制。它们是人类大脑最近期也是最复杂的进化阶段。情感智商和社会智商更深地写入了我们的基因中，在进化的历程中也加入了更多快速思考机制。对于同一件事情，情感思考比理性思考的速度要快得多，从位于大脑深处的杏仁核处提取信号的速度也快很多。事实上，我们对这个世界的感知反应从本质上来讲，大多数都是偏情感性的，大部分的有意识思考也都是在从情感上做出决定的基础上重新进行理性思考。

总体而言，理性智商、创造力智商、情感智商和社会智商之间的平衡能有效协助具有潜力的部门经理事业成功。公司不但期待他们在自己的岗位上交出满意的答卷，还期待他们能够接受改变，并且有能力在公司里促成必要的改变。虽然现在可以用来测试智商的工具数不胜数，但它们都有自己的局限性，不过如果能正确使用，它们也都是帮助公司挑选人才的有力武器。

虽然智商对成功来说非常重要，但必须要有投入的决心来配合方能有效。不论一个人的智商有多高，如果他没有实践的动力和投入的决心，那么终将一事无成。从很多方面来看，决心投入是情感智商的一部分。在遇到困难时，需要足够的好奇心、勇气和坚强的意志才能决心投入学习。情感上平衡的人投入的决心来自他对个人成长的渴望，这是一种人性固有的欲望，有助于缓解学习的痛苦。但是，我们也往往很难做到合适的情感平衡：对自己太过满意和过分肯定的人通常都不愿意付出努力；对自己过于不满意和不肯定的人通常也没有勇气采取行动。因此，在招募做咨询工作的员工时，最好能找到那些信心满满但又抱有一定怀疑精神的人——信心能够建立起他们心中合理世界的模型，怀疑精神能鼓励他们在向别人推荐某个事物之前积极地先做测试。

学习能力和对学习的投入必须要完美结合才能推动**实践智商**——个体通过高智商行为做出更好结果的意向，这既有利于个人，也有利于他所在的群体（见图 13 - 2）。

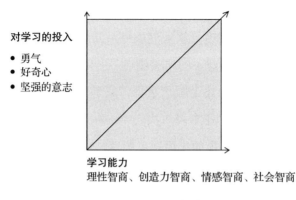

对学习的投入
- 勇气
- 好奇心
- 坚强的意志

学习能力
理性智商、创造力智商、情感智商、社会智商

图 13 - 2　实践智商

挑选实践智商

心理测试和智力测试在招募新人时有它们的作用。全美领先的信用卡发行商 Capital One 就非常依靠这套测试来挑选适合公司发展的员工，通过他们来支持公司永恒创新的业务模型。要实际展开这些测试，最好是挑选当前水平不同的员工先进行测试，把结果作为样本，对比之后再做出相应的调整。Capital One 就邀请了 1 600 名内部员工做样本测试。[5] 公司如果采取不恰当的测试难度和范围，会让一些候选人在申请工作时就打了退堂鼓。我多年前曾在班上遇到过一个 MBA 的学生，他抱怨说这种测试有辱人格。其实这本身就可能是挑选过程的一部分。如果一个人的情感成熟度尚不能支撑他付出四五个小时参加测试，那么他就仍然不适合从事这个职业，可能也就不是 Capital One 所要寻找的员工。

Capital One 发现这种测试的结果比面试的可预测性更高。面试是一种缺点很多的招聘方式，但如果面试可以使用一个系统的方法来进行，效果则会好很多。20 年前，在为战略顾问一职招聘应届毕业生时，我偶然发现了一个方法，现在看来依然非常有效。很多通过这个测试的年轻人后来都成为非常优秀的领导者和企业家。当时，我通过四个特质来评估这些候选人，然后把结果和每个特质的已知最佳结果进行比较。这四个特质分别是推理和创造力智商——解决战略问题的关键；领袖气质——说服人们改变和领导改变的实施能力；在面试和讨论中一对一的沟通技巧——咨询工作中至关重要的一点，不论是完全理解一个问题，还是收集数据，或是具体实施，这是在任何一个环境中都不可或缺的能力；还有投入决心——在透彻分析难题、成功解决问题的全过程中都起着不可小视的作用（见图13-3）。

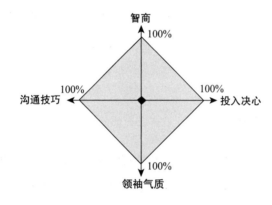

图13-3　人才的4个特质

　　我用一个无结构的公司案例来测试候选人的推理和创造力智商，这需要在不确定性很高时仍能保持推理能力、假设能力和建模能力。测试领袖气质时，我让候选人站起来，在一个大房间里陈述他的看法。测试沟通技巧时，我让他们进行角色扮演，处理一个非常难应付的"客户"（也就是我！）。最后，我通过关注他们在面试中的反应来测试投入决心。整个过程大概耗费一个小时，据应试者反映，他们接受测试时的压力也很大。我会把测试结果公布在一个四维表格中，对应试者的每个特质都进行考察，每一项的优胜者得100分，其他人的得分都是与此对比的相对分数。

　　那时我是在寻找爱因斯坦的智商和里根总统的领袖魅力（小心不要搞反了），也在寻找牧师般一对一的沟通技巧和殉道者一般的投入决心。我在寻找能够实现平衡的候选人，从相对较为整体的角度发现闪光点，而不是仅仅关注在某一个特质上的卓越表现。我相信这样的人可以成为出色的战略改变咨询师。他们也没有令我失望。所有得分不错的人最后都成了优秀的顾问，职业道路也走得非常顺利。虽然当时我没有意识到，但当我现在回顾这个过程的时候，才发现其实我正是在测试候选人的实践智商。

鼓励更加智能的行为

公司应该雇用那些在理性智商、创造力智商、情感智商和社会智商上都表现出众的人。要给这些人一定的动力刺激，否则也别指望他们的行为能像智商测试分数一样惊人。没有动力刺激，就算是最聪明的人也不会有出色的表现。然而，就算是能力最平庸的人，如果给予恰当的鼓励鞭策，也能做出骄人的成绩。

让我们来看看小朋友努力学数学的例子。[6] 这个科目测试的就是理性智商。一批数学不开窍的小学生被分成两组。我们会告诉第一组，他们的大脑就像是肌肉，用得越多，就变得越强大。第二组为对照组，我们什么也不跟他们说。结果是第一组的小学生取得了重大进步，而第二组的小学生基本还是在原地踏步。由此可以看出，在正确的激励下，不管本能的智商分数是多少，人类都可以非常有效地进行推理。同样，没有受到激励的人，就算智商测试分数高，也不太容易表现出有用的推理能力。

正如理性智商一样，正确的培训和激励也可以极大地提高个体的创造力智商。人类都是生来具有创造力的，可是一旦需要自己提出新想法时，我们往往就变成了非常严厉的批评家。我们脑子里会出现数量惊人的新想法，但却不自觉地在潜意识中把这些想法和过往的经历进行对比，甚至在它们还没有浮现在有意识的思考中时，就已经把它们都排除了。因此，我们要设法关掉个人过度自我批评，让更多新想法浮现出来，然后才能认真地去一一思考。这其实就是很多创意工具和技巧的目的。[7] 它们会帮助关掉大脑中的评判功能，让我们先给出一些想法，然后再开始评价它们的质量。比如，简单地进行角色扮演游戏其实就能让我们从过度自我批评中解脱出来，从不同角度带来很多新鲜可用的想法。多年前，我就为刚刚完成私有化的英国航空公司（British Airways）进行了一个类似的部门经理培训。我让他们指出英航的弱点，但是这貌似不容易做到。最后我不得不使用角色扮演，要求他们把自己想象成主要竞争对手公司的高管人员，想办法击垮英航。于是，一份又长又详细的清单很快就被列出来了。

情感智商和社会智商也可以通过培养逐渐成熟。这两者都根植在复杂的情感回应机制之中，因此目标必须是帮助个体理解他们情感回应影响他们"理性"决定的方式，以及他们的行为影响他人情感回应的方式。瑞士的洛桑国际管理学院（IMD）是全球领先的商学院，他们为自己的 MBA 学员提供了广泛的咨询和心理分析来理解他们的情感，并开发展现更高级别的情感和社会智商的能力。

公司也可以在正确的环境中培育员工与生俱来的好奇心和对学习的投入。我们将在**第十五章 利用人们永不满足的需求**中对此进行深入讨论。

招募高级经理

我们现在从招募新人转向招募高级人才的问题。这并非易事，所以失败也在所难免。英国电视公司 ITV 的总裁阿奇·诺曼（Archie Norman）先生曾跟我提过他的"1/3"原则：公司招募来的高级经理中的 1/3 是成功的，能给公司增加价值；1/3 是无功无过的；剩下 1/3 是噩梦，会破坏公司的价值。在阿奇·诺曼看来，公司应该设法快速找出那些噩梦般的高级经理，并且立刻摆脱他们。

当公司招募高级经理时，通常看重的是"经验"和"融合度"。经验可以通过他过去的工作业绩看出来，而融合度则是看他能否和公司同事高效合作完成工作。

经验的重要性显而易见。知识和技能的学习需要多年的时间和积累，才能在某一个专业领域达到高级水平，掌握精湛的技术和高超的能力。这也是和其他同事合作完成工作所必需的素质。但是，除非能很好地把经验和融合度与实践智商相结合，否则它们都有可能给公司带来风险。

谨慎处理经验

公司通常都想招募到已经具备胜任这一职位能力的高级经理。它们不惜投入大量资源来评估一位候选人过去的表现，看重的是这个人曾经做出过哪些成功的决定，在类似的行业中产生过哪些积极的影响，以为这能充分显示该候选人是否已经掌握了他的专业领域内有用的知识和技能。大多数公司之所以认同这种方法，是因为它们相信每个行业都有自己独特的运营模式，在每个模式下只要掌握了正确的知识就等于握有成功的关键。它们相信一位相关经验丰富的高级经理就是这个领域内的专家，他一旦上岗就能迅速将其专业技能运用到工作中去。

但是通常很难证实一个高级经理在他过去的职位上究竟产生了多大的影响。另外，专业技能并不一定和经验成正比。有些人在一个行业里仅仅工作了几年，就已经成长为一名出色的专家；而另一些人虽然做了几十年，却并没有太多长进。这都取决于他们的学习能力和对学习的投入——实践智商。

我们在**第十二章 揭秘充满矛盾的思维本质**中讨论过，专业知识也可以是"盲目的"。也许同样的问题我们在过去已经多次遇到，以至于每次处理问题的时候都已经忽略了解决方法究竟是如何得来，只是在机械地使用而已。我们都会认为这个答案"显而易见"。这其实隐藏着很大的危险：如果不改变思维模式，那么我们将无法调整自己的做事方式。

美国第二大有机食品零售商 Wild Oats 就因此痛苦不堪。面对全美第一大有机食品零售商 Whole Foods Markets，公司顶着恐怖的激烈竞争挣扎着前进。

Whole Foods Markets 采用的是分散型业务模式，因此门店员工可以迅速根据当地市场条件做出改变，在当地赢得竞争。和它相比，大型零售商往往还需要等待公司总部的命令才能做出改变。当 Wild Oats 开始介入 Whole Foods Markets 的核心市场时，利润就开始下滑。董事会敦促创始总裁离职，但新指派的管理团队却仍采用了传统的零售经验。[8]

Wild Oats 的新领导团队果真再次采用了一套典型的经典零售业务模式——总部采购和标准化商品货架布局，明确规定了每种产品具体应该如何摆放在货架上。与 Whole Foods Markets 的分散型方法相比，这就是毫无用处的一招，还是同样会受到当地规模更大的零售商的排挤。Wild Oats 的利润率仍在继续下滑——全是因为他们盲目相信了"经验"。

招募经验丰富的人的危险就在于你得到了——经验！一旦这是错误的经验，公司就会被它毁掉。

盲目的专业技能也会给公司带来诸多问题。如果我们不知道某个解决问题的方法所依据的逻辑是什么，又怎么会懂得如何改进它呢？当问题出现变化时，我们又怎样能让自己的解决方法进一步适应新的环境呢？如果我们不知道自己做事情的原因，又怎么能培训其他人、辅导他们学习呢？只是简单地告诉员工"吩咐你做什么你就做什么"完全无法帮助公司构建战略智商。

如果我们想要精通自己领域的专业知识并辅导他人，就必须具有好奇心和提问精神，还要不断努力前进、热爱学习；我们也必须要愿意接受别人的质询，做好准备随时解释我们所作所为背后的逻辑。我们也要保持谦卑，做好准备随时重新学习本以为已经了解的事物。总之，我们必须要具有实践智商。

这并不是说我们就可以忽略经验。商业环境是极度复杂的，需要花费多年时间才能真正搞懂。在某一领域经验丰富的高级经理明显有他的优势，但是他在这个领域内的专业知识只是他学习能力和对学习的投入——实践智商——的一部分。除此之外，在帮助公司高效解决新问题、培养自己的专业知识、分散公司战略智商的时候，实践智商也是不可或缺的。因此，绝对不能忽略它。

要注意，经验丰富的盲目"专家"虽然在他们之前的职位上做得风生水起，但这也可能只是因为当时解决问题的方法并未触及他们自身的局限性。如果当时的目的仅是通过快速决定确保公司的短期生存，而并没有把重点放在公司的可持续发展上，就更有可能为这个"专家"戴上光环。事实上，即使一个人在理性智商、创造力智商、情感智商和社会智商上都存在局限，只要他掌握了该领域内所必需的知识和技能，就很有可能被默认为是最适合这个职位的人——他在危机来临时有能力也有意愿迅速执行一套早已制订好的行动方案——因为几乎没有时间给他返回到最初阶段，仔细给每个人解释清楚要采取什么措施。但是，一旦度过了短期危机，我们就需要一些更具战略智商、更乐于学习的人来提升公司做出改变的能力。

谨慎处理融合度

在招募高级经理时，公司考虑到融合度也是非常合理的。新加入公司的员工必须要能够高效地和同事一起工作。但是，过度关注融合度就会带来一致性，而一致性又是十分危险的。

我们都天生更倾向于雇用"和自己类似的人"——具有相同背景、教育、兴趣、观点的人。他们的思维方式和我们一样；他们和我们的想法一致；他们和我们理解事物的方式相同；他们都很容易相处；他们明显很合适！可是，一旦一致性高到这种程度，就会导致群体思维。如果每个人都以同样的方式看世界，那么也就只存在一个真理。公司会因此受到潜在威胁的袭击。[9]有时这种一致性只存在于潜意识里，没有人强迫你走哪条路；可是有时这又受到意识的强大控制，每个人都按照别人对自己的期望来做事，社会压力也会驱动人们以"正确的方式"来看待事物。[10]人们还会否认真相，以换取舒适度。当融合度变成一致性的时候，就为公司埋下了失败的种子。

寻找多样性

公司与其坚持每个人都遵守一致性，不如鼓励大家带来多样化的观点，这样才能促使公司更加健康地成长。多样化的视角为公司提供了更大的能力，有助于发现问题并想出具有创造力的解决方法。美国著名记者詹姆斯·索罗维基（James Surowiecki）在他的著作《群体的智慧》（*The Wisdom of Crowds*）中写道："个人的判断并不足够准确或者足够一致，认知的多样化是做出正确决定的重要因素。"[11]而且其实也并不需要太广泛的多样性就能避免某个观点被隐瞒，只要一个人有勇气讲出来，就能鼓励他人也勇敢地表达自己的观点。[12]另外，如果一个决策小组的成员不都是专家，那么通常做出的决定更有效。美国著名管理学家詹姆斯·G. 马奇（James G. March）先生曾指出："可能正是人们永恒的天真和无知才能带来知识的发展。"[13]

通过建设性多样化来学习

有多样化的观点非常有利于学习，因此公司所招募的人应该同时具有不同观点和与人分享的勇气。但多样化也并不总是好事，它有时会让人们不舒服，于是我们就会选择回避或者忽略这个问题。因此，我们需要鼓励具有不同观点的人用合理的方式表达他的意见，既不会威胁到他人的立场，又不会让自己无力解释；还要鼓励大家都用充分的数据和推理逻辑支持自己的理论，努力赢得每个人的理解。[14]另外，还应该鼓励人们积极质询他人的想法，不但自己从中有所收获，还能帮助他人学习。这样一来，群体里的每个成员都很清楚自己知道什么，也能了解到自己之前不知道的内容；一度盲目的专家也能看到现实并且开始成长。因此，公司所要寻找的并不仅仅是多样化的观点，而是有能力把自己的观点以合理方式表达出来、从而帮助自己和同事同时学习的人。

思维的多样性，而不是行动的多样性

在公司处于"思考"模式时，观点的多样性非常有益——可以评估潜在威胁、发现新机会、创造并评估未来可能的道路。但是，多样性的价值也存在着局限性。公司必须要做出决定，也必须统一协调每个决定来确保有效的执行。但是，如果把观点的多样性带入行动阶段，个体就会追求各自的目标，这就会给公司带来灾难性的后果。因此，在招聘的时候，我们要找的人就是在思考阶段不害怕表达自己的观点，而一旦公司做出决定，即使和他的意愿不符，也愿意投入工作、严格执行、一切服务于公司利益的人。

小结

公司在招募新人时，最重要的就是要发现实践智商，即有助于公司实现长期成功的智商。它是理性智商、创造力智商、情感智商和社会智商之间的完美平衡，同时还要看到愿意把这些全部应用在学习中的决心。我们有很多可用的智商测试，公司应该根据现有员工的表现来对测试结果进行调整。

但是公司管理层还应明白，如果能在公司里提供恰当的培训、奖励系统和环境支持，员工的某一项自然智商就能得到极大的提高，从而表现出更多高智商行为。

在招募高级经理时，很多公司都会关注他们过去的经验和与职位的匹配度，但是实践智商的重要性仍不容小视。

融合度的危险之处就在于会给公司带来太多的一致性，这会阻碍学习。公司应该寻求不同的观点和行为，但同时也要保证它们的表达方式合理合适，从而鼓励每个人的学习行为。

公司会把过去的经验作为专业技能的代名词，但是这并不永远有效。然而，实践智商和经验的组合就非常有助于培养专业技能。另外，实践智商还能带来改善这项专业技能的能力，让它更能适应不同的情况和不断变化的时代。

注释

[1] Howard Gardner (1983) 在其著作《心智的结构》(*Frames of Mind*) 中广泛描述了多元智能理论。

[2] Rose (2005)。

[3] Goleman (1996)。

[4] Goleman (2006)。

[5] Wells 和 Anand (2008)。

[6] Dweck (2007); Blackwell, Trzesniewski 和 Dweck (2007)。

[7] Glassman (1991)。

[8] Wells (2005; 2006)。

[9] Janis (1983)。

[10] Asch (1951)。

[11] Surowiecki (2004)。

[12] 同 [10]。

[13] March (1991)。

[14] Argyris (1990)。

第十四章

满足人性的基本需求

缓解改变带来的痛苦

公司机构的改变时常会威胁到很多人的基本需求，人们在这种情况下就会强烈反抗。因此，公司必须要降低员工这种对变化的恐惧心理。在理想状况下，公司应该把满足员工的基本需求作为改变流程的一部分。

商业和社会中的人类基本需求

马斯洛将人的需求划分为不同层次（见图 14-1）。根据他的理论，只有在满足了前一层的需求之后，下一层的需求才会变得重要。[1]马斯洛将生理需求划为最基本的需求，这包括了对性、食物、水、居所和衣服的需求。在当今社会，我们可能还要把医疗需求加进这一层次中。

图 14-1　马斯洛需求层次理论

资料来源：Maslow, Abraham H. , A Theory of Human Motivation,
Psychological Review 50 （1943）：370-96.

在现代社会里，我们能通过工作得到充足的收入来满足生理需求。有些社会也已建立起一个基于税收的社会安全网络，帮助失业群体满足这一需求。第二次世界大战之后，英国出现的福利社会就是一个很好的例子。维多利亚女王统治时期的英格兰跟当今社会差别很大。当时有一些受到启蒙思想影响的商人就曾试图填补这个空白。比如，Lever Brothers 香皂公司（即现在的联合利华公司）的创始人威廉·海斯科斯·利华（William Hesketh Lever）先生就创建了一个迷你村庄，起名为"阳光港"，专门为公司员工提供学校、图书馆和公共配套等全套设施，希望能缓解在工业化进程中英格兰四处充斥着的肮脏和贫穷。[2]这些需求在如今的发展中国家仍然相当重要。我在 1996 年出任波兰知名巧克力公司 Wedel 的总裁时，就发现自己不仅要对 3 000 名员工和四家工厂负责，同时还要管理一家医院、两家托儿所和一幢由工厂锅炉供热的公寓楼。在一个人们可以生活、工作的高效社区里，人类的基本需求必须得到满足。

马斯洛将再高一级的需求定义为安全需求，也就是对摆脱恐惧的渴望。稳定、结构、常规、法律、边界、传统和仪式都很重要。这些因素在政治稳定的社会中都已存在，但在世界某些地区还处在极度缺乏的状态。在比较发达的国家中，这些需求通常体现为稳定的收入、储蓄和保险。宗教和科学信仰也在"解释"现实和降低不确定性中起着重要作用。在创造一个迎合改变的环境时，领导者面临的最大挑战就是如何消除安全威胁。虽然这看起来比较矛盾，但是改变会带来的影响越明显，效果通常就越好。不确定性是恐惧的温床。

一个具有无限能力来满足自己生理需求和安全需求的物种在进化中日益高效完全是情理之中的事情。这种进化对促成公司的改变意义深远。任何可能威胁到最基本需求的行为都会在潜意识里引发激烈的抵制。工作可以在很大程度上满足生理及安全需求，所以凡是威胁到工作安全的事情都会在公司里引发巨大的恐惧。

马斯洛认为比安全需求更高一级的需求是爱和归属感。这里的重点是要实现家庭感和当地社区感。在社会工业化和城镇化之前，人们通常居住在村庄里，彼此距离核心家庭很近，因此爱和归属感的需求随时都能实现。那时的人们高度依赖当地社区，对他们最大的惩罚之一就是驱逐。

随着核心家庭日渐丧失在人们生活中的主导地位以及城镇化的兴起，这些状况也发生了改变。人们搬到大城市之后，虽然周围都是人，却也难免觉得孤独。在现代城市社会中，可能工作是最能满足我们社会需求的地方，也是占用我们时间最多的地方。我们天生就倾向于和一些人组成小型群体，成员之间相互保护，还会和其他小群体争夺资源。这种群体内的联系具有非常强大的力量。成员之间的互帮互助都是在追求社交货币，以便在今后自己需要帮忙时能够兑现。对每个成员来说，让别人看到他对群体有所支持和贡献是十分重要的；如果做不到，就很可能会丢掉自己在群体中的地位，甚至招来被驱逐出去的危险。长久以来，军队都在使用这种社会联系增强部队的战斗力。部队中的社交货币非常强大。也许很少有士兵愿为祖国献身，但他们却肯定愿意为战友牺牲。因此，我们又一次看到改变将会威胁到社会凝聚力，而失业也是一种被驱逐的形式。

公司可以是社会行为的受害者，也可以选择利用社会行为。公司是团队合作的结果，而团队是开发和执行战略改变以及交付结果的过程中至关重要的因素。其间，如果能满足社会需求，那么战略成功就和人类的基本需求相一致。但是，如果改变的过程威胁到了社会秩序，人们自然会产生抵制情绪。

马斯洛将最高一级的人类需求定义为尊重，它超越了归属感和爱的需求。马斯洛将尊重分为两层：社会尊重——来自他人的肯定，表现为认可、地位或名声；自我尊重——在感觉到自己的能力、自信、独立和自由时才能实现。在工作场合的自我尊重来自自己良好的工作成绩。社会尊重来自同辈对自己的角色给出的认可和因此得到的名声。在潜意识中，我们都会通过人们对待自己的方式来判断自己的名声，同时努力做出进一步改善。这就能驱使我们更好地充实自己的角色，也因此能让群体更好地适应进化。

改变威胁着尊重。人们害怕被委以新的角色，担心自己可能无法胜任。正式层级关系中的任何降职都是一种社会耻辱，即使旁敲侧击的举动也被视作失败的表现。公司结构上的变化因此能迅速传播恐惧。

工作

在当今社会里，工作能在很大程度上满足我们的生理需求和安全需求，而且也越来越多地满足着我们的归属感需求和尊重需求。另外，它也是满足我们更高一层需求的一个宝贵机会。因此，失业绝对是一个重大打击。我们高度重视工作，如果改变威胁到工作，就会引发社区内的恐惧。

就像所有强大的情感一样，恐惧具有强大的传染力，会像野火一样迅速传遍整个公司。出于本能，我们会保护彼此，统一战线，抵制变化。

解聘员工是一件很恐怖的事情，如果被解雇的人其实并没有犯错误时更是如此。估计任何一个解雇过别人的经理都了解，这是非常不愉快的经历。因此，我们会不停拖延，希望不要解雇任何人。但是到最后必须做出决定时，我们还是会感到痛苦，也会为自己的所作所为背上负罪感。这种情感会快速传播，让整个集体都有负罪感，每个人都会为自己也同意解雇同事而感到难受。仍然留在公司里的人会变得恐惧、怀疑，相互之间原有的信任已经丢失。这都是很自然的反应，在基因之中不会改变，也是惰性的一大来源。

很遗憾，在现今社会中解雇是无法避免的。随着竞争环境不断变化，人力资源水平和所需技能也必须随着变化中的环境做出调整。这种对工作的威胁让公司陷入了一个两难境地。如果没法保证工作安全，追求更高一层的需求就很难实现，人们也无法满足自己的好奇心、学习新事物、充分发掘潜力——如果人们总觉得饭碗不保，那么就很难表现出这些需求。但如果给员工终身制的铁饭碗，就会大大限制公司改变的能力。做与不做都是麻烦！

投入核心团队

避免解雇员工的方法之一就是不要雇用员工——简化人力资产，我们已经在**第七章 智能的资产管理**中讨论过这种模式。所有公司都需要**一些**人才能正常运作，但是这种方法之所以可行，是因为公司可以只对自己的核心部分做出长期投入，再去市场上寻找其他所需的劳动力。类似零售、农业和酒店业等季节型服务公司都依靠着简化资产模式立足于市场。

当实施简化人力资产模式时，绝对有必要抵制人员增加，不然就会直接导致核心团队的规模增加。即使不考虑由此引发的不灵活性，额外的员工成本也会逐渐超过最初想象。他们若是也抵制改变，就更加支持这种模式的原始逻辑了。我之前在百事可乐公司工作时，老板就曾经跟我说："要小心游手好闲的人，他们会花掉你很多钱。"我很好奇，于是计算了每个员工的全部成本（考虑了所有的基础设施和财物支持），结果相当恐怖。每个员工的总成本比行政层上的直接劳动力成本的两倍还多；如果是高管层，再算上他们的个人助理、公务用车等全部因素，就占公司运营总成本中很大一部分。从那时起，我开始仔细配置所有用人成本，看看每个人的实际成本到底是多少。

雇人有风险——你会越雇越多。我曾经开过一家职业服务公司，起初只是随意把专业顾问和后勤员工的数量设置为1:1。可是很多顾问都来跟我抱怨支持不够，他们把宝贵的时间都浪费在杂事上了，并没有足够的时间为客户提供专业服务。在大家的怨声载道中，我最终妥协了。可结果在不到12个月的时间里后勤员工数量迅速上升，几乎达到了专业顾问人数的两倍。于是，公司不但有了更多后勤员工，还有了更多后勤主管，还有了更多管理主管的部门经理，但这并没有给专业顾问的工作带来多大改善，这太有讽刺意味了！所以，公司必须要有明确的目标和严格的控制，否则日常开支就会飞涨！

如果雇用成本较为灵活，那么对核心团队的长期投入就会变得简单。年景好时，每个人都能分享所得；在不景气时，大家就共同承担痛苦。但是，这种分配必须保证绝对公平，不然就会变成阻力。过去美国一旦出现经济衰退，公司就会辞退大批一线制造工人，但保留部门经理的原有职位，有时甚至还会给他们加奖金。因此，工人们常会诉诸工会，并且坚决抵制改变——这就形成了两个相互对峙的群体。美国生产效率最高的钢铁制造商 Nucor 的做法却与之形成了鲜明的对比：公司并没有在不景气时完全解雇工人，而是让他们每周上班三天，同时给经理的薪水也减少了 80%。这是真正的同甘共苦。这样一来，公司就极大地提高了成本的灵活度，作为一个团结的整体，生产力也能大大提高。[3]

诚然，公司都需要一定数目的员工才能正常运行，所以就必须找到生产力高、灵活度高的员工。不管是什么事情，80:20 的原则不但适用于普通员工，更适用于管理层。既然 80% 的工作都是由 20% 的人完成的，那么就雇用最棒的员工，大方地给他们分红。同时也要挑选出愿意尝试新事物的员工。毫无疑问，公司的成败完全在于是否在一开始就能招募到最好的员工，公司需要具有高级实践智商并且愿意投入学习的人（参见**第十三章 有人，才有可能**）。

通过战略定位避免解雇

公司解聘员工的频率取决于它们所处行业的属性以及自己的战略定位。在复杂多变的行业中，公司就面临着更高的风险，也需要实施简化资产才能随时对市场做出回应。这就是香港利丰集团的魅力所在，它的业务模式能适应瞬息万变的时尚产业。它并不亏欠任何制造商，所以只用轻点鼠标就能随意调整供应链。[4]

慢增长行业也会让人头疼。如果一家公司增长为零，但还要保持生产力每年提高 5% 才能确保竞争优势，那么就不得不每年减少 5% 的劳动力才能达到平衡。虽然有时员工的自然流动会带来一定帮助，但在真正需要时却很少能及时出现，因此公司不得不做好经常解雇员工的准备。这肯定会阻碍公司生产力的提高。

托尼·海普古德（Tony Hapgood）先生曾在几年之前任 Bunzel 公司总裁。我当时就和他讨论过这个问题。当时 Bunzel 的增长相对缓慢，因此他总是在不停改变公司，希望能提高生产力收益。我很好奇地问他处理问题的方法。解决方法其实很简单：只专注于能实现超出平均增长的领域，这样生产力收益就不会受到威胁了。

缓解解雇之痛

不论公司如何极力避免解雇员工，有时也会不得已而为之。所以最好能有一个方法能同时减轻被解雇员工和公司的痛苦。

从这个意义上来说，公司就很有必要只雇用最棒的员工。如果一家公司只雇用最好的人，就不用担心员工的工作安全，因为这些人即使失业也总能找到另一份工作。另外，如果公司的名望能给员工的声誉加分，就更能增加他们在就业市场上的价值。通用电气公司在雇用优质员工和员工发展方面就极具声望，能为离职员工带来非常成功的后续职业道路。事实上，在财富500强公司担任过总裁的人中，出自通用电气公司的人比哈佛大学的毕业生都多。每当通用不得不告别颇具才华的经理人时，也几乎从来没有过不愉快的气氛。

通用电气公司为所有雄心勃勃的经理都提供了一个有价值的职业平台，这其实也是任何一家公司应有的态度。它们应该努力把自己变成**优秀雇主**（参见**第八章 正式架构**中有关人力资源开发的讨论）。这能创造一个良性循环：提供最佳职业机会的公司可以吸引到最好的员工，也就是那些具有最高实践智商的人；这些人又能给公司带来更高的价值，并且能快速学习，同时也提高自己的价值。因此，在他们离职时，也能非常轻松地找到下一份工作，把原来的职位让给后起之秀。

很多专业服务公司都因为采用了这种人力资产管理方法而实现了不俗业绩。在它们的业务模型之下，并不是每一个新员工都能一路做到合伙人，所以大多数人就必须在供职一段时间之后离开公司。从效果上看，这些公司的政策是"升职或走人"，所以解雇员工就成了家常便饭。但问题的关键就是解雇的方式。

可以独断专行走投行的模式——每隔一段时间就公布一批解雇名单，给解聘员工发一个棕色信封，清空他们的办公桌，把他们的东西倒进黑色垃圾袋，让公司保安把这些人送出大门。这是一种接近尼安德特人（Neanderthal）的原始方式。

或者也可以效仿麦肯锡的方法，用很巧妙、很尊重的方式解聘员工——这通常和个体有很大的关系。离开麦肯锡之后，他们往往都能找到新角色，而如果没有在麦肯锡的工作经验和职业培训，这是绝对无法实现的。他们在新职位上通常也都有非常不错的发展，在日后有可能会邀请麦肯锡做他们公司的咨询顾问。这个模式为麦肯锡吸引到了最出色的人才，为他们提供培训，给他们丰厚的薪水，再把他们送上更加辉煌的职业道路，而这也同时是麦肯锡的老员工网络。如此高效的雇佣机制会让员工乐于迎接职业道路的改变。

即使公司有一套最佳解雇方案，在面临不可预见事件时，有时也让它们不得不做出人力资产的重大调整。这种调整需要很大的勇气。由于此时再解释改变的逻辑几乎已经毫无意义，所以让每个员工都看到立刻行动的必要性才是解决问题的关键。只有唤醒大家生产的本能，才能以最快的速度实现高效的统一。除非整个公司都信念一致，除非有人愿意做出牺牲，否则整个公司都将灭亡。一旦做出决定，越快行动就越好，不宜拖拉——同样是死，千刀万剐是最痛苦的。公司也必须给予离职员工优厚的待遇，还要帮助他们找到新工作。这样做的目的不仅仅在于补偿离职员工，也同样是在安抚公司其他员工，让他们不再感到痛苦和负罪感，重建公司士气。

团队合作

为了满足潜意识里对归属感的需求，我们都喜欢在团队里工作和玩乐，这能让我们觉得自己属于一个尊重自己团队精神的大集体。我们都喜欢加入优秀的团队，想从中提升自己的社会尊重。优秀的团队能获得最好的食物，提高自己在进化中的生存概率。因此，我们都愿意和优秀的人联系；当处在优秀的团队里时，我们也能提高自己的表现。我们非常努力地为集体贡献自己的力量，并不仅仅是为了赢得社会尊重，还为了我们能从个人成就中获得自我尊重。我们十分看重也会尽力去维持自己努力挣来的社会声望。我们都会因为属于一个集体而感到喜悦和骄傲，也会因为被排斥而产生恐惧和被侮辱的情绪。这就是名望和耻辱的角力。

缺乏能满足基本需求的机会将令人无比沮丧，于是我们就会自己想办法实现。对公司来说其实意义很明显：设计工作安排时，应该充分考虑到人类本能，鼓励员工做得更好。从这个意义上来说，工作隔间就是一种绝对优于流水生产线的工作方式；让员工以团队为单位做出改变时，大家的积极性也会大大高于公司高管层"指挥—控制"的吩咐。另外，一旦基本需求得到满足，我们就会开始追求更高层次的需求，使用创造力探索更好的做事方法，不断接受新挑战，同时提高公司的战略智商。如果员工无法在工作场所找到归属感和尊重，那么他们就会本能地自发建立新的社会结构，这必将分散注意力，让员工偏离公司的主要目的，甚至还有可能与公司的发展目标背道而驰，降低公司业绩表现。美国工会就是很好的证明。

如果团队的目标和公司的目标统一，同时又能满足每个成员的基本社会需求，就能成为竞争优势的极大推手。毫无疑问，有些活动确实已经超越了工作本身，需要整个团队的投入才能完全满足社会需求，公司也应该鼓励这种行为。这也许是某一晚上集体去打保龄球，也可以是参加当地的舞会。但是公司其实不用担心大家实际需要什么，团队会自己做好准备，他们要的只是一点点鼓励（比如一小笔津贴）。公司支持这种行为，目的就是给员工带来难忘的团队体验，那么他们就没必要去别处寻找情感上的满足了。[5]

奖励做出改变的团队

为了能改善战略和结构智商，公司里的各个团队都需要不断努力提高生产力，坚持不懈寻找新的做事方法。但是团队要依靠奖励的刺激才能有效行动，这包括社会奖励和物质奖励。高效的团队总是在不断提高生产力，但如果没有奖励从而分享公司的成果，他们就会自主减少工作时间，给自己腾出更多休闲和社交时间。除非给其他员工的物质奖励太大，否则并不太可能出现团队自己裁员的现象，他们也不想经历由此引发的社会痛苦。

但却可以利用物质奖励统一公司的目标和社交货币，从而制造强有力的激励。Nucor 就是结合使用了物质奖励和社交货币来驱动迷你型炼钢厂提高生产力的。它把工作分给很多小团队来做，只要团队提高了生产力，就会得到一笔数目可观的计提奖金。如果生产力目标没有完成，团队里就没人能拿到奖金。因此每个人培训新成员的热情都很高，不合格的成员自己也会默默离开。每个团队的目标——提高生产力——都和 Nucor 的公司目标高度一致，都是为了实现 Nucor 最原始的竞争优势——低成本生产。[6]

既然集体物质奖励的力量如此之大，公司就没有任何理由忽略这个手段。但令人匪夷所思的是，公司里的团队活动——包括改变——通常完全跟奖励没有关系。在改变的过程中，大多数经理把大量的工作时间花在跨部门执行上，但是他们却少有因此受到奖励的。公司反而会因为他们在自己部门里的突出表现而授予奖励，却并不会表彰他们在公司改变上所做出的努力。由于经理会因此忽略自己部门的日常运营，所以从效果上看他们在改变上投入的时间和精力其实受到了惩罚。在通用电气公司，就有一项巨额年度业绩奖金用来奖励改变项目，试着对此做出补偿。但是，这仍然是个人奖金而非集体奖金。如果公司能跟踪每个团队为公司长期成功所做的贡献，并且在此过程中每达到一个里程碑就发一次集体奖金，那么公司可能会发展得更好。

开发团队技能

我们天生就注定需要团队协作。但也有人总结经验教训认为只有制定了简单的规则之后，合作效率才会更高。领导给出的一份待办事项清单很少能激励员工做出正确的行为；相反，如果能让团队自己来列清单，效果则会好得多。要真正鼓励员工付出，可以首先让团队想想公司怎样运行会出现糟糕的后果。这个游戏非常有趣，我们也都完全有能力想得出来，事后大家也都很容易就能记住。把结果反过来看，就得到了一份价值很高的行为清单，可以作为章程发给团队。员工都比较乐于认同和愿意遵守自己总结出的行为准则。

制定章程是团队活动之初非常重要的事情。为了确保一切都在正确的轨道上运行，事后定期回顾这个章程也同样重要。每达到一个里程碑时就是最理想的反思时机。团队成员应该庆祝他们的成绩，同时思考下一步应该怎样才能做得更好，还需要思考应该怎样调整游戏规则。团队还需要在出现任何重大变化时修改章程，比如重新设置目标或更换团队成员的时候。刚开始制定章程时肯定会比较耗时，但一段时间之后就可以做到熟能生巧了。

以目标为出发点的架构

正式层级关系的设计可以对人类基本需求产生重大影响。在**第八章 正式架构**中，我们提到可以打破大型层级关系，将其分解成更小、更灵活的战略业务单元。每个战略业务单元都可以通过自我组织工作来回应当地的改变，从而实现比大型统一的公司更高的灵活度。在**第九章 非正式架构**中，我们讨论了人类与生俱来的群体行为——社会机制——在群体规模不超过战略业务单元的上限时，会如何协调群体工作并构建一个效用高、回应速度快的非正式架构。如果能结合两者建立一个规模合适的战略业务单元，让社会机制和正式架构相互补充，就等于实现了正式架构和非正式架构的统一。

这种结构的目的不仅仅是实现更分散的战略智商和结构智商，它也能构建社区来满足人们的归属感，更能赋予权力来满足员工对尊重的需求。这种权力来自员工对自己命运的自由掌握感。

在构建战略业务单元并依靠社会机制的时候，公司必须确保能够达到健康的非正式合作条件。群体必须有一个明确的目标，而且必须要在实现这个目标之后能得到集体奖励。还要促进群体内的相互信任，这需要依靠领导力、透明度、可靠度、诚实和公平才能做到。这些价值观必须能在员工的期望行为和规范员工行为的正式系统中反映出来。社会机制在这种情况下才会健康发展。

奖励做出改变的人，而非职位

公司中的社会尊重和每个人在公司里的角色以及他们对别人的尊重有着巨大联系。在正式架构中这可以通过头衔或等级看出来。这会反映在正式流程中，比如他们加入某个委员会，或者他们会受邀参加某个会议；这也会反映在他们的奖励方式上，尽管物质奖励的金额通常都是保密的。任何有关头衔或职责的改变、任何业务流程的再设计、任何奖励的调整，只要没有提高他们的地位，都会被看作一个威胁，这就带来了不灵活性和惰性。

在公司的非正式架构中，员工会通过公司强势的领导层对待自己的方式来衡量尊重。什么时候会有人询问自己的意见？高管层早上会跟谁问好？这类高层对下属的行为一旦发生变化，就会立刻被大家的潜意识捕捉到，并且快速在群体中传播开。地位的改变大多都是通过象征性奖励体现的，比如办公室的大小、办公室的位置，或者公司配车的品牌；当然也可以通过奖励计划体现出来，比如评选月度最佳员工。

聪明的公司会把尊重给予最愿意做出改变的员工，而不是仅仅通过正式职位的变动体现出来。那么一家公司应该怎样才能把做出改变的员工当成英雄一样对待呢？给那些牺牲了正式社会地位来换取公司利益的人以特殊优待就不失为一个妙招。

比如，一个高级经理可能因为精通某项技能可以胜任市场开发经理一职，并且因此被公司委派到这个级别较低的职位上。从公司角度来看，他是被正式降级了。但如果公司总裁亲自宣布他的职位调动，并要求他定期向总裁述职，那么这种非正式地位所能传达的信息可能就足够超过任何正式头衔所能带来的地位。在这种安排下，公司其实就是在使用非正式结构来补偿正式结构中的惰性。

我记得百事可乐公司就有这样的机制。公司每年都会选出一小批经理和公司总裁罗杰·安瑞克（Roger Enrico）先生在他的农场共度周末，一起讨论他们改善公司的想法的规划。他们会把周末和罗杰的合影摆在自己办公桌上显眼的位置，在公司里这就是最具有象征意义的成功，也会激励大家积极探索更多富有建设性的想法。

小结

人类在诸多最基本的需求得到满足之后才会开始思考改变。改变通常都会威胁到这些基本需求，所以它才永远都列不上日程；做出改变的人也面临着嵌在人类基因里的强大抵制力量。

在当今社会里，工作在很大程度上满足了我们的基本需求。它能让我们买食物、饮料和衣服，给我们提供安全感和归属感，也是自我尊重和社会尊重的一个重要来源。从这个意义来说，工作就是人类的最根本需求。威胁到员工的工作安全会带来致命的结果，因此公司必须努力给核心成员带来安全感，并且帮助那些自己没有犯错但必须离职的员工。变成受欢迎雇主能让员工在劳动力市场上更加有价值，因此可以缓解他们对离职的恐惧感。

工作也是一个满足我们归属感和尊重需求的巨大平台。公司若能打造一个能满足人类这些需求的工作环境，就同时做到了持续改善，进而能从卓越的动力和更好的业绩中获益。公司如果忽略这些问题，员工就可能会自己寻找其他方法来满足自己的需求。这就会让他们在工作中分神，甚至还会让他们走上和公司利益相冲突的道路。

在基本需求尚未满足时，人类就不会过多思考更高一级的需求。但只要公司已经满足了员工的基本需求，接下来就需要进一步开发员工无限的学习欲望，鼓励他们表现出最佳状态，从而改善公司的战略智商和结构智商。这正是下一章的主题。

注释

[1] Maslow（1943）。

[2] http://www.portsunlight.org.uk/，2008 年 1 月 4 日。

[3] Ghemawat 和 Stander（1992）。

[4] Fung 和 Magretta（1998）；Fung，Fung 和 Wind（2008）。

[5] 有关如何提高公司业务团队的表现的讨论，请参阅 Ancona 和 Bresman（2007）。相关知名业务团队的分析，请参阅 Boynton 和 Fischer（2005）。

[6] Ghemawat 和 Stander（1992）。

第十五章
利用人们永不满足的需求

完成共同成长

简介

一旦基本需求得以满足，人类就会去追求那些不可能完全满足的需求，即马斯洛定义下的自我实现。我们生来好奇，求知心切。我们喜欢创造事物、寻求新体验。我们期望获得实现自身最大潜力的满足感，另外也想要帮助别人实现同样的目标。总之，我们最终渴求的目标已经超越了自我利益，都想能够为群体的共同利益做贡献。我们将在本章中探讨这些需求的本质，并思考公司应该怎样利用它们提高自己的战略智商。

马斯洛理论中的高层次需求

在马斯洛 1943 年的心理模式中，人类最高级的基本需求就在于自我实现。他认为这是个人成长和自我完成的根本原因。在后来的著作中，马斯洛把自我实现细分为四个类别：

• **认知**：学习、了解和发现的需求。由于改变总会涉及一定的学习过程，所以公司如果希望能快速适应竞争环境，那么就必须充分挖掘员工对学习的渴望。虽然学习会带来痛苦，但是因为我们生性好学，所以也总能克服，所要做的仅是克服一些常见的反学习技能。

- **审美**：对称和美好的需求。尽管美好简洁的方案或许能更加有效地解决问题，但是审美需求看起来好像和公司的适应能力并没有太大关系。人们普遍认为设计管理是连接产品美学和创新流程的桥梁，能提高公司的竞争优势。工作场所的设计得当也能极大地提高生产力和员工士气。

- **自我实现**：实现一个人全部的潜力。简单来说，自我实现就是**期望表现自己最大能力的欲望**。如果公司能够通过良好的管理来统一员工自我提高的驱动力和公司进步的驱动力，就能在很大程度上提升自己的适应能力。

- **自我超越**：**帮助他人实现全部自身潜能**的欲望并完成共同目标。人们可以通过帮助他人获得情感上的满足，因此公司必须要鼓励员工在公司内部互帮互助。共同目标是强有力的催化剂。公司的共同目标如果是建立在战略愿景之上，那么实现两者统一就比较容易。

马斯洛在其后来的著作中描述了一系列由自我实现产生的行为。人们的行为在自己眼中都是客观公正的，并未受到个人偏见或社会压力的影响，而且在情感上也足够成熟，不会被基本的归属需求所压制。他们对自己的行为负责，从失败中学习，不会消极责备。他们接受他人、尊重他人，欢迎一切差异化的个人风格、种族和文化。他们因此具有能包容多元化的视角，这又能进一步促进学习。他们对万事万物都充满了好奇心和新鲜感，创新不断，勇于探索。他们把问题视为找到新方法的机会，都非常渴望能为具有深远影响的事物做出自己的贡献。

公司高管层应该充分利用马斯洛所描述的自我实现的行为帮助公司取得战略先机。员工的实践智商能有效帮助公司适应和学习。

自我实现的目标在于实现自我潜力，而**自我超越**则是要帮助他人实现自我潜力。这其实是**教**而非学，在于"回馈"、辅导、指导他人和培养下一代。自我超越的人会去寻找**目标**，他们需要一个使命，需要有明确的愿景确定未来的目标何在，激励自己前行——这就是共同利益的一部分。他们还需要正确的价值观做指导，在整个过程中教他们分辨对与错。使命就是愿景与价值观的综合结果。为了充分利用员工的巨大才能，公司必须要为愿意实现自我超越的人提供和公司需求相一致的愿景和价值观，这样才能提高公司的战略智商和结构智商。

在马斯洛看来，只有情感成熟度已经达到最高级的人才能完成自我超越。自我超越从本质上来说就是实现精神觉醒，并且从以自我为中心的状态中解放出来。尽管商业图书对精神层面的讨论并不多，但是商人也是人，也是来自多样化种族和文化背景的人类，都在过去千百年中不懈追求精神世界的满足。如果我们仔细研究世界上的几大宗教，就不难发现它们所推崇的基本价值观都惊人地相似。进化生物学认为这些普遍存在的需求会让我们成为更强大的物种，让我们实现合作，并会把集体利益放在个人利益之上。公司如果能招募到以集体利益为上的员工，则将能更多地从人类这一本能中获益。

1969 年，马斯洛发表了他里程碑式的论文《Z 理论》(*Theory Z*)，其中对自我超越的特点做出了描述。[1]自我超越需要的是真相、善良等价值观，是完成无私事业的满足感，而并非获得物质奖励。努力实现自我超越的人们始终在寻找目标感，他们都是富有远见卓识的创新者，都能意识到明确的理想状态。他们会以全面综合的眼光看世界，而不是打着民族主义的旗号区别对待不同的地区。他们并不希望只是玩一把零和博弈的游戏，而是想得到双赢的解决方案。从马斯洛的理论来看，在他们眼中一切都是神圣的，不存在等级和歧视；他们同情弱者，不看重财富。学得越多，不知道的也就越多，他们也就会变得越谦卑和敬重他人。他们并不会认为自己德高望重，但都能激发他人灵感、像神一样存在着，值得大家尊敬。

接下来，我们将展开讨论马斯洛理论中更高层次的需求，并研究公司应该怎样来利用这些需求，在具体层面上提高战略智商。

学习

实现学习需求和提高竞争优势的统一

渴望提高战略智商的公司必须要把学习放在最重要的位置。为了打造战略改变能力，公司需要调动每个员工参与的积极性——这本身就是一个不小的学习任务。公司必须要鼓励员工不断质疑当前的业务模式，并找寻改进方法；也应该要求员工去发现并测试全新的业务模型。公司要保证员工能够积极工作、高效合作、互相学习，激发员工创新战略观点并成功地在市场上执行。只有不断学习才能实现持续进步。

好在人类生性好学。只要学习是为了获得出众的竞争优势，员工和公司的需求就是统一的。但学习的过程也是痛苦的。我们必须强迫自己忍受最初的痛苦，才能享受之后的成果。公司可以奖励学习行为、鼓励员工去试验测试，努力在痛苦和收获之间找到平衡。公司还能帮助员工克服反学习技能，这一点我们在**第十二章 探秘充满矛盾的思维本质**中已经有所探讨。反学习技能会阻碍建设性的学习和工作，也会妨碍同事之间相互学习。

调整学习行为

在此我们所说的是要通过改变行为提高我们的学习效率和效果，也能同时帮助他人学习。调整学习行为并非易事，但好在人们一旦真正投入之后通常都能完全实现。我们不但需要找到出错之处，还需要知道正确的做法是什么。专业顾问的价值在此时就能充分体现出来。我们也必须看到改变当前行为的好处才会有动力来做出改变。通过提供适当的奖惩措施，公司可以从这个角度正确引导员工的态度。最后，这个流程还必须要有合理的考核机制来配合。很多公司都在使用360度反馈方法进行考核——有了奖励的支持，大家才会把行动落到实处。

摆脱盲目专业和反学习技能

我们通过学习构建了简化的实践模型来解决问题。我们会先找出相关因素，然后为之行动。如果这种解决方法奏效，就相信这个模型的正确性。奏效的次数越多，我们就越是坚信；使用的频率越高，我们的反应就越是自动化。结果就是，我们逐渐忘记了这种解决方法原本的逻辑，变成了盲目的专家——不知道自己知道什么，也不知道自己不知道什么。除非准备好接受别人对自己专业知识的质疑，不然仍将继续盲目下去。

这是公司里一个常见的问题。给定相同的情景，两个背景不同的经理所筛选出的信息也会有所区别，他们接收到的信息都和自己的实际情况高度相关，然后会根据这些信息推敲含义并得到初始的"专业"结论。在他们看来这个结论如此"明显"，不用太多有意识的思考就能顺利得出。每个经理都认为自己的解决方案才是真理，把其他人都当作白痴，觉得他们的看法没有任何意义。另外，他们不喜欢别人挑战自己的专业性。于是，经理开会就变成了单纯的"发言"，并没有做出任何交流的努力去理解对方的观点。

举个例子。在一家大型消费型产品公司的跨部门研讨会上，我曾经帮助他们开发了一套产品目录战略。当时这家公司的市场份额和领跑该领域的公司大致相当，但利润率却相对很低。分析之后，我发现这家公司里存在着很强大的隐形层级关系：市场经理像圣人一样被大家敬重，销售经理却平平庸庸，生产经理的地位则更低。我的任务就是要改进这家公司的跨部门学习模式，保证每个人都能在讨论中做出贡献。参加讨论的生产经理是在开会当天新加入公司的，并不知道这个强大的隐形层级关系。这就让讨论的互动变得非常有意思。

在几个开场玩笑之后，我解释开会的目标是希望找到一个改进公司产品目录的有效方法，并且要求每个人都提出自己的想法。有人提了问题，有人给出了解释，但就是没有人愿意提出自己的看法。最后市场主管终于开口，她认为答案应该是"主导领先市场份额"。每个人都互相看看对方，笃定地点头，表示解决方法已经找到。就在这时，生产经理提出的问题一瞬间让整间会议室都阴云密布。他问："什么是主导领先市场份额？"人人都在皱眉头，还有奇怪的窸窸窣窣声。一些人用鄙夷的眼神打量着这个生产经理，好像在说除了你之外每个人都明白什么是"主导领先市场份额"。但从他们的肢体语言上我可以看到，会议室里不清楚这个概念的绝不止生产经理一人。显然，没人愿意自告奋勇给生产经理做出解释，直到最后市场主管等得不耐烦时，才自己解释这是用高出竞争对手20%的广告费来争取获得更多的市场份额，从而保持明显的领先地位。

这一解释迅速缓解了会议室里的紧张气氛，又看见大家笃定地纷纷点头。但是，这个生产经理果真好奇心极强，又继续发问："那么我们的竞争对手会怎么做？"会议室里又是一片寂静。大多数人再一次向生产经理投来鄙夷的眼光，但也有少数人的肢体语言显示他们也觉得这个问题提得好。这时市场主管已经完全被激怒了，变得面红耳赤。她打断道："他们不会有任何动作，因为他们拿不到九个月的尼尔森数据（Nielsen data），所以他们根本不清楚我们在干什么。""那么等他们拿到尼尔森数据之后呢？"生产经理又反问道。这时绝大多数人都开始回过头来看市场主管的反应。"他们可能会增加广告投入。"她很不情愿地承认。

此时，会议室里的每个人都已经完全投入到了这场辩论之中，通过大家的肢体语言已经能明显看出绝大多数人都慢慢转向了生产经理这一边。他面无表情地继续发问："然后我们会怎样做？"市场主管不屑一顾地回答："我们会直接提高广告预算，这就是'主导领先市场份额'的意思。"但生产经理的最后一问为他扳回一局，并锁定了胜局："可是我们又怎么能做到呢？我们也拿不到九个月的尼尔森数据呀！"

大家开始互相大声质询，这时我已经完全失去了对会议的控制。我对此次跨部门会议的协调彻底失败，大家于是不得不先茶歇，再回来重新思考自己到底学到了什么。其实这次讨论得到的结论很简单——由于和主要竞争对手之间的广告战会拉低整个行业的利润率，所以这并不是一个有效的战略，公司必须要找一个更好的办法。但我更感兴趣的则是整个学习过程。

这位生产经理没有受到公司里不成文的沟通机制的束缚，展现出了向市场专家挑战的勇气。在第一个情境中，这位市场专家在被一个生产经理质询的时候，觉得有必要对自己的观点做出防守性解释。最终，她也不得不拿出具体的数据和理由支持自己的观点，还接受了别人的测试。在这个过程中，生产经理可能学到了一点关于市场营销的内容，但更重要的是市场专家在她的领域又精进了一步。

为了学习而交流

我们在和同事沟通时，总是倾向于选择过于强硬的姿态来维护自己的观点，为的是赢得争论，而不是寻找真相。可是如果能够鼓励他人质疑自己的数据和理由，我们就更有可能发现自己到底明白多少，并且能在这个基础上提高自己的专业技能。同时我们也是在帮助他人学习，因为质询的过程能更好地解释所用原始模型的逻辑，他们也可以在这一基础上提高自己。

在解释时，必须要注意多使用"从我的经验来看"这一类的短语来避免过多的主观肯定，要么就给出另一个特定例子之后再解释它们之间的相关性。否则，同事就无法从我们的解释中获得任何有用信息，我们也会偷懒，不去反思自己过去的经验，还会阻止他们质疑自己。

即使在刚被质疑时可能会觉得对方很没道理，也应该收起自己的主观判断，从他人的询问中寻找新启示。我们应该把质疑当作一种鼓励自我学习的创新工具或技巧。我们的老师可以是天才，也可以是愚人。正如已故的曼纽因基（Yehudi Menuhin）爵士所说："学习最需要的就是开放思维、宽容之心和宽宏大量。我们必须虚心求教，若愚若痴。"

我们应该鼓励他人质询自己，同样也要有质询他人的勇气。这就要求我们通过提出具有建设性意义的问题去理解别人设计问题的方法，并找到他们寻找解决方案的数据和理由。这同样需要十足的耐心，也需要收起我们的主观评判。我们是要研究他们的模型，而不是和人家步步争吵。

支持性观点和质疑之间的平衡（见图 15-1）。没有质疑的支持仅仅是把我们的观点强加给了他人，并没有为了自己而进行测试，也没有帮助他人学习。没有支持的质疑无法让他人向我们学习，也不能强加给我们一种观点或者从我们的分析中得出结论，所以就没办法找到合适的解决方法。我们需要培养支持和质询的技巧，一方面能提高自己的学习能力，另一方面也能帮助他人学习。在提出支持和质疑时，不同性格的人会表现出不同的偏见。积极的支持者会稍显偏激，理性的分析者会略微质疑。如果想要达到自己和同事共同学习的目的，我们就必须努力做到平衡。[2]

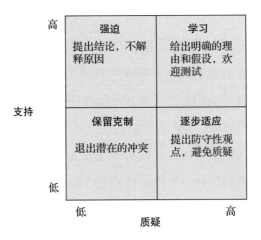

图 15-1　学习技巧——平衡个人支持和质疑态度

为学习而倾听

质疑的技巧在很多方面都和做一个良好倾听者的技巧相通。有效倾听让人着迷：它通常也有助于人们解决自己的问题。我们都倾向于在别人提出问题时就立刻给出答案,但如果可以把问题反问回去,或者让提问者自己提出几种可能的答案,这反而是更有效的方法。在简单的聆听之后鼓励他们自己解决问题,这几乎都能引导他们自己找到答案或解决方法,还能从中学到经验。其实这个过程关键就在于他们不可能独自完成,一定需要另外一个人的存在来鼓励他们、帮助他们反思,这就极大地提高了他们解决难题的能力。大家都在揶揄心理医生一小时 500 美元的高收费,除了听人讲话什么都不干,可能其中的道理就在于此。

有些人即使明白鼓励他人思考的重要性,也会管不住自己的嘴巴。一旦有问题被提出,我们往往都会在提问者想清楚之前就已经有了一个默认的答案。这明显是很危险的:因为我们并没有完全了解这个问题,所以给出的可能也不是什么好答案。长远来看还有一个更大的问题:逐渐低估了提问者培养自己解决问题的能力。聆听可能需要付出更多耐心,但却能极大地改善最终的结果。

当然,选对倾听方式也很重要。**负面倾听**对促进学习的帮助作用就十分有限。采取负面倾听的人会觉得讲话者说的内容全都有问题,他会暗示讲话者是错误的,或者以某种假惺惺的方式表现出来。在这样猛烈的负面评判攻击之下,讲话者很难去认真思考这个问题。负面倾听很容易影响到讲话者。如果你仅仅是皱眉、表情困惑、时不时就问类似"这有什么意义"这样的问题,就足够让讲话者筋疲力尽,也会逐渐打消他继续讲下去的念头。

中性倾听的效果也同样令人沮丧。我过去有个老板,在我去见他时他总是坐在那里不停地记笔记。在我试着解释问题或提出建议时,他脸上全无表情,就是坐在那里写来写去。对着他讲话就像对着白墙一样,让人很难保持热情。

我们真正需要的是能够做**积极倾听**的良好倾听者,他们才会真正对我们的问题感兴趣,提出不具有威胁性的问题,希望我们澄清事实,并鼓励我们解释,同时还让我们觉得自己被重视。点头这样的积极肢体语言就有很大帮助，只要我们是真心为之——人类都是觉察不真心行为的高手。有良好倾听者的帮助，我们就能深刻探讨问题，通常也能自己找到解决方法。

学习中的个人责任归因

个人责任归因可以加速学习。如果我们总责怪别人，那么就无法从错误中学习。虽然别人可能会负有一点责任，但是把时间和精力放在自己可以左右的问题上要远比担心不太可能影响到的问题更有意义。找出犯错误的原因有助于避免在未来重复犯错。如果我们关注自己能够影响的领域，影响力将会增加；如果我们把精力放在影响范围之外的领域，影响力就会减少。

由于人们都太擅长避免责任归因，所以这就成了学习中的大问题。政客们显然已经把它发挥到了极致，变成了一门艺术。在孩子犯了明显错误的时候，很多家长会误导他们说这"不是他们的错误"。这会让他们把责任归到别人头上。在孩子幼年时给他们这种安抚其实是在破坏他们的学习能力。公司不能这么做，而是必须要鼓励公司员工开发自己与生俱来的责任归因能力，这会让他们自我感觉良好，还能在处理问题时更有效地学习。

通过积极思考来学习

积极思考是另一种非常有价值的自我实现行为，可以有效地促进学习。美国著名心理学家威廉·詹姆斯（William James）在一个多世纪前就发现可以通过积极思考来提高我们生活的能力。他曾说："我们这一代人最伟大的发现就是认识到人类可以通过改变自己的态度来改变自己的命运。"[3]之后无数人发迹的故事都在证明着这个理论。积极思考的人能看到可以利用的机会，而消极思考的人只能看到要避免的问题。积极的思维模式可以对我们的表现能力产生极大的影响，而且我们也按照自己的意愿控制这种影响。微笑就是最好的证明。意识控制下的生理活动可以引发大脑的回应，告诉我们自己是开心的，从而得到一个更积极的思维模式。想加强效果的话，只要在做这件事时看看镜子里的自己就够了。当有人对我们微笑时，我们会很自然地回以微笑——积极的情感就像病毒一样能快速影响我们。这也同样适用于我们的反射形象：当它对我们微笑时，我们也报以微笑，积极的态度因此得以加强。

积极思考也和运气有着积极的联系。我们经常会听说有些人就是比其他人的运气好，但是这个观点一直都没有得到切实的支持，直到英国心理学家理查德·怀斯曼（Richard Wiseman）于2003年发表了他的相关研究结果。[4]怀斯曼的研究表明，看起来的确有些人就是比其他人的运气好，但与其说他们总是受到幸运女神的眷顾，不如说他们自己的态度和思维模式起了关键作用。[5]积极思考的人更容易看到机会，也随时准备着进步，这就意味着他们自然能做得更好。在公司成功领域，已经有越来越多的研究是围绕着运气好的人展开的，最近较为活跃的研究学者就是马尔科姆·格拉德威尔（Malcolm Gladwell）[6]和吉姆·柯林斯（Jim Collins）[7]。

因为情感的扩散像病毒一样无法控制，所以保持积极思维模式的一个有效方法就是避免和消极思考的人在一起，而要和那些心态更积极的人打成一片。大多数公司里都同时存在成功的人和抱怨的人，他们少有交集。

创造性学习

人类依靠大脑中的前额叶皮质来处理和解决新问题。但与生俱来的好奇心和想象力以及创造不同未来的能力才是让我们有别于其他物种的特质。诺贝尔奖得主阿尔伯特·森特-哲尔吉（Albert Szent-Gyorgi）曾说过："看到同样的事物却有着不同的思考，这就是发现。"只要基本需求不受威胁，我们就会有创造问题的热情，而不仅仅满足于解决问题。我们会找到最有效的方法并进一步寻求改善，然后我们会努力打破现状，再去寻找更好的方法。从本质上来说，人类是一个具有创造力的物种，永远都在已知的世界里挣扎，从而探寻更多未知。正如毕加索（Pablo Picasso）所说："每一次创新都是一次毁灭。"

每个人的大脑都有惊人的创造力。我们有能力产生大量的想法，也同样有能力在对某个想法做出有意识的评估之前就武断地认为它不合理。大脑就像一个强大的过滤器，能把与我们过去经验不符的提议全都删除。我们要尽力压制这种自我检查能力，收起评判，让想法到达我们的意识思维之中。我们必须要控制自己有意识地把产生想法的过程和评价想法的过程分开。

对这种过程有用的创新工具和技巧多之又多，它们的工作原理都是帮助人们收起自我评判和对同事的评判，从而产生更丰富的可选项。下面列了几个比较常见的方法供大家参考：

几乎每个人对**头脑风暴**（brainstorming）都不陌生。这种群体思考可以鼓励大家提出想法。由于在头脑风暴完全结束之前，任何人都不允许对他人的想法发表意见，所以大家都不担心会受到批评。**书面头脑风暴法**（brainwriting）与之类似，但需要小组中每一个人都把他们的想法写下来。这就能鼓励比较内向的成员也贡献出更多的想法。想法的质量和表达想法的方式之间几乎没什么太大的联系——而且使用匿名的方式还能鼓励更多的创意。

随机刺激法（random stimuli）可以激发大家的好奇心，从而带来多种想法。我们需要一个随机物体，比如一块石头，然后试图将它和问题中的话题联系起来，看看大家有可能得到什么想法。我发现这种方法对创造性解决战略问题并没有太大效果，但这也可能只是我的一家之言，并不是技巧本身的问题！

因为我们的大脑是在隐喻中思考的，所以**隐喻和类比法**（metaphors and analogies）也是非常有效的。可以通过一个隐喻的例子找出它对战略可能意味着什么。比如，大家觉得到底什么是"金融服务业的**沃尔玛**"？

反向思维（contrarian）有助于区分具有传统智商的人和反向思维的人。我常会问自己在某一特定行业中最笨的竞争方法是什么，然后努力创造一个新的业务模型，能让它变得有利可图。比如在汽车保险行业，传统智商认为公司的保险对象应该是安全性最高的司机，因为他们的事故率最低。但是，

Progressive Insurance 却因为关注另外一个人群而成功赚取大把利润。它找出事故率较高但并不是无药可救的司机，向他们收取高额保费。一位分析师对 Progressive Insurance 的点评就是"从最差的里面挑最好的，然后赚大钱"。[8]

运用**属性列举法**（attribute listing）时，就是要尽量找出与某一特定产品或服务相关的属性，然后想象如何改善；或者通过重新配置各个属性来创造新的产品想法。比如，举世闻名的太阳剧团（Cirque du Soleil）就善于把舞台音乐剧和马戏团这两个成本最低的表演形式结合起来，剔除非常规的动物和明星演员，同时保留空中飞人、体操表演和音乐。[9]

预期回溯（prospective hindsight）就是要展望未来，构建一系列可能出现的情景，有些对公司有利，有些对公司不利，然后倒退回来看，为的就是找出可能会导致这些情景成真的关键事件。这有助于公司发现什么能减少不利情景出现的概率，什么能增加有利情景出现的概率。当团队在充满不确定性的情况下开发战略时，这是一个非常有效的管理技巧。

角色扮演（role-playing）就是让人们扮演本不属于自己的角色。这看起来非常简单，却是一个十分强大的方法。通过角色扮演，人们可以提出一些自己不用负责的想法。他们可能会扮演竞争对手来评估公司的强项、弱项、机会和威胁。多年之前，我就为刚刚完成私有化的英国航空公司组织了一个类似的经理培训。发现他们迟迟找不出英航的弱点，我决定使用角色扮演的方法，让他们充当主要竞争对手公司的高管层，想办法击垮英航。结果很快就得到了一份长长的综合性的清单。

角色扮演还有另一个有效途径。可以让大家跳出自己所属的职能部门，从其他部门的角度看问题。这能让大家从跨部门的角度产生很多想法，远远多于他们从自身出发时看问题的结果。

正确使用创造力工具和技巧能够提高我们与生俱来的创造力，有助于从全新的角度解决问题。如果我们愿意收起评判，不论是作为个体还是集体，都可以得到更智能的结果。

自我实现——展现个人的最佳状态

平庸表现和个人的最佳状态之间存在巨大差别。在最佳状态下，人们能从自我实现中激发强大的积极情感。公司如果可以给员工创造更多展现个人最佳状态的机会，就一定能经营得很好。公司能从中得到超乎寻常的结果，员工也可从最佳表现的过程中获得深深的满足感。

我曾经让很多团队经理回忆自己表现出最佳状态的场合，他们毫不费力就能想出来，回忆的过程也让他们感觉很好——就好像往事再现一样。公司也可以研究一下什么样的场景曾让大家表现出个人的最佳状态，然后复制当时的条件，尽量激发员工，从而从中获益。在回忆时，经理们往往是能找出一系列共同特点的：

延展（stretch）。如果领导分配了一项完全超出一个人正常能力范围的任务，就会驱使他们学习新事物，但这为整个团队带来了某种程度的风险，也给团队领导带来了额外的工作量。在领导团队时，都很自然地倾向于走安全路线，分配任务时也完全是根据员工的能力大小。但是这种方法并不能激励员工展现出自己的最佳状态。我们必须要冒更多的风险，做好准备进行额外的必要辅导和支持。

高调（high profile）。团队的任务和团队成员在公司内部都有高度的可见性，因此个人和集体失败的风险也就很高。也就是说，如果想要自己领导的团队给出最好的表现，就必须要提高赌注，并且能够承受它所带来的额外风险。我们必须施行对公司成功非常关键的任务，给团队成员提供接触公司最高层的机会，还要在必要时毫不吝惜地表扬他们。

超棒的团队（great team）。大多数经理都表示在他们的职业生涯中曾有过和超棒的团队共同工作的经历，并且都和团队成员发展了很好的关系。坚定的互相支持和共同的欢乐都历历在目，大家作为一个团队，共同庆祝成功，也共同面对失败。很明显，这已经满足了人类的归属感；若再能结合适当的社会压力，给予足够的支持，就能激发员工展现出最佳状态。

投入（commitment）。高度投入这个任务。经理都指出他们为完成这个任务贡献了大量时间，也做出了极大的个人牺牲。他们并不是因为领导的要求才努力工作，而是因为任务本身就具有延展性、很高调，以及他们对其他团队成员的承诺。虽然他们赞同一个人做不到经常如此投入一个任务，但是他们也都喜欢在短时间内努力工作的状态和经历，要远比简单的日常工作更有乐趣。

很多激励个人展现最佳状态的行为都需要领导者愿意冒更多风险、更努力地开发员工潜质。领导者为什么会愿意这么做呢？一部分原因来自物质奖励，达到更好的结果之后自然就会实现。但更多还是来自情感因素，他们能在领导一个获胜团队中满足自我实现感，并在帮助他人充分发挥自己潜力时满足自我超越感。

使命——愿景和价值观

我们总在找寻目的。这有助于满足我们最高级别的自我超越需求。强大的共同目的感能鼓舞士气，并在大型公司中促进统一。它能激励卓越表现：有了目的，我们就能在更长时期内交付更多产出，而且仍然自我感觉良好。只要我们相信改变对于实现共同目标是有必要的，就能让我们更愿意主动地做出改变。如果缺乏目标，我们就会很快变得灰心丧气，生产效率也会随之降低，公司则会出现机能不健全的局面。

公司可能会认为使命宣言能给大家一个目的，但是我们愿意为之付出的并不是公司的使命宣言，而是自我的使命感。凡是具有使命感的人都有很强的目的性。他们有着清晰的愿景，知道自己想去哪里，也有一套完整的价值观在整个旅程中指导他们。使命就是愿景加价值观的综合体。

愿景

公司通常会设置诸如每年利润增长 15% 的目标，但是这会把公司带向何方呢？为什么员工要在乎这个目标？其实这很难被转化成员工的使命感和热情。公司必须要给出更具激励性的愿景，必须要确保不断提高自己的战略智商，推动公司改变当前的战略，寻找新方法，努力实现更大的竞争优势。

我们在**第五章 高级战略智慧**中讨论过制定规则的细节。愿景必须能激励人心、具有延展性，而且必须能帮助公司实现更大的竞争优势。

激励性愿景所绘出的蓝图会让每个人都为之骄傲，并会心心念念为之拼搏。它能激发每个人完成这段旅程的决心。它承诺公司里的每个人都会越来越好，但是它所能给予的还远不止这些。激励性愿景会号召大家为实现更高层次的利益做贡献，为全人类服务。汽车保险公司 Progressive Insurance 的目标就是"让道路上零创伤"。比起卖保险挣钱，这是一个更有价值的目标。

愿景要有延展性才能有效用。它所绘出的蓝图大大超越了公司当前的运营状态，让员工都能畅想美好的未来。很早之前沃尔玛仅是一家价值 200 亿美元的公司，总裁山姆·沃尔顿就宣布了一个振奋人心的目标：把公司打造成一家价值 1 000 亿美元的公司。这在当时看来像是痴人说梦，而且当时沃尔玛的业务模式也并不支持这么大的发展规模。但是，在这个目标的激励之下，公司上下都努力寻找新方法，尝试各种业务模式。如今，沃尔玛的价值已超过 4 000 亿美元。[10]

一个好的愿景能激励公司朝着实现可持续增长的卓越业绩的方向发展，还能带来更大的竞争优势。由于这对公司的生存和健康发展起着至关重要的作用，公司应该大力推崇。Progressive Insurance 保险公司的目标是"让道路上零创伤"，当然也是以有利可图的方式实现。

一个有效的愿景可以引起整个公司的共鸣。简单地把高管层的观点通知给员工很少能产生什么影响。最重要的就是要真正搞清楚什么才是能启发每个人的东西，我们需要很多讨论和争论才能明白。一旦找到了，就要一遍又一遍地和员工沟通，让它在全公司里都能产生共鸣。

价值观

价值观是在实现愿景路途中的指导原则，是我们自认为正确的待人接物方式——这些行为被尊敬、欣赏、模仿和奖励。价值观也指出了哪些是无法接受的行为，它们会被揭发、惩罚，区分对错。公司正式系统和流程中有很多地方都能反映公司的价值观：奖励什么行为？谁才能得到升职？

公司常常宣称自己有恪守的一套价值观，但实际执行的却是另一套。很多公司都提倡工作和生活的平衡，但在公司里广泛被模仿、敬仰、赞颂和奖励的却是那些工作狂。这种差别很恐怖。当领导者嘴上说的是一套价值观，而行为上反映的却是另一套时，他们就是在破坏自己的诚信，就会被人看成伪君子。

那么，公司应该坚持什么样的价值观呢？很多公司都费了九牛二虎之力才确立了适合自己的价值观，却惊讶地发现其实每家公司的价值观都是大同小异。这时，它们就会很沮丧，纠结着表示其实自己真的希望能稍微有一点点与众不同。但它们没有意识到，其实人类生来就具有一套普遍存在的价值观指导群体高效合作，这是社会机制中与生俱来的规则（参见**第九章 非正式架构**）。整个系统建立在信任的基础之上。信任需要诚实、正直、公正（公平）、透明度和责任。人们应该相互尊敬、相互帮助。这些都是健康社会的核心价值观。人们生性善良。[11]因此，我们必须要采取促进适应性和学习能力的行动——好奇心、勇气和投入的决心——才能保证整个群体长期健康地发展。

这些和价值观相关的行为能促进公司实现可持续增长的卓越业绩；这些行为在鼓励员工共同合作为公司创造更多业绩的同时，也满足了他们的社会需求；能鼓励持续创新和学习，为公司带来更大的竞争优势；还能提高决策的客观性，服务于公司的最大利益，强化员工对结果负责任的态度。总之，一家公司的价值观所鼓励的行为应该能统一员工高级别的心理需求和公司的长期成功。

区分公司好坏的并不是它们提倡的价值观，而是它们为实现这些价值观所做出的投入。公司的价值观表现在员工的行为中。每个人的行为都体现着他的个人价值观。改变一个人的价值观几乎是不可能完成的任务，所以在招聘时公司就应该谨慎挑选。

但只要是能被考核的行为，就可以在某种程度上被改变。问题就是我们很难"看到"自己的行为，所以才需要别人的辅导和类似360度反馈这样的流程机制来帮我们打开眼界。如果良好的行为受到奖励——不管是给予物质奖励还是得到社会尊重，不好的行为遭到排斥，那么我们就能很快学会适应。在奖励的刺激之下，我们都能改变自己的行为。虽然起初我们改变行为只是为了"应付"公司的新价值观，在情感上可能并不接受，但是随着逐渐得到积极反馈和反复实践，我们就会越来越适应、越做越好，终将会相信这也是自己认同的价值观，在情感上做出统一。

教育

实现自我超越的人可以从帮助他人的过程中获得情感满足，他们通过实现自己的潜力来帮助公司提高集体智商。在公司里最常见的方法就是指导和辅导。辅导旨在通过重大反馈帮助个人提高表现；而指导则超越了辅导，它给员工以个人指引，帮助他们建立有效的社交网络，并在公司中找到合适的职位。

有些经理并不认同辅导，但也有很多经理其实已经在定期使用这个方法，而且效果也还不错。我经常问一些经理到底他们有没有在过去的几周之内辅导过下属，无一例外，他们都给出了肯定的回答。但是，当我之后再问是不是在同一时期内上级领导也有给他们辅导，答案却往往是否定的。我会让他们思考是什么原因导致了这个奇怪的现象。可能他们的下属并没有意识到自己是在接受辅导？或者即使他们可能意识到了，也觉得那更像是一种批评。所以，并不是仅仅做出辅导就够了，还必须是有效的辅导。只有这样，被辅导的人才能从中有所得。如果他们只是觉得自己是在接受批评，那么可能不会有任何收获。

并不是每个人都是天生的辅导家。其实大多数人都会逃避这种尴尬的谈话。但是只要遵循几点简单的原则并勤加练习，每个人都能很好地掌握辅导的技巧。最初的学习阶段永远都很痛苦，所以我们要说服自己相信所有努力都是值得的。如果我们辅导自己的员工，就能立刻在他们的业绩表现上看到反馈。但是必须谨记，还要帮员工满足基本需求。我们可以从成功辅导他人的过程中得到极大的个人满足感（见图 15 - 2）。

- 征得许可
- 循序渐进
- 贴近事实
- 态度积极
- 平衡建设性意见和褒扬点评
- 具体

- 对事不对人
- 给出可选项
- 讲话简明直接
- 准备充分
- 人员关怀

图 15 - 2 辅导原则

我们通常都认为辅导应该是上级领导的事情。事实上大多数人都希望老板能来辅导他们。下级辅导上级则是不太容易的，但是如果公司领导能创造一个灵活轻松的环境，这并不是不可能的事情。诀窍就是要闭嘴倾听，而不是争辩——给老板提出反馈意见并非易事，还要鼓励下属遵从指导意见。

既然辅导能如此有效地帮助他人学习，那么为什么它并没有在公司里推广呢？通常大家都是以太耗时间为借口，但实际情况却并非如此。它的确是需要花时间准备、做出周密的思考，因此需要辅导和被辅导两方都做出一定投入。在大多数情况下，双方都希望能避免这份额外的工作以及在辅导失败时大家不得不面对的尴尬。公司高管可以以身作则，定期辅导他们的下属。如果他们能做到，这种辅导的风气就会一层一层传下去，在整个公司里推广开来。另外，还可以把辅导做成业绩评估 360 度全方位反馈表的一部分。如果有适当的奖励刺激，就更能增加员工主动学习辅导技巧的劲头。

经理帮助公司的另一种方法就是开展正式培训课程。这虽然比辅导更少见，但教学的确是一种非常有效的方法，能向各部门经理传授专业技能。全美增长速度最快的大型综合企业丹纳赫公司就多年坚持使用这种方法，效果很好。公司开设了一系列主题广泛的课程，由经验丰富、技能过人的经理授课。这是一种行为学习，而在职培训则是让大家在实际解决问题的过程中学习。其实丹纳赫公司已经达到了创立虚拟商学院的效果——由经验丰富的经理组成教师团队，各个业务团队就是商学院里的学生。学生可以在自己需要的时候从不同的课程中学到相应的知识，教师的专业水平也会随着教学的深入有所提高——想要真正学会一个东西，没有比教授它更有效的方法了。

教育公司去学习——领导力行为

在这个瞬息万变的复杂世界里，我们的最高目标肯定是帮助他人学习。我们在本章中讨论过的很多行为都是为了提高学习能力，因此要重点发展能培养这些行为的培训项目。但是还有一点需要特别提到：我们都会观摩自己敬仰和爱戴的人，模仿他们的行为来学习。

我们天生都具有强大的模仿能力，有时可能自己都意识不到是在效仿别人。可以自己想想看，是不是会突然觉得自己讲话听起来很像小时候爸爸妈妈的口气。美国小说家詹姆斯·亚瑟·鲍德温（James Arthur Baldwin）曾说过："孩子从来都不愿意听长辈的话，但是一直都在模仿他们讲话。"因此才有"有其父必有其子"的说法和"以身作则"的训诫。人类模仿自己偶像的能力都很高，这对领导力有明显的暗示作用。如果我们想要员工展现某种行为，就必须先树立榜样，以身作则，然后下属才会模仿这些行为，接下来是下属的下属，直到传遍整个公司。

领导者的行为影响意义深远，所以他们就需要充分意识到自己的行为。领导者必须时刻警惕，不管是不是有意作为，他们的行为都会被放大。有时候我们会在看到下属做出某种不好的行为时很郁闷，但这种行为正是我们自己无意间表现出来之后被下属模仿的。所以，我们必须要明确自己的每个行为，清楚这会给他人带来什么样的影响。如有怀疑，就可以请人来进行个人辅导。

另一个危险之处就是要求员工做出某种行为自己却做不到。这就破坏了我们的诚信，也让我们看起来不配做一个领导。如果希望能保持行为的有效性，我们就必须"身体力行"。建立在行为基础上的领导力才会牢固。

小结

马斯洛所描述的高层次需求能产生推动智能公司实现可持续增长的卓越业绩的力量。人类生来好奇，求知欲强，希望探索新鲜事物。我们激励自己表现出个人的最佳状态——实现全部潜力；我们也想要帮助他人同样实现。我们需要超越自身收获的目标感。我们需要被诸如诚实、正直和公平等普遍适用的人类价值观来引导。这些需求引导我们为集体做出更多贡献，也让集体为整个社会做出更多的贡献，这能让个人和集体都变得更聪明、更能适应变化，有助于打造公司在竞争环境中的竞争优势。

清楚了解之后，公司就能通过合理的工作设计来满足这些需求，利用人类与生俱来的智商提高公司的战略智商。

注释

[1] 1969 年，马斯洛发表了其里程碑式的著作《Z 理论》（马斯洛有关超个

人心理学的基础著作, *The Farther Reaches of Human Nature*, NY: Viking, 1972)。

[2] Argyris (1990)。

[3] 这是美国著名心理学家威廉·詹姆斯的名言之一。我无法找出引用来源，但已充分说明了其含义。

[4] Wiseman (2003)。

[5] 怀斯曼教授认为幸运的人具有四个特点：他们最大化利用机遇，他们听从自己的直觉，他们具有积极思维，他们能化解厄运。

[6] Gladwell (2008)。

[7] Collins (2001)。

[8] Wells, Lutova 和 Sender (2008)。

[9] Kim 和 Mauborgne (2005)。

[10] Ortega (1998)。

[11] Ridley (1996)。

参考文献

Alberts, D. S. and Hayes, R. E. (2003) *Power to the Edge: Command Control in the Information Age*. Department of Defence, Command and Control Research Program.

Alderfer, C. (1972) *Existence, Relatedness, & Growth*. New York, NY: Free Press.

Allison, G. T. (1971) *Essence of Decision: Explaining the Cuban Missile Crisis*. Little Brown.

Amaral, J. R. and de Oliveira, J. M. (2011) *Limbic System: The Center of Emotions*. The Healing Center on-Line. Retrieved September 30, 2011 from http://www. healing-arts. org/n-r-limbic. htm.

Anand, B. N. , Collis, D. J. and Hood, S. (2008) *Danaher Corporation*. Harvard Business School case 445-708.

Ancona, D. and Bresman, H. (2007) *X-Teams. How to Build Teams that Lead, Innovate and Succeed*. Boston, MA: Harvard Business School Press.

Ansoff, I. and McDonnel, E. (1990) *Implanting Strategic Management*. Hemel Hempstead, England: Prentice Hall.

Argyris, C. (1990) *Overcoming Organizational Defences: Facilitating Organizational Learning*. Boston, MA: Allyn and Bacon.

Argyris, C. (1993) *Knowledge for Action*. San Francisco, CA: Jossey-Bass.

Argyris, C. (2000) *Flawed Advice and the Management Trap: How Managers Can KnowWhen They're Getting Good Advice and When They're Not*. New York, NY: Oxford University Press.

Argyris, C. (2004) *Reasons and Rationalizations: The Limits to Organizational Knowledge*. New York, NY: Oxford University Press.

Argyris, C. and Schön, D. A. (1978) *Organizational Learning: A Theory of Action Perspective*. Reading, MA: Addison-Wesley.

Asch, S. E. (1951) "Effects of Group Pressure upon the Modification and Distortion of Judgment. " In H. Guetzkow (Ed.) *Groups, Leadership and Men*. Pittsburgh, PA: Carnegie Press.

Austin, R. D. and Nolan, R. L. (2000) *IBM Corp. Turnaround*. Harvard Business School case 098-600.

Baldwin, C. Y. and Clark, K. B. (2000) *Design Rules: The Power of Modularity*. Cambridge, MA: MIT Press.

Bang-yan, F. (2007) 100 *Years of Li & Fung: Rise from Family Business to Multinational*. Singapore: Thomson.

Barnard, C. I. (1938) *The Functions of the Executive*. Cambridge, MA: Harvard University Press.

Baron, D. P. , Barlow, D. S. , Barlow, A. M. and Yurday, E. (2004) *Anatomy of a Corporate Campaign: Rainforest Action Network and Citigroup (A)*. Stanford Graduate School of Business, June 01, 2004.

Bartlett, C. A. (1999). *GE's Two-Decade Transformation: Jack Welch's Leadership*. Harvard Business School case 150-399.

Bazerman, M. H. and Watkins, M. D. (2004) *Predictable Surprises: The Disasters You Should Have Seen Coming and How to Prevent Them*. Boston, MA: Harvard Business School Press.

BBC News (2004) "Super ant colony hits Australia." Posted Saturday, 14 August, 2004. Retrieved December 8, 2010 from http://news. bbc. co. uk/2/hi/science/nature/3561352. stm.

Beinhocker, E. D. (2006). *The Origin of Wealth: The Radical Remaking of Economics and What it Means for Business and Society.* Boston, MA: Harvard Business School Press.

Blackwell, L., Trzesniewski, K. and Dweck, C. S. (2007) Implicit theories of intelligence predict achievement across an adolescent transition: A longitudinal study and intervention. *Child Development*, 78, 246-263.

Blenko, M., Mankins, M. and Rogers, P. (2010) *Decide & Deliver: 5 Steps to Breakthrough Performance in Your Organization.* Boston, MA: Harvard Business School Press.

Blinder, A. S. and Morgan, J. (2000) *Are two heads better than one: an experimental analysis of group vs individual decision making.* NBER Working Paper, No. 7909, September.

Bonabeau, E. (2002) Predicting the Unpredictable. *Harvard Business Review*, March 2002.

Bower, J. L. (2007) *CEO Within: Why Inside Outsiders Are the Key to Succession Planning.* Cambridge, MA: Harvard Business School Press.

Boynton, A. and Fischer, B. (2005) *Virtuoso Teams: Lessons from Teams that Changed Their Worlds.* Harlow, England: Prentice Hall.

Brandenburger, A. M. and Nalebuff, B. (1996) *Co-Opetition: A Revolution Mindset that Combines Competition and Cooperation.* New York, NY: Doubleday.

Brosnan, S. F. and Waal, F. B. M. (2003) Monkeys Reject Unequal Pay. *Nature*, 425, 297-299.

Brown, A. W. (2000) *Large Scale, Component-Based Development.* Upper Saddle River, NJ: Prentice Hall.

Brown, S. L. and Eisenhardt, K. M. (1998) *Competing on the Edge: Strategy as Structured Chaos.* Boston, MA: Harvard Business School Press.

Burns, T. and Stalker, G. M. (1966) *The Management of Innovation.* London: Tavistock Publications.

Carroll, L. (1865) *Alice's Adventures in Wonderland*, London: Macmillan.

Casadesus-Masanell, R. and Larson, T. (2010) *Competing through Business Models (B).* Harvard Business School Module Note 410-710.

Casadesus-Masanell, R. and Ricart, J. E. (2007) *Competing through Business Models (A).* Harvard Business School Module Note 452-708.

Casadesus-Masanell, R., Tarzijan, J. and Mitchell, J. (2005) *Arauco (A): Forward Integration or Horizontal Expansion?* Harvard Business School case 474-705.

Chandler, A. D. (1962) *Strategy and Structure: Chapters in the History of the American Industrial Enterprise.* Cambridge, MA: MIT Press.

Chesborough, H. (2006) *Open Business Models: How to Thrive in the New Innovation Landscape.* Boston, MA: Harvard Business School Press.

Christensen, C. M. (1997) *The Innovator's Dilemma: When New Technologies Cause Great Firms to Fail.* Boston, MA: Harvard Business School Press.

Cisco Corporate Overview (2011) Retrieved October 23, 2011 from http:// newsroom. cisco. com/ documents/10157/1204766/Public_Corporate_Overview_FY11_Q3. pdf.

Clippinger, J. (1999) *The Biology of Business: Decoding the Natural Laws of Enterprise.* New York, NY: Jossey-Bass.

Clippinger, J. (2007) *A Crowd of One: The Future of Individual Identity.* New York, NY: Public Affairs.

Cockburn, A. (2002) *Agile Software Development.* Arlington, MA: Pearson Education.

Collins, J. (2001) *Good to Great: Why Some Companies Make the Leap and Others Don't.* New York: Harper Business.

Collins, J. and Hansen, M. T. (2011) What's Luck Got To Do With It? *New York Times,* October 29, 2011.

Collins, J. and Porras, J. I. (1994) *Built to Last: Successful Habits of Visionary Companies.* New York, NY: Harper Business.

Collis, D. J. (2011) *Quantitative Analysis of Competitive Position: Customer Demand and Willingness to Pay.* Harvard Business School Module Note 495-711.

Collis, D. J. and Conrad, M. B. (1996) *Ben & Jerry's Homemade Ice Cream, Inc. : A Period of Transition.* Harvard Business School case 703-755.

Collis, D. J. and Ruckstad, M. G. (2008) Can You Say What Your Strategy Is? *Harvard Business Review,* April 01, 2008.

Cooper D. J. and Kagel, J. H. (2005) Are Two Heads Better than One? Team versus Individual Play in Signaling Games. *American Economic Review,* 95 (3), 477-509.

Corts, K. S. and Wells, J. R. (2003) *Alusaf Hillside Project.* Harvard Business School case 458-704.

Cosby, P. B. (1979) *Quality Is Free: The Art of Making Quality Certain.* NewYork, NY: McGraw-Hill.

Covey, S. M. R. (2006) *The Speed of Trust: The One Thing That Changes Everything.* New York, NY: Free Press.

Cyert, R. M. and March, J. G. (1963). *A Behavioral Theory of the Firm.* Englewood Cliffs, NJ: Prentice Hall.

De Bono, E. (1973) *Lateral Thinking: Creativity Step by Step.* Perennial Library.

De Bono, E. (1977) *Lateral Thinking: A Textbook of Creativity.* Pelican Books.

DeMarco, T. (2001) Slack. New York, NY: Broadway Books.

D'Innocenzio, A. (2011) "Target's blunder with designer continues". Associated Press, September 22, 2011.

Dunbar, R. I. M. (1992) Neocortex size as a constraint on group size in primates. *Journal of Human Evolution,* 22 (6), 493-469.

Dunbar, R. (2004) *The Human Story: A New History of Mankind's Evolution.* London: Faber and Faber.

Dweck, C. S. (2007) *Mindset: The New Psychology of Success.* New York, NY: Ballantine Books.

Econimides, N. and Salop, S. S. (1992) Competition and Integration Among Complements, and Network Structure. *Journal of Industrial Economics,* XL (1), 105-123.

Eesley, C. and Lenox, M. J. (2005) *Secondary Stakeholder Actions and the Selection of Firm Targets.* Draft Working Paper, Fuqua School of Business, Duke University.

Fairtlough, G. (1994) *Creative Compartments: A Design for Future Organization.* Covent Garden, London: Adamantine Press.

Feng, B-Y. (2007) 100 *years of Li & Fung: Rise From Family Business to Multinational.* Singapore: Thomson.

Fernandez-Araoz, C. , Groysberg, B. and Nohria, N. (2009) The Definitive Guide to Recruiting in

Good Times and Bad. *Harvard Business Review*, 87 (5), 74-84.

Fong, A. (2006) Survey of the literature at http://eview. anu. au/cross-sections/ vol2/pdf/ch06. pdf.

Foster, R. and Kaplan, S. (2001) *Creative Destruction: Why Companies That are Built to Last Underperform the Market - and How to Successfully Transform Them*. New York, NY: DoubleDay/Random House.

Fung, V. and Magretta, J. (1998) Fast, Global, and Entrepreneurial: Supply Chain Management, Hong Kong Style; An Interview with Victor Fung. *Harvard Business Review*, September 1, 1998.

Fung, V. K., Fung, W. K. and Wind, Y. (2008) *Competing in a Flat World: Building Enterprises for a Borderless World*. Upper Saddle River, NJ: Wharton School Publishing.

Gaines-Ross, L. (2010) Reputation Warfare. *Harvard Business Review*, December 2010.

Galbraith, J. R. (1973) *Designing Complex Organizations*. Reading, MA: Addison-Wesley.

Galbraith, J. R. (1977) *Organization Design*. Reading, MA: Addison-Wesley. Gardner, H. (1983) *Frames of Mind: The Theory of Multiple Intelligences*. New York, NY: Basic Books.

Gardner, H. (2006) *Changing Minds: The Art of Changing Our Own and Other People's Mind*. Boston, MA: Harvard Business School Press.

Garvin, D. A. (2000) *Learning in Action*. Boston, MA: Harvard Business School Press.

Gavetti, G. (2003) Strategy Formulation and Inertia. Harvard Business School Note 515-703.

Gavetti, G. and Rivkin, J. W. (2001) Complexity, Cognition and Adaptation: Toward a Grounded Theory of the Origins of Strategies. HBSWorking Paper.

Gavetti, G., Henderson, R. and Giorgi, S. (2004) Kodak and the Digital Revolution. Harvard Business School case 448-705.

Gerstner, L. V. (2002) *Who Says Elephants Can't Dance? Inside IBM's Historic Turnaround*. New York, NY: HarperCollins.

Ghemawat, P. (1991) *Commitment, the Dynamic of Strategy*, New York: The Free Press.

Ghemawat, P. (1999) *Strategy and the Business Landscape*. Upper Saddle River, NJ: Pearson Prentice Hall.

Ghemawat, P. and Nueno, J. L. (2003) ZARA: Fast Fashion. Harvard Business School case 497-703.

Ghemawat, P. and Stander, H. J. III (1992) Nucor at a Crossroads. Harvard Business School case 039-793.

Ghoshal, S. and Bartlett, C. A. (1997) *The Individualized Corporation*. New York: Harper Business.

Gladwell, M. (2008) *Outliers*. New York, NY: Little, Brown and Company.

Glassman, E. (1991) *The Creativity Factor: Unlocking the Potential of Your Team*. San Diego, CA: Pfeiffer & Company.

Goleman, D. (1996) *Emotional Intelligence: Why it Can Matter More than IQ*. London: Bloomsbury Publishing.

Goleman, D. (2006) *Social Intelligence: The New Science of Human Relationships*. New York, NY: Random House.

Graham, J. R., Harvey, C. R. and Rajgopal, S. (2005) The Economic Implications of Corporate Financial Reporting. *Journal of Accounting and Economics*, 40 (1-3), 3-73.

Grove, A. S. (1996) *Only The Paranoid Survive: How to Exploit the Crisis Points that Challenge*

Every Company. New York, NY: Bantam Double Day Dell.

Gulati, R. (2007) Silo Busting: How to Execute on the Promise of Customer Focus. *Harvard Business Review*, May 1.

Hall, R. H. (1972) *Organizations: Structure and Process*. Englewood Cliffs, NJ: Prentice Hall.

Hamel, G. (2000) *Leading the Revolution*. Boston, MA: Harvard University Press.

Hamel, G. and Prahalad, C. K. (1989) Strategic Intent. *Harvard Business Review*, May-June.

Hammer, M. (1990) Reengineering Work: Don't Automate, Obliterate. *Harvard Business Review*, July 1.

Hammer, M. and Champy, J. A. (1993) *Reengineering the Corporation: A Manifesto for Business Revolution*. New York, NY: Harper.

Hammermesh, R. G., Gordan, K. and Reed, J. P. (1987) *Crown Cork and Seal Co., Inc.* Harvard Business School case 024-378.

Harreld, J., O'Reilly, B. C. A. Ⅲ and Tushman, M. L. (2007) Dynamic Capabilities at IBM: Driving Strategy into Action. *California Management Review*, 49 (4), Summer.

Harvey, J. B. (1988) *The Abilene Paradox and other Meditations on Management*. San Diego, CA: Lexington Books.

Henderson, R. M. (2006) The Innovator's Dilemma as a Problem of Organizational Competence. *Journal of Product Innovation Management*, 23, 5-11.

Henderson, R. M. and Kaplan, S. (2005) Inertia and Incentives: Bridging Organizational Economics and Organizational Competence. *Organization Science*, 16 (5), 509-521.

Heywood, J. (1546) *Dialogue of Proverbs* II. ix. K4.

Hofstadter, D. R. (1979) *Gödel, Escher, Bach: an Eternal Golden Braid*. NewYork, NY: Basic Books.

Holland, J. H. (1995) *Hidden Order: How Adaption Builds Complexity*. Reading, MA: Addison-Wesley.

Huawei Corporate Information (2011) Retrieved October 23, 2011 from http://www. huawei. com/en/about-huawei/corporate-info/resear-chdevelopment/index. htm Research & Development.

Huitt, W. (2004) Maslow's hierarchy of needs. *Educational Psychology Interactive*. Valdosta, GA: Valdosta State University. Retrieved September 30, 2011 from http://www. edpsycinteractive. org/topics/conation/ maslow.

IDEO Inc. (2011) IDEO History. Retrieved October 1, 2011 from http:// www. funginguniverse. com/company-histories/IDEO-Inc-Company-History. html.

Itami, H. with Roehl, T. W. (1987) *Mobilizing Invisible Assets*. Cambridge MA; Harvard University Press.

Iverson, K. (1998) *Plain Talk: Lessons from a Business Maverick*. New York, NY: John Wiley & Sons, Inc.

Janis, I. L. (1983) *Groupthink: Psychological Studies of Policy Decisions and Fiascos*. Boston, MA: Houghton Mifflin.

Joni, S. A. and Beyer, D. (2009) How to Pick a Good Fight. *Harvard Business Review*, December.

Joyce, W. F., Nohria, N. and Roberson, B. (2003) *What Really Works: The 4 + 2 Formula for Sustained Business Success*. New York: Harper Business.

Kagel, J. H. and Roth, A. E. (1995) *The Handbook of Experimental Economics*. Princeton, NJ: Princeton University Press.

Kanter, R. M. (1982) *The Change Masters: Corporate Entrepreneurs at Work*. London: George Allen and Unwin.

Kanter, R. M., Stein, B. and Jick, T. D. (1992) *The Challenge of Organizational Change: How Companies Experience It and Leaders Guide It*. New York, NY: Free Press.

Kaplan, R. S. (2010) Leading Change with the Strategy Execution System. Harvard Business Publishing Newsletters, November 15.

Kaplan, R. S. and Norton, D. P. (2000) *The Strategy-Focused Organization: How Balanced Scorecard Companies Thrive in the New Business Environment*. Boston, MA: Harvard Business School Press.

Kaplan, R. S. and Norton, D. P. (2004) *Strategy Maps: Converting Intangible Assets into Tangible Outcomes*. Boston, MA: Harvard Business School Press.

Katz, M. L. and Shapiro, C. (1985) Network Externalities, Competition and Compatibility. *The American Economic Review*, 75 (3), c424-440.

Khanna, T., Gulati, R. and Nohria, N. (2000) The Economic Modeling of Strategy Process: Clean Models and Dirty Hands. *Strategic Management Journal*, 21, 781-790.

Kidder, T. (1981) *The Soul of a New Machine*. New York, NY: Little, Brown and Company in association with The Atlantic Monthly Press.

Kim, W. C. and Mauborgne, R. (2005) *Blue Ocean Strategy: How to Create Uncontested Market Space and Make the Competition Irrelevant*. Boston, MA: Harvard Business School Press.

Koch, R. (1998) *The 80/20 Principle: The Secret to Achieving More with Less*. New York, NY: Doubleday.

Koch, R. (2002) *The 80/20 Individual: How to Build on the 20% of What You Do Best*. New York, NY: Doubleday.

Koch, R. (2004) *Living the 80/20 Way: Work Less, Worry Less, Succeed More, Enjoy More*. Clerkenwell, London: Nicholas Brealey.

Kotter, J. P. (1996) *Leading Change*. Boston, MA: Harvard Business School Press.

Kuhn, T. S. (1962) *The Structure of Scientific Revolutions*. Chicago, IL: University of Chicago Press.

Larson, G. E., Haier, R. J., LaCasse, L. and Hazen, K. (1995) Evaluation of a "mental effort" hypothesis for correlations between cortical metabolism and intelligence. *Intelligence*, 31 (3), 267-278.

Laseter, T. and Cross, R. (2006) The Craft of Connection. *Strategy + Business*, Autumn, Issue 44: August 28. Retrieved on October 31, 2011 from http:// www. strategy-business. com/article/06302? pg = all&tid = 27782251.

Lawrence, P. R. and Lorsch, J. W. (1967) *Organization and Environment: Managing Differentiations and Integration*. Boston, MA: Graduate School of Business Administration, Harvard University.

Lehrer, J. (2011) A New State of Mind. Seedmagazine. com, October 5, 2011. Retrieved October 5, 2011 from http://seedmagazine. com/content/ article/a_new_state_of_mind/ Liedtka, J. M. (2011) Beyond Strategic Thinking: Strategy as Experienced.

Rotman School of Management, January 1, 2011. Lombardelli, C., Proudman, J. and Talbot, J. (2002) Committees versus individuals: an experimental analysis of monetary policy decision-making.

Bank of England Working paper No. 165.

Luehrman, T. A. (1998) Strategy as a Portfolio of Real Options. *Harvard Business Review*, September 1.

Magrath, L. and Weld, L. G. (2002) Abusive Management and Early Warning Signs. *The CPA Journal*, August 2002. Retrieved October 31, 2011 from http://www. nysscpa. org/cpajournal/2002/0802/features/f085002. htm.

Magretta, J. (2002) Why Business Models Matter. *Harvard Business Review*, May 1.

March, J. G. (1991) Exploration and Exploitation in Organizational Learning. *Organizational Science*, 2 (1), 71-87.

March, J. G. and Simon, H. A. (1958) *Organizations*. New York, NY: John Wiley & Sons, Inc.

Martin, R. L. (2010) The Execution Trap. *Harvard Business Review*, July 1.

Maslow, A. H. (1943) A Theory of Human Motivation. *Psychological Review*, 50, 370-396.

Maslow, A. H. (1969) Theory Z. *Journal of Transpersonal Psychology*, 1 (2), 31-47.

Mathes, E. (1981) Maslow's hierarchy of needs as a guide for living. *Journal of Humanistic Psychology*, 21, 69-72.

McGregor, D. (1960) *The Human Side of the Enterprise*. New York, NY: McGraw-Hill.

McNichols, M. F. and Stubben, S. R. (2008) Does Earnings Management Affect Firms' Investment Decisions? *The Accounting Review*, 83 (6), 1571-1603.

Meyerson, M. (1996) Everything I Thought I Knew About Leadership Is Wrong. *Fast Company*, April/May, 5-11.

Miles, R. E. and Snow, C. C. (1978) *Organizational Strategy, Structure and Process*. New York, NY: McGraw-Hill.

Millward Brown Optimor (2011) *The BrandZ Top 100 Most Valuable Global Brands*. Retrieved October 1, 2011 from http://www. millwardbrown. com/Libraries/Optimor_BrandZ_Files/2011_BrandZ_Top100_Chart. sflb. ashx

Mintzberg, H. (1979) *The Structuring of Organizations*. Englewood Cliffs, NJ: Prentice Hall.

Moingeon, B. and Edmondson, A. (1996) *Organizational Learning and Competitive Advantage*. London: Sage Publications.

Moll, J., Krueger, F., Zahn, R., Pardini, M., de Oliveira-Souza, R. and Grafman, J. (2006) Human fronto-mesolimbic networks guide decisions about charitable donation. *PNAS*, 103 (42), 15623-15628.

Montgomery, C. A. (ed.) (1995) *Resource-Based and Evolutionary Theories of the Firm: Towards a Synthesis*. Norwell, MA: Kluwer Academic Publishers.

Montgomery, C. A. and Collis, D. J. (1998) *Corporate Strategy: A Resource-Based Approach*. Boston, MA: Irwin/McGraw-Hill.

Moreno, J. L. (1986) *Who Shall Survive? A New Approach to the Problem of Human Interrelations*. Washington, DC: Nervous and Mental Diseases Publishing.

Morgan, G. (1986) *Images of Organization*. Beverly Hills, CA: Sage Publications.

Nadler, D. A. and Tushman, M. L. (1997) *Competing by Design: The Power of Organizational Architecture*. New York, NY: Oxford University Press.

Newstead, B. and Lanzerotti, L. (2010) Can you open source your strategy? *Harvard Business Review*, October 1.

Nohria, N. (2006) Survival of the Adaptive. Forethought. *Harvard Business Review*, 84 (5), 23.

Nohria, N. and Gulati, R. (1996) Is slack good or bad for innovation? *Academy of Management Journal*, 39 (5), 1245-1264.

Nohria, N. , Joyce, W. F. and Roberson, B. (2003) What Really Works. *Harvard Business Review*, 81 (7), 42-52.

Nohria, N. , Lawrence, P. and Wilson, E. (2001) *Driven: How human nature shapes our choices*. San Francisco, CA: Jossey-Bass.

Norton, D. P. and Russell, R. H. (2011) The Office of Strategy Management-The State of the Art, 2011. *Harvard Business Review*, January 14.

Oberholzer-Gee, F. and Wulf, J. M. (2009) *Alibaba's Taobao (A)*. Harvard Business School case 456-709.

Oberholzer-Gee, F. and Wulf, J. M. (2009) *Alibaba's Taobao (B)*. Harvard Business School case 457-709.

Ortega, B. (1998) *In Sam we Trust: The Untold Story of Sam Walton and How Wal-Mart is Devouring America*. New York, NY: Times.

Ouchi, W. G. (1981) *Theory Z*. New York, NY: Avon Books. Pande, P. S. , Neuman, R. P. and Cavanagh, R. R. (2000) *The Six Sigma Way. How GE, Motorola and Other Top Companies are Honing Their Performance*. New York, NY: McGraw-Hill.

Paparone, C. R. and Crupi, J. A. (2002) Janusian Thinking and Acting. *Military Review*, January-February, pp. 38-47.

Penrose, E. T. (1959) *The Theory of the Growth of the Firm*. Oxford: Basil Blackwell.

Pinker, S. (1997) *How the Mind Works*. New York, NY: W. W. Norton and Company.

Piskorski, M. J. (2006) *LinkedIn (A)*. Harvard Business School case 406-707.

Piskorski, M. J. (2007) *I am not on the market, I am here with friends: Finding a job or a spouse on-line*. Boston, MA: Working Paper, Harvard Business School.

Piskorski, M. J. (2011). Social Strategies that Work. *Harvard Business Review*, November 1.

Piskorski, M. J. and Knoop, C. -I. (2006) *Friendster (A)*. Harvard Business School case 409-707.

Piskorski, M. J. , Eisenmann, T. R. , Chen, D. and Feinstein, B. (2008) *Facebook's Platforms*. Harvard Business School case 128-808.

Porter, M. E. (1980) *Competitive Strategy: Techniques for Analyzing Industries and Competitors*. New York, NY: The Free Press.

Porter, M. E. (1996) What is Strategy? *Harvard Business Review*, November 1.

Porter, M. E. (2004) *Competitive Advantage: Creating and Sustaining Superior Performance*. New York, NY: Free Press.

Porter, M. E. (2008) The Five Competitive Forces that Shape Strategy? *Harvard Business Review*, January 1.

Prahalad, C. K. and Hamel, G. (1990) Core Competence of the Corporation. *Harvard Business Review*, May 1.

Pugh, D. S. (Ed.) (1971) *Organization Theory*. London: Penguin Books. Quinn, J. B. (1980) *Strategies for Change: Logical Incrementalism*. Georgetown, Ontario: Richard D. Irwin.

Rettner, R. (2010) How your brain works on autopilot. *Live Science*. Retrieved September 9, 2010 from http://www. msnbc. msn. com/id/37603247/ns/ health-behavior/

Ridley, M. (1996) *The Origins of Virtue*. London: Viking.

Rivkin, J. W. (1998) *Airbourne Express*. Harvard Business School case 703-751.

Rivkin, J. W. and Halaburda, H. (2007) *Analyzing Relative Costs*. Harvard Business School Module Note 462-708.

Rivkin, J. W. and Porter, M. E. (1999) *Matching Dell*. Harvard Business School case 158-799.

Rizzolatti, G. and Craighero, L. (2004) The mirror-neuron system. *Annual Review of Neuroscience*, 27, 169-192.

Rose, S. (2005) *The 21st Century Brain: Explaining, Mending and Manipulating the Mind*. London: Vintage Books.

Rosenfeld, J. R. (2011) An MCI Friends and Family mailing is a poignant reflection of the'90s decade and the epitome of database marketing.

AllBusiness. com. Retrieved October 17, 2011 from http://www. allbusiness. com/marketing/direct-marketing/342093-1. html.

Ruckstad, M. G. , Collis, D. J. and Levine, T. (2001) *Walt Disney Co. : The Entertainment King*. Harvard Business School case 701-035.

Rumelt, R. P. (1995) Inertia and Transformation. in C. Montgomery (Ed.) *Resourcebased and Evolutionary Theories of the Firm: Towards a Synthesis*. Norwell, MA: Kluwer Academic Publishers.

Ryan, R. and Deci, E. (2000) Self-determination theory and the facilitation of intrinsic motivation, social development, and well-being. *American Psychologist*, 55 (1), 68-78.

Schaie, K. W. and Geiwitz, J. (1982) *Adult Development and Aging*. New York, NY: Little Brown.

Scherer, F. M. (2001) The Link Between Gross Profitability and Pharmaceutical R&D Spending. *Health Affairs*, 20 (5), 219.

Schwartz, P. (1991) *The Art of the Long View: Planning for the Future in an Uncertain World*. New York, NY: Doubleday.

Selznick, P. (1948) Foundations of the Theory of Organization. *American Sociological Review*, 13, 25-35.

Senge, P. (1990) *The Fifth Discipline: The Art and Practice of the Learning Organization*. New York, NY: Doubleday.

Seth, J. N. (2007) *The Self-Destructive Habits of Good Companies and How to Break Them*. Harlow, England: Pearson.

Siegel, J. and Chang, J. J. (2005) *Samsung Electronics*. Harvard Business School case 508-705.

Simons, R. (2000) *Performance Measurement and Control Systems for Implementing Strategy*. Englewood Cliffs, NJ: Prentice Hall.

Simons, R. (2010) Stress-Test Your Strategy: The 7 Questions to Ask. *Harvard Business Review*, November 1.

Simpson, J. and Speake, J. (2009) *The Oxford Dictionary of Proverbs*. Oxford: Oxford University Press.

Stalk, Jr. , G. and Hout, T. M. (1990) *Competing Against Time: How Time-based Competition is Reshaping Global Markets*. New York, NY: The Free Press.

Sull, D. N. (2003) *Why Good Companies Go Bad and How Great Managers Remake Them*. Boston,

MA: Harvard Business School Press.

Surowiecki, J. (2004) *The Wisdom of Crowds*. New York, NY: Anchor Books/ Random House.

Taleb, N. N. (2007) *The Black Swan: The Impact of the Highly Improbable*. London: Penguin.

Taylor, D. A. (1995) *Business Engineering with Object Technology*. New York, NY: John Wiley & Sons, Inc.

Taylor, D. A. (1998) *Object-Oriented Technology: A Manager's Guide*. Upper Saddle River, NJ: Addison Wesley.

Taylor, F. (1911) *Principles of Scientific Management*. New York and London: Harper & Brothers.

Teece, D. , Pisano, G. and Shuen, A. (1997) Dynamic Capabilities and Strategic Management. *Strategic Management Journal*, 18 (7), 509-533.

Tennyson, A. (1854) The Charge of the Light Brigade. *The Examiner*, December 9.

Thompson, J. D. (1967) *Organizations in Action*. New York, NY: McGraw-Hill.

Thompson, M. , Grace, C. and Cohen, L. (2001) *Best Friends, Worst Enemies: Understanding the social lives of children*. New York, NY: Ballantine Books.

Tripsas, M. and Gavetti, G. (2000) Capabilities, Cognition and Inertia: Evidence from Digital Imaging. *Strategic Management Journal*, 21, 1147-1161.

Tushman, M. L. and O'Reilly, C. A. III (1996) Ambidextrous Organizations: Managing Evolutionary and Revolutionary Change. *California Management Review*, 38 (4), 8-30.

Tushman, M. L. and O'Reilly, C. A. III (1997) *Winning through Innovation: A Practical Guide to Leading Organizational Change and Renewal*. Boston, MA: Harvard Business School Press.

Van der Heijden, K. (1996) *Scenarios: The Art of Strategic Conversation*. Chichester, West Sussex: John Wiley & Sons, Ltd.

Veryard, R. (2001) *The Component-Based Business: Plug and Play*. London: Springer.

Vom Brocke, J. and Rosemann, M. (eds) (2010) *Handbook on Business Process Management 1: Introduction, Methods, and Information Systems*. Berlin, Heidelberg: Springer.

Wahba, A. and Bridwell, L. (1976) Maslow reconsidered: A review of research on the need hierarchy theory. *Organizational Behavior and Human Performance*, 15, 212-240.

Wells, J. R. (2003) *Energis (A)*. Harvard Business School case 505-703.

Wells, J. R. (2005) *Best Buy Co. , Inc. : Competing on the Edge*. Harvard Business School case 417-706.

Wells, J. R. (2005) *Whole Foods Market, Inc.* Harvard Business School case 476-705.

Wells, J. R. (2005) *Circuit City Stores, Inc. : Strategic Dilemmas*. Harvard Business School case 419-706.

Wells, J. R. (2005) *Providian Financial Corporation*. Harvard Business School case 446-707.

Wells, J. R. (2006) *Wild Oats Markets, Inc.* Harvard Business School case 438-707.

Wells, J. R. (2008) *The Allstate Corporation*. Harvard Business School case 485-708.

Wells, J. R. and Anand, B. (2008) *Capital One Financial Corporation*, 2006. Harvard Business School case 489-708.

Wells, J. R. and Haglock, T. (2005) *The Rise of Kmart Corporation* 1962-1987. Harvard Business School case 403-706.

Wells, J. R. and Haglock, T. (2006) *The Rise of Wal-Mart Stores Inc.* 1962- 1987. Harvard Business

School case 439-707.

Wells, J. R. and Raabe, E. (2005) *Bally Total Fitness*. Harvard Business School case 450-706 [19].

Wells, J. R. and Raabe, E. (2005) 24 *Hour Fitness*. Harvard Business School case 404-706.

Wells, J. R. and Raabe, E. (2006) *Gap Inc*. Harvard Business School case 402-706.

Wells, J. R. and Raabe, E. (2007) *Update: The Music Industry in* 2006. Harvard Business School case 531-707.

Wells, J. R. , Dessain, V. and Stachowiak, M. (2005) *JCDecaux*. Harvard Business School case 458-705.

Wells, J. R. , Hazlett, S. and Mukhopadhyay, N. (2006) *Riding with the Blackhorse (A)*. Harvard Business School case 484-706.

Wells, J. R. , Hazlett, S. and Mukhopadhyay, N. (2006) *Riding with the Blackhorse (B)*. Harvard Business School case supplement 509-706.

Wells, J. R. , Lutova, M. and Sender, I. (2008) *The Progressive Corporation*. Harvard Business School case 433-707.

Williamson, O. E. (1975) *Markets and Hierarchies: Analysis and Antitrust Implications*. New York, NY: The Free Press.

Wiseman, R. (2003) *The Luck Factor: The Four Essential Principles*. New York, NY: Hyperion.

Wright, T. P. (1936) Factors Affecting the Cost of Airplanes. *Journal of Aeronautical Sciences*, 3 (4), 122-128.

Yoffie, D. B. and Kwak, M. (2001) *Judo Strategy: Turning Your Competitors' Strength to Your Advantage*, Boston, MA: Harvard Business School Press.

Yoffie, D. B. , Casadesus-Masanell, R. and Mattu, S. (2003) *Wintel (A): Cooperation or Conflict*. Harvard Business School case 419-704.

Young, E. (2002) Brain's Cheat Detector is Revealed. *New Scien-tist*, August 12, 2002. Retrieved October 5, 2011 from http://www. newscientist. com/ article/dn2663-brains-cheat-detector-is-revealed. html.

Zich, J. (1997) Ambidextrous Organizations. *Stanford News Service*, June 26. Retrieved October 4, 2011 from http://news. stanford. edu/pr/97/ 970626oreilly. html